（深入学习贯彻习近平新时代中国特色社会主义思想）

党史学习教育的根本遵循

◎曲青山

中共中央党史和文献研究院院长

一、为什么要学习党的历史

学习历史，可以看成败、鉴得失、知兴替。习近平总书记指出："历史是最好的教科书""历史是最好的老师""中国革命历史是最好的营养剂"。历史是从昨天走到今天，未来是从今天走向明天的，过去、现在、未来是相通的。真正了解过去才能正确认识现在，正确认识现在才能科学把握未来。重视历史、学习历史、研究历史、借鉴历史，可以给党员、干部带来很多了解昨天、把握今天、开创明天的智慧。

人无精神则不立，国无精神则不强。习近平总书记曾深情地说："西柏坡我来过多次，每次都怀着崇敬之心来，带着许多思考走。""每到井冈山、延安、西柏坡等革命圣地，都是一种精神上、思想上的洗礼。"党的历史是中国近现代以来历史最为可歌可泣的篇章，是一部理想信念的生动教材，党的历史铸就的精神谱系是党和国家的宝贵财富。党员、干部重温党领导人民进行革命、建设、改革的伟大历史，心中就会增添很多正能量。

习近平总书记强调："广大党员、干部和人民群众要很好学习了解党史、新中国史，守住党领导人民创立的社会主义伟大事业，世世代代传承下去。"学习党史、新中国史，是坚持和发展中国特色社会主义、把党和国家各项事业继续推向前进的必修课。这门功课不仅必修，而且必须修好。党员、干部带头学习党史、新中国史，认识和把握我们党在革命、建设、改革各个历史时期积累的宝贵经验，可以获得思想的启迪、智慧的增长，提高工作本领，站在历史的深厚基础上更加坚定地走向未来。

习近平总书记强调："一切向前走，都不能忘记走过的路；走得再远、走到再光辉的未来，也不能忘记走过的过去，不能忘记为什么出发。"实现中华民族伟大复兴是近代以来中华民族最伟大的梦想。现在，我们比历史上任何时期都更接近中华民族伟大复兴的目标，比历史上任何时期都更有信心、有能力实现这个目标。在全党集中开展党史学习教育，是牢记初心使命、推进中华民族伟大复兴历史伟业的必然要求，是坚定信仰信念、在新时代坚持和发展中国特色社会主义的必然要求，是推进党的自我革命、永葆党的生机活力的必然要求。

二、从党的历史中学习什么

习近平总书记指出："我们党的一百年，是矢志践行初心使命的一百年，是筚路蓝缕奠基立业的一百年，是创造辉煌开辟未来的一百年。"回望过往的奋斗路，眺望前方的奋进路，党员、干部必须把党的历史学习好、总结好，把党的成功经验传承好、发扬好。

学习党的理论探索史。习近平总书记指出："我们党的历史，就是一部不断推进马克思主义中国化的历史，就是一部不断推进理论创新、进行理论创造的历史。"一百年来，我们党坚持解放思想和实事求是相统一、培元固本和守正创新相统一，不断开辟马克思主义新境界，产生了毛泽东思想、邓小平理论、"三个代表"重要思想、科学发展观，产生了习近平新时代中国特色社会主义思想，为党和人民事业发展提供了科学理论指导。党员、干部学习党史，就要感悟马克思主义的真理力量和实践力量，了解马克思主义是怎样被中国人民选择和接受的，马克思主义是怎样同中国实际相结合的，马克思主义和马克思主义中国化的理论成果是怎样深刻改变中国和世界的。特别是要结合党的十八大以来党和国家事业取得的历史性成就、发生的历史性变革，深刻学习领会习近平新时代中国特色社会主义思想，坚持不懈用党的创新理论最新成果武装头脑、指导实践、推动工作。

学习始终践行党的初心使命的历史。习近平总书记指出："我们党的百年历史，就是一部践行党的初心使命的历史，就是一部党与人民心连心、同呼吸、共命运的历史。"历史充分证明，江山就是人民，人民就是江山，人心向背关系党的生死存亡。赢得人民信任，得到人民支持，我们党就能够克服任何困难，就能够无往而不胜。党员、干部学习党史，就要深刻认识党的性质宗旨，坚持一切为了人民、一切依靠人民，始终把人民放在心中最高位置，把人民对美好生活的向往作为奋斗目标，推动改革发展成果更多更公平惠及全体人民，推动共同富裕取得更为明显的实质性进展，凝聚起全国人民团结一心的磅礴力量。

学习党的不懈奋斗史。习近平总书记指出："在一百年的非凡奋斗历程中，一代又一代中国共产党人顽强拼搏、不懈奋斗，涌现了一大批视死如归的革命烈士、一大批顽强奋斗的英雄人物、一大批忘我奉献的先进模范，形成了一系列伟大精神，构筑起了中国共产党人的精神谱系，为我们立党兴党强党提供了丰厚滋养。"党员、干部学习党史，就要大力发扬红色传统、传承红色基因，赓续共产党人精神血脉，始终保持革命者的大无畏奋斗精神，鼓起迈进新征程、奋进新时代的精气神。

学习党的自身建设史。习近平总书记指出："党的百年历史，也是我们党不断保持党的先进性和纯洁性、不断防范被瓦解、被腐化的危险的历史。"我们党一步步走过来，很重要的一条就是不断总结经验、提高本领，不断提高应对风险、迎接挑战、化险为夷的能力水平。党员、干部学习党史，就要通过总结历史经验教训，着眼于解决党的建设的现实问题，不断提高党的领导水平和执政水平、增强拒腐防变和抵御风险能力。从进行具有许多新的历史特点的伟大斗争出发，总结运用党在不同历史时期成功应对风险挑战的丰富经验，做好思想准备和工作准备，不断增强斗争意识、丰富斗争经验、提升斗争本领，不断提高治国理政能力和水平。

学习党的政治锻造史。习近平总书记指出："旗帜鲜明讲政治、保证党的团结和集中统一是党的生命，也是我们党能成为百年大党、创造世纪伟业的关键所在。"党员、干部学习党史，就要从党的历史中汲取正反两方面经验，坚定不移向党中央看齐，不断提高政治判断力、政治领悟力、政治执行力，自觉在思想上政治上行动上同以习近平同志为核心的党中央保持高度一致，确保全党团结一致向前进。

三、怎样学习党的历史

党员、干部学习党史，树立正确的党史观和采取科学的学习方法至关重要。习近平总书记强调："要坚持以我们党关于历史问题的两个决议和党中央有关精神为依据，准确把握党的历史发展的主题主线、主流本质，正确认识和科学评价党史上的重大事件、重要会议、重要人物。"

什么是党的历史发展的主题主线？近代以来，中国人民面临着争取民族独立、人民解放和实现国家富强、人民幸福这两大历史任务，团结带领全国各族人民为完成这两大历史任务而不懈奋斗。这就是党的历史发展的主题主线。什么是党的历史的主流本质？党的历史，是党领导全体同志和全国各族人民不断为实现民族独立、人民解放和国家富强、人民幸福而不懈奋斗的历史；是党坚持把马克思主义基本原理同中国具体实际相结合、不断探索适合中国国情的革命和建设道路，推进改革开放和社会主义现代化建设，推进马克思主义中国化、推进理论创新的历史；是党加强和改进自身建设、保持和发展党的先进性，不断经受住各种风险和挑战考验、发展壮大的历史。概括起来讲，就是不懈奋斗史、理论探索史、自身建设史。根据习近平总书记对党的历史的最新论述，党的历史还包括践行党的初心使命史、政治锻造史的内容。党的历史的主流本质就是这"五史"的融通和统一。党员、干部学习党史，把握了党的历史发展的主题主线和主流本质，就抓住了学习的总纲，就会起到提纲挈领、纲举目张的作用。

习近平总书记强调："要旗帜鲜明反对历史虚无主义，加强思想引导和理论辨析，更好正本清源、固本培元。"党员、干部必须坚持唯物史观，认真贯彻落实学史明理、学史增信、学史崇德、学史力行的重要要求，切实用党的奋斗历程和伟大成就鼓舞斗志、明确方向，用党的光荣传统和优良作风坚定信念、凝聚力量，用党的实践创造和历史经验启迪智慧、砥砺品格。

人民日报：党史100题

1.( )拉开了中国新民主主义革命的帷幕。

A．新文化运动   B．五四运动

C．中国共产党成立   D．五卅运动

2.(   )，中国共产党第一次全国代表大会在(   )开幕。

A. 1921 年 7 月 1 日；南京   B. 1921 年 7 月 21 日；上海

C. 1921 年 7 月 23 日；上海   D. 1921 年 7 月 30 日；南京

3. 出席中共一大的人员，平均年龄是(   )岁。

A．25   B．28

C．38   D．40

4.( )第一次提出明确的反帝反封建的民主革命纲领。

A．中共一大　　　　　　B．中共二大

C．中共三大　　　　　　D．中共四大

5.1925 年 6 月 11 日，上海举行群众大会，到会 20 多万人，全国各地约有 1700 万人直接参加了运动。这场反对帝国主义的民族运动浪潮，史称（ ）。

A．香港海员罢工　　　　B．京汉铁路工人罢工

C．五卅运动　　　　　　D．北伐战争

6.国共合作实现后，以（ ）为中心，很快开创了反对帝国主义和封建军阀的革命新局面。

A．天津　　　　　　　　B．上海

C．杭州　　　　　　　　D．广州

7.中共四大时，全国党员人数是（ ）。

A．594 人　　　　　　　B．794 人

C．994 人　　　　　　　D．1594 人

8.1927 年中共五大时，全国党员人数已超过（ ）。

A．1 万人　　　　　　　B．3 万人

C．5 万人　　　　　　　D．10 万人

9. 1927年（ ），蒋介石在（ ）发动反革命政变。

　　A．4月2日；南京　　　　B．4月12日；上海

　　C．4月12日；南京　　　　D．4月2日；上海

10. 中共五大选举产生了党的历史上第一个中央纪律检查监督机构——（ ），这在党的建设史上有重要意义。

　　A．中央检查局　　　　　B．中央纪律委员会

　　C．中央监察委员会　　　D．中央纪律监察委员会

11.（ ）标志着中国共产党独立地领导革命战争、创建人民军队和武装夺取政权的开始。

　　A．武昌起义　　　　　　B．南昌起义

　　C．秋收起义　　　　　　D．广州起义

12.（ ）从进攻大城市转到向农村进军，这是中国人民革命发展史上具有决定意义的新起点。

　　A．武昌起义　　　　　　B．南昌起义

　　C．秋收起义　　　　　　D．广州起义

13.（ ）是对国民党反动派屠杀政策的又一次英勇反击。

　　A．武昌起义　　　　　　B．南昌起义

　　C．秋收起义　　　　　　D．广州起义

14. 毛泽东率领秋收起义部队南下时，决定选择在（　　）地区建立革命根据地。

A. 瑞金　　B. 南昌　　　C. 井冈山　　　D. 大别山

15. 1929 年，（　　）决议的中心思想是要用无产阶级思想进行军队和党的建设。

A. 遵义会议　　　　　　B. 古田会议

C. 八七会议　　　　　　D. 龙岩会议

16.（　　）以后，中日之间的民族矛盾逐渐上升为主要矛盾，中国国内的阶级关系发生重大变动。

A. 卢沟桥事变　　　　　B. 九一八事变

C. 天津事变　　　　　　D. 西安事变

17. 1934 年（　　）中旬，中共中央、中革军委率中央红军主力 8.6 万余人，开始了长征。

A. 4 月　　　　　　　　B. 6 月

C. 8 月　　　　　　　　D. 10 月

18.（　　）开始确立以毛泽东同志为主要代表的马克思主义正确路线在中共中央的领导地位。

A. 古田会议　　　　　　B. 八七会议

C. 遵义会议　　　　　　D. 龙岩会议

19. 长征途中翻越的第一座人迹罕至的大雪山是（　　）。

A．昆仑山　　　　　　　　B．大别山

C．狼牙山　　　　　　　　D．夹金山

20. 根据用和平方式解决西安事变的方针，周恩来与张学良、杨虎城共同努力，经过谈判，迫使蒋介石作出（　　）的承诺。

A．停止内战，实行抗战　　B．停止内战，共同抗日

C．停止剿共，一致对外　　D．停止剿共，联红抗日

21.（　　），日本由此开始了全面侵华战争，中国展开全国性抗战。

A．卢沟桥事变　　　　　　B．九一八事变

C．天津事变　　　　　　　D．西安事变

22.（　　）毛泽东总结经验，作了《论持久战》的长篇讲演。

A．1931 年　　　　　　　　B．1935 年

C．1938 年　　　　　　　　D．1945 年

23.（　　）是全国抗战爆发后中国军队主动对日作战取得的第一个重大胜利，打破了侵华日军所谓"不可战胜"的神话。

A．平型关大捷　　　　　　B．台儿庄战役

C．武汉会战　　　　　　　D．长沙大捷

24. 1938 年 10 月日军占领武汉、广州后，抗日战争进入（　　）。

    A. 战略防御阶段　　　　　B. 战略相持阶段

    C. 战略反攻阶段　　　　　D. 战略撤退阶段

25. 在抗日战争的战略相持阶段，（　　）成为主要的抗日作战方式。

    A. 敌后游击战争　　　　　B. 国民党正面战场

    C. 共产党正面战场　　　　D. 敌后游击战争和国民党正面
                           战场相结合

26.（　　）是全国抗战以来八路军在华北发动的规模最大、持续时间最长的一次带战略性进攻的战役。

    A. 百团大战　　　　　　　B. 淞沪会战

    C. 平津战役　　　　　　　D. 武汉会战

27.（　　）4 月 23 日，中共七大在延安杨家岭开幕。

    A. 1941 年　　　　　　　B. 1943 年

    C. 1945 年　　　　　　　D. 1947 年

28. 中共（　　）提出党的政治路线是："放手发动群众，壮大人民力量，在我党的领导下，打败日本侵略者，解放全国人民，建立一个新民主主义的中国。"

    A. 六大   B. 七大

    C. 八大   D. 九大

29. 中共（   ）将毛泽东思想确定为党的指导思想并写入党章。

    A. 六大   B. 七大

    C. 八大   D. 九大

30. 1945 年（   ），日本代表在投降书上签字。侵华日军 128 万人随即向中国投降。

    A. 9 月 2 日   B. 9 月 3 日

    C. 8 月 15 日   D. 8 月 16 日

31.（   ），人民解放战争进入夺取全国胜利的决定性阶段。

    A. 1946 年春   B. 1947 年夏

    C. 1948 年秋   D. 1949 年春

32. 1949 年上半年，毛泽东提出了三条基本外交方针，不包括（   ）。

    A. "另起炉灶"   B. "一致对外"

    C. "打扫干净屋子再请客"   D. "一边倒"

33. 抗美援朝战争历时（　　）。

　　A．一年五个月　　　　B．一年九个月

　　C．两年五个月　　　　D．两年九个月

34. 第一届全国人民代表大会第一次会议召开的时间是（　　）。

　　A．1949 年 10 月　　　B．1950 年 9 月

　　C．1954 年 9 月　　　　D．1954 年 10 月

35. 全国人民代表大会即最高国家权力机关，是由 1954 年 9 月召开的第一届全国人民代表大会第一次会议通过的（　　）正式确立的。

　　A.《中国人民政治协商会议共同纲领》

　　B.《中华人民共和国宪法》

　　C.《中华人民共和国中央人民政府组织法》

　　D.《中国人民政治协商会议章程》

36. 在（　　）上，周恩来鲜明地提出"求同存异"的方针。

　　A．开罗会议　　　　　B．罗马会议

　　C．日内瓦会议　　　　D．万隆会议

37. 中华人民共和国首次以五大国之一身份参加讨论国际问题的重要会议是（　　）。

A. 开罗会议   B. 罗马会议

C. 日内瓦会议   D. 万隆会议

38. "三大改造"是指对农业、手工业、（ ）的社会主义改造。

A. 官僚资本   B. 制造业

C. 大资产阶级   D. 资本主义工商业

39. 到（ ），全国绝大部分地区基本上完成了对生产资料私有制的社会主义改造。

A. 1954 年   B. 1955 年

C. 1956 年   D. 1957 年

40. 1956 年党的（ ）召开，标志着党对中国社会主义建设道路的探索取得初步成果。

A. 六大   B. 七大

C. 八大   D. 九大

41. 中共八大召开时，全国党员已经超过（ ）人。

A. 300 万   B. 800 万

C. 1000 万   D. 2000 万

42. （ ）武汉长江大桥建成通车。

A. 1951 年   B. 1953 年

C. 1955 年   D. 1957 年

43. 我国第一颗原子弹爆炸成功的时间是（   ）。

A. 1961 年 10 月   B. 1962 年 10 月

C. 1963 年 10 月   D. 1964 年 10 月

44. 1959 年东北松辽盆地发现工业性油流后，几万名石油职工和退伍军人经过 3 年多艰苦奋斗，建设起我国最大的石油基地（   ）。

A. 华北油田   B. 大庆油田

C. 克拉玛依油田   D. 四川油田

45. 在（   ），我国在国际上首次人工合成牛胰岛素结晶。

A. 1964 年   B. 1965 年

C. 1966 年   D. 1967 年

46.（   ），大型音乐舞蹈史诗《东方红》在人民大会堂首次公演。

A. 1964 年   B. 1965 年

C. 1966 年   D. 1967 年

47.（   ）我国成功发射第一颗人造地球卫星"东方红一号"。

A. 1960 年 4 月　　　　　　B. 1965 年 4 月

C. 1970 年 4 月　　　　　　D. 1975 年 4 月

48. 美国总统尼克松访华的时间是（　　）。

A. 1968 年 2 月　　　　　　B. 1970 年 2 月

C. 1972 年 2 月　　　　　　D. 1974 年 2 月

49. 被誉为"小球转动大球"的"乒乓外交"，促进了（　　）的发展。

A. 中苏关系　　　　　　B. 中英关系

C. 中美关系　　　　　　D. 中日关系

50. 中华人民共和国恢复联合国合法席位的时间是（　　）。

A. 1968 年 10 月　　　　　B. 1969 年 10 月

C. 1970 年 10 月　　　　　D. 1971 年 10 月

51. 1978 年 12 月召开的党的（　　），实现了新中国成立以来党的历史上具有深远意义的伟大转折，开启了改革开放和社会主义现代化建设新时期。

A. 十一届一中全会　　　B. 十一届二中全会

C. 十一届三中全会　　　D. 十二届三中全会

52. 1978 年 5 月 11 日，（　　）公开发表《实践是检验真理的唯一标准》。

    A.《经济日报》   B.《光明日报》

    C.《人民日报》   D.《解放日报》

53.（ ），在中央工作会议闭幕会上，邓小平作了题为《解放思想，实事求是，团结一致向前看》的重要讲话。

    A. 1978 年 12 月 13 日   B. 1979 年 12 月 13 日

    C. 1980 年 12 月 13 日   D. 1981 年 12 月 13 日

54.（ ）提出了改革开放的任务。

    A. 党的八大   B. 党的九届二中全会

    C. 党的十二大   D. 党的十一届三中全会

55.1980 年 8 年，邓小平进一步提出逐步实现各级领导人员（ ）的"四化"要求。

    A. 革命化、年轻化、知识化、专业化

    B. 革命化、青年化、知识化、专业化

    C. 政治化、年轻化、知识化、素质化

    D. 政治化、青年化、知识化、素质化

56.1980 年 7 月 26 日，（ ）发表《文艺为人民服务、为社会主义服务》社论。

    A.《人民日报》   B.《光明日报》

C.《工人日报》　　　　　D.《参考消息》

57.（　）和（　）成为党在社会主义新时期领导文艺工作的基本遵循。

A.“双百”方针；“三不主义”

B.“双百”方针；“二为”方向

C.“三不主义”；“二为”方向

D.“百花齐放”；“百家争鸣”

58.（　），我国首次用一枚运载火箭发射三颗卫星进行空间物理探测获得成功。

A．1981 年 9 月　　　　B．1982 年 9 月

C．1981 年 10 月　　　D．1982 年 10 月

59.1982 年 12 月，（　）通过的新宪法，对军队在国家体制中的地位及其性质、职能、任务等作了明确规定，并规定设立中华人民共和国中央军事委员会，领导全国的武装力量。

A．五届全国人大三次会议　B．五届全国人大五次会议

C．六届全国人大三次会议　D．六届全国人大五次会议

60.（　），预备役部队正式列入人民解放军建制序列。

A．1986 年 7 月 10 日　　B．1986 年 7 月 29 日

C．1986 年 8 月 10 日　　D．1986 年 8 月 29 日

61.1979 年 4 月 5 日至 28 日，党中央召开工作会议，正式确立了对国民经济实行（　）的新"八字"方针。

A. "调整、改革、整顿、提高"

B. "改革、巩固、整顿、提高"

C. "整顿、改革、充实、提高"

D. "改革、整顿、巩固、提高"

62.1980 年，在深圳、珠海、（　）和（　）设置经济特区。

A. 厦门；海南　　　　　B. 汕头；海南

C. 汕头；厦门　　　　　D. 三亚；厦门

63.（　）明确提出建设有中国特色的社会主义的重大命题和"小康"战略目标。

A. 党的十二大　　　　　B. 党的十二届三中全会

C. 党的十三大　　　　　D. 党的十三届一中全会

64.1984 年 10 月，（　）通过《关于经济体制改革的决定》。此后，以城市为重点的经济体制改革全面展开。

A. 党的十二大　　　　　B. 党的十二届一中全会

C. 党的十二届二中全会　D. 党的十二届三中全会

65.1986 年 11 月，中共中央、国务院决定实施发展高科技的（　　），我国的科技事业得到极大推动。

A.“861 计划”　　　　　　　B.“863 计划”

C.“816 计划”　　　　　　　D.“836 计划”

66.1984 年 5 月，中共中央、国务院批转《沿海部分城市座谈会纪要》，正式确定开放（　　）沿海港口城市。

A. 11 个　　　　　　　　　B. 12 个

C. 13 个　　　　　　　　　D. 14 个

67. 从（　　）开始，五年计划开始改为国民经济和社会发展计划。

A.“四五”计划　　　　　　B.“五五”计划

C.“六五”计划　　　　　　D.“七五”计划

68.(　　)，《中华人民共和国民族区域自治法》颁布，同年 10 月 1 日起实施，从法律上把民族区域自治制度确立为中国特色社会主义制度的一项基本政治制度。

A. 1984 年 4 月　　　　　　B. 1984 年 5 月

C. 1984 年 6 月　　　　　　D. 1984 年 7 月

69. 十二届六中全会通过的（　　），是党的第一个关于精神文明建设的纲领性文件。

A.《关于社会主义精神文明建设指导方针的决议》

B.《关于加强社会主义精神文明建设的决议》

C.《关于加强社会主义精神文明建设若干重要问题的决议》

D.《中共中央关于加强社会主义精神文明建设若干重要问题的决议》

70.(   ) 提出"把党建设成为领导社会主义现代化事业的坚强核心",这标志着党开始用一种新的思路指导自身建设。

  A. 党的十一大   B. 党的十二大

  C. 党的十三大   D. 党的十四大

71.(   ) 系统阐述了社会主义初级阶段的理论,明确概括了党在社会主义初级阶段的基本路线。

  A. 党的十一大   B. 党的十二大

  C. 党的十三大   D. 党的十四大

72.(   ) 确定了"三步走"发展战略。

  A. 党的十二大   B. 党的十三大

  C. 党的十四大   D. 党的十五大

73.1986 年 4 月,(   ) 批准的国务院《关于第七个五年计划的报告》从十个方面全面阐述了中国独立自主和平外交政策的主要内容和基本原则。

A. 六届全国人大一次会议　B. 六届全国人大二次会议

C. 六届全国人大三次会议　D. 六届全国人大四次会议

74. "一国两制" 构想最早是为解决（　）而提出的。

A. 台湾问题　　　　　　　B. 香港问题

C. 澳门问题　　　　　　　D. 港澳问题

75. 邓小平（　）南方谈话，科学总结党的十一届三中全会以来的实践探索和基本经验。

A. 1991 年　　　　　　　B. 1992 年

C. 1993 年　　　　　　　D. 1994 年

76.（　）明确我国经济体制改革的目标是建立社会主义市场经济体制。

A. 党的十二大　　　　　　B. 党的十三大

C. 党的十四大　　　　　　D. 党的十五大

77.（　）提出了党在社会主义初级阶段的基本纲领。

A. 党的十二大　　　　　　B. 党的十三大

C. 党的十四大　　　　　　D. 党的十五大

78.（　）把邓小平理论同马克思列宁主义、毛泽东思想一起作为党的指导思想写入党章。

A. 党的十四大   B. 党的十五大

C. 党的十六大   D. 党的十七大

79. 1998 年，党的十五届三中全会提出，要坚定不移地贯彻土地承包期再延长（   ）的政策。

A. 25 年   B. 30 年

C. 35 年   D. 40 年

80.（   ），中国加入世界贸易组织。

A. 1999 年   B. 2000 年

C. 2001 年   D. 2002 年

81. 1995 年 5 月 6 日，党中央、国务院进一步作出《关于加速科学技术进步的决定》，正式提出（   ）。

A. 可持续发展战略   B. 人才强国战略

C. 推进城镇化战略   D. 科教兴国战略

82. 1999 年 9 月，党的（   ）明确提出国家要实施西部大开发战略，支持中西部地区和少数民族地区加快发展。

A. 十四届四中全会   B. 十五届四中全会

C. 十六届四中全会   D. 十七届四中全会

83. 数学大师（   ）、"杂交水稻之父"袁隆平荣膺 2000

年度国家最高科学技术奖。

    A．吴文俊   B．赵九章

    C．钱伟长   D．王大珩

84. 为繁荣发展社会主义文化，中央宣传部从 1991 年开始组织实施精神文明建设"五个一工程"奖评选活动。"五个一"不包括（　　）。

    A．一本好书   B．一台好戏

    C．一项体育活动   D．一部优秀影片

85.（　　），中国对香港恢复行使主权。

    A．1997 年 7 月 1 日   B．1997 年 12 月 20 日

    C．1999 年 7 月 1 日   D．1999 年 12 月 20 日

86. 将（　　）确立为党的指导思想，是十六大的一个历史性决策和贡献。

    A．毛泽东思想   B．邓小平理论

    C．"三个代表"重要思想   D．科学发展观

87. 2003 年 8 月底 9 月初，胡锦涛在江西考察时明确使用（　　）概念。

    A．"可持续发展"   B．"科学发展观"

    C．"全面的发展观"   D．"五个统筹"

88. 2005 年 12 月 29 日，十届全国人大常委会第十九次会议

决定( )《中华人民共和国农业税条例》。

A. 起草   B. 通过

C. 审议 .   D. 废止

89. ( ) 提出实现全面建设小康社会奋斗目标的新要求。

A. 党的十五大   B. 党的十六大

C. 党的十七大   D. 党的十八大

90. 党的十八大对全面提高党的建设( )水平提出了明确要求。

A. 科学化   B. 服务化

C. 现代化   D. 专业化

91. 十九大的主题是：不忘初心，( )，高举中国特色社会主义伟大旗帜，决胜全面建成小康社会，夺取新时代中国特色社会主义伟大胜利，为实现中华民族伟大复兴的中国梦不懈奋斗。

A. 继续前进   B. 牢记使命

C. 方得始终   D. 砥砺前行

92. 经过长期努力，中国特色社会主义进入了新时代，这

是我国发展新的（　　）。

A. 未来方向　　　　　　　　B. 未来方位

C. 历史方向　　　　　　　　D. 历史方位

93. "四个自信"是指牢固树立中国特色社会主义（　　）。

A. 道路自信　　　　　　　　B. 理论自信

C. 制度自信　　　　　　　　D. 文化自信

94. 党的十八大以来，平均每年（　　）人脱贫，相当于一个中等国家的人口脱贫。

A. 500 多万　　　　　　　　B. 800 多万

C. 900 多万　　　　　　　　D. 1000 多万

95.（　　）是党生存发展第一位的问题，事关党的前途命运和事业兴衰成败。

A. 政治方向　　　　　　　　B. 政治导向

C. 纪律方向　　　　　　　　D. 纪律导向

96.2018 年 12 月 18 日，习近平总书记在庆祝改革开放四十周年大会上指出，改革开放四十年来，我们党全部理论和实践的主题是坚持和发展（　　）。

A. 社会主义革命　　　　　　B. 新民主主义

C. 中国特色社会主义　　　　D. 社会主义建设

97. 在党史学习教育中，要充分运用（　　）。

A. 历史资源　　　　　　　　B. 红色资源

C. 旅游资源　　　　　　　　D. 文化资源

98. 在党史学习教育中，要"重点学习党史，同时学习（　　）"。

A. 新中国史　　　　　　　　B. 改革开放史

C. 社会主义发展史　　　　D. 经济史

99. 思想建设是党的基础性建设，（　　）是思想建设的首要任务。

A. 坚定理想信念　　　　　　B. 树立远大目标

C. 保持必胜信心　　　　　　D. 克服千难万阻

100. 中共中央组织部最新党内统计数据显示，截至2019年底，中国共产党党员总数为（　　）名，比上年净增132万名。

A. 9091.4万　　　　　　　　B. 9191.4万

C. 9291.4万　　　　　　　　D. 9391.4万

资料来源：人民日报官方微博

参考答案：

1. B   2. C   3. B   4. B   5. C   6. D   7. C

8. C   9. B   10. C   11. B   12. C   13. D   14. C

15. B   16. B   17. D   18. C   19. D   20. D

21. A   22. C   23. A   24. B   25. A   26. A

27. C   28. B   29. B   30. A   31. C   32. B

33. D   34. C   35. B   36. D   37. C   38. D

39. C   40. C   41. C   42. D   43. D   44. B

45. B   46. A   47. C   48. C   49. C   50. D

51. C   52. B   53. A   54. D   55. A   56. A

57. B   58. A   59. B   60. C   61. A   62. C

63. A   64. D   65. B   66. D   67. C   68. B

69. A   70. B   71. C   72. B   73. D   74. A

75. B   76. C   77. D   78. B   79. B   80. C

81. D   82. B   83. A   84. C   85. A   86. C

87. B   88. D   89. C   90. A   91. B   92. D

93. ABCD   94. D   95. A   96. C   97. B

98. ABC   99. A   100. B

以史为鉴、开创未来，必须坚持中

关键在党。中华民族近代以来 180 多年的

历史、中华人民共和国成立以来 70 多年

就没有新中国，就没有中华民族伟大复

中国共产党领导是中国特色社会主义最

制度的最大优势，是党和国家的根本所

利益所系、命运所系。

——2021 年 7 月 1 日，习近平总书记在

国共产党坚强领导。办好中国的事情，

的历史、中国共产党成立以来 100 年的

的历史都充分证明，没有中国共产党，

兴。历史和人民选择了中国共产党。

最本质的特征，是中国特色社会主义

所在、命脉所在，是全国各族人民的

本质

人民日报理论部 —— 主编

湖南人民出版社

中国共产党百年伟大贡献

○ 曲青山

中共中央党史和文献研究院院长、研究员

中国共产党成立 100 年了。这是矢志践行初心使命的 100 年，是筚路蓝缕奠基立业的 100 年，是创造辉煌开辟未来的 100 年。100 年来，中国共产党为国家、为人民、为民族、为世界作出了彪炳史册的伟大贡献。

一、中国共产党对国家的伟大贡献

习近平总书记指出："落后就要挨打，发展才能自强。"100 年来，中国共产党对国家的伟大贡献，体现在彻底改变了近代以后 100 多年中国积贫积弱、受人欺凌的悲惨命运，中华民族走上了实现伟大复兴的壮阔道路。

从 1840 年鸦片战争到 1949 年新中国成立之前，中国是一个半殖民地半封建社会。在 100 多年时间里，世界上几乎所有的帝国主义国家都侵略过中国，逼迫中国赔款、割地、开放通商口岸，给外国人以法外特权。中国共产党成立后，团结带领人民经过 28 年浴血奋战，打败日本帝国主义，推翻国民党反动统治，取得新民主主义革命胜利，建立了中华人民共和国。新中国的成立，彻底结束了旧中国半殖民地半封建社会的历史，彻底结束了旧中国一盘散沙的局面，彻底废除了列强强加给中国的不平等条约和帝国主义在中国的一切特权，**开启了中国历史新纪元。**

在抗美援朝战争中，中国人民志愿军打出了国威军威，有效维护了国家的独立和安全。彭德怀同志在《关于中国人民志愿军抗美援朝工作的报告》中讲了这样一段话："西方侵略者几百年来只要在东方一个海岸上架起几尊大炮就可霸占一个国家的时代是一去不复返了。"邓小平同志说，中华人民共和国的成立，"中国取得了一个资格：人们不敢轻视我们"。随着社会主义改造完成，我国建立起社会主义基本制度，并开始大规模进行社会主义建设，建立了独立的比较完整的工业体系和国民经济体系，在核技术、人造卫星、运载火箭等尖端国防科技领域实现了零的突破。

党的十一届三中全会以来，我们党作出实行改革开放的历史性决策，极大地解放和发展了社会生产力。**中国大踏步赶上时代潮流，用几十年时间走完了西方发达国家几百年走过的工业化历程，建立了全世界最完整的现代工业体系，成为世界第二大经济体。**进入新时代，我们党团结带领人民进行伟大斗争、建设伟大工程、推进伟大事业、实现伟大梦想，推动党和国家事业取得全方位、开创性历史成就，发生深层次、根本性历史变革。我国在高温超导、纳米材料、生命科学、载人航天、探月工程、量子科学、深海探测、超级计算、北斗导航、大飞机制造、高铁等战略高技术领域取得重大原创性成果，基础设施现代化跃居世界前列，高铁总里程超过世界高铁总里程的 2/3，高速公路里程居世界第一，建成全球最大 5G 网络等。**我国的经济实力、科技实力、国防实力、综合国力极大增强。**

党的十九大擘画了实现中华民族伟大复兴中国梦的宏伟蓝图，提出到 2035 年基本实现社会主义现代化，到本世纪中叶把我国建成富强民主文明和谐美丽的社会主义现代化强国。一个开启全面建设社会主义现代化国家新征程、向第二个百年奋斗目标进军的中国，已经展现在世人面前。

二、中国共产党对中国人民的伟大贡献

习近平总书记指出：**"我们党来自人民、扎根人民、造福人民，全心全意为人民服务是党的根本宗旨。"**100 年来，中国共产党对人民的伟大贡献，体现在使人民翻身解放、当家作主，真正成为国家、社会和自己命运的主人，促进人的全面发展和社会全面进步，使全体人民朝着共同富裕的目标不断迈进。

在旧中国，广大人民尤其是占中国人口绝大多数的农民日益贫困化以至大批地破产，他们过着饥寒交迫和毫无政治权利的生活。1949 年，全国居民人均预期寿命只有 35 岁。新中国成立后，在党的领导下，我国确立了人民民主专政的国体和人民代表大会制度的政体，人民真正成为国家、社会和自己命运的主人。

在经济上，随着生产力的发展，人民生活水平不断提高。我国用占全球 6.6% 的淡水资源和 9% 的耕地养活了占世界近 20% 的人口，而且满足了高质量、多样化的农产品消费需求。人民吃

穿用不愁，家电全面普及，汽车快速进入寻常百姓家。形成人数超过 4 亿的世界上规模最大的中等收入群体。我国人均国内生产总值持续快速增长，已突破 1 万美元，实现从低收入到下中等收入再到上中等收入的跨越。

在政治上，人民群众享有广泛真实管用的民主，从各层次各领域有序参与政治生活。改革开放以来，社会主义民主政治不断发展，人民当家作主制度保障不断加强，社会主义协商民主优越性充分发挥，爱国统一战线更加巩固，社会治理方式不断创新，依法治国实践得到进一步深化，社会长期保持稳定。

在文化上，坚持马克思主义在意识形态领域的指导地位，积极培育和践行社会主义核心价值观，发展社会主义先进文化，加强社会主义精神文明建设，大力弘扬以爱国主义为核心的民族精神和以改革创新为核心的时代精神，党的创新理论和爱国主义、集体主义、社会主义深入人心，促进人的全面发展和社会全面进步。

在民生上，教育事业全面发展，教育普及程度超过中高收入国家平均水平，高等教育进入普及化阶段。就业结构不断优化，城镇登记失业率保持在较低水平。城镇化率不断提高，城镇常住人口 2019 年增加到 8.48 亿。我国建成了包括养老、医疗、低保、住房在内的世界最大的社会保障体系，基本养老保险覆盖近 10 亿人，基本医疗保险覆盖超过 13 亿人，居民人均预期寿命 2019 年达到 77.3 岁。

在生态上，大力推进生态文明建设，提供更多优质生态产品，不断满足人民日益增长的优美生态环境需要。坚决打赢蓝天保卫战，还老百姓蓝天白云、繁星闪烁；深入实施水污染防治行动计划，还老百姓清水绿岸、鱼翔浅底；全面落实土壤污染防治行动计划，坚持生态惠民、生态利民、生态为民，让老百姓吃得放心、住得安心。

在扶贫上，创造了人类减贫史上的奇迹。党的十八大以来，精准扶贫、精准脱贫力度之大、效果之彰，在人类历史上前所未有。平均每年 1000 多万人脱贫，相当于一个中等国家人口的规模。改革开放以来，按照现行贫困标准计算，累计减少农村贫困人口 7.7 亿，成为世界减贫人口最多的国家，是第一个完成联合国千年发展目标中减贫目标的发展中国家，对全球减贫贡献率超过 70%，在解决困扰中华民族几千年的绝对贫困问题上取得了伟大历史性成就。

总之，我国在幼有所育、学有所教、劳有所得、病有所医、老有所养、住有所居、弱有所扶上持续取得新进展，使发展成果更多更公平惠及全体人民，人民群众的获得感、幸福感、安全感不断增强，共同富裕的本质要求在现实生活中逐步得以体现。中国人民迎来了从温饱不足到小康富裕的伟大飞跃。

三、中国共产党对中华民族的伟大贡献

习近平总书记指出："实现中华民族伟大复兴，是近代以来中国人民最伟大的梦想。"100 年来，中国共产党对中华民族的伟大贡献，体现在实现了中华民族从东亚病夫到站起来的伟大飞跃，实现了中华民族从站起来到富起来的伟大飞跃，中华民族迎来了从富起来到强起来的伟大飞跃。

新中国成立以前，帝国主义国家将中华民族视为劣等民族、斥为东亚病夫，任意欺凌侮辱。中国共产党带领中国人民为争取民族独立进行了不屈不挠的斗争。抗日战争是近代以来中国人民第一次取得完全胜利的民族解放斗争，中国共产党在战争中发挥了中流砥柱作用。抗日战争成为中华民族走向伟大复兴的历史转折点。新中国成立后，中国共产党始终坚决维护国家的主权、安全、发展利益。

中国共产党提出"和平统一、一国两制"重大方针，相继恢复对香港、澳门行使主权，洗雪了中华民族百年屈辱。我们党始终着眼于中华民族整体利益和长远利益，坚定维护国家主权和领土完整，团结全体中华儿女，推动海峡两岸关系和平发展，坚决挫败各种制造"台独"的图谋，取得一系列反分裂斗争的重大胜利。在涉藏、涉疆、涉港、涉海等问题上，坚决同国内外敌对势力作斗争，维护了中华民族的整体利益。

我国有 56 个民族，共同组成一个多民族的大家庭。中国共产党坚持马克思主义民族理论和政策，从中国实际出发，实行民族区域自治制度，坚持各民族一律平等，全面贯彻党的民族政策，建立起平等团结互助和谐的社会主义民族关系，不断铸牢中华民族共同体意识，加强各民族交往交流交融，促进各民族共同团结奋斗、共同繁荣发展。

中国共产党为国家立心、为民族铸魂，大力传承和弘扬中华优秀传统文化，推动其实现创造性转化和创新性发展。中华文化得以发扬光大，并不断走向世界。中国人民的民族自信心和自豪感不断增强。

中国共产党在领导人民推进社会主义现代化建设的进程中，创造了经济快速发展奇迹和社会长期稳定奇迹，走出了一条中国式现代化道路。这个现代化具有中国特色，是人口规模巨大的现代化，是全体人民共同富裕的现代化，是物质文明和精神文明相协调的现代化，是人与自然和谐共生的现代化，是走和平发展道路的现代化。在人类现代化进程中，实现现代化的国家人口不超过 10 亿。中国共产党更好地把 14 亿人民组织起来、动员起来全面建设社会主义现代化国家，在中华民族发展史上、在人类历史上都具有极其重大而深远的意义。

四、中国共产党对世界的伟大贡献

习近平总书记指出：**"中国共产党是为中国人民谋幸福的政党，也是为人类进步事业而奋斗的政党。"**100 年来，中国共产党对世界的伟大贡献，体现在实现了中国从落后于时代到赶上时代、引领时代，从近代以来对人类进步事业贡献较小到贡献较大的历史性转变。

我们党领导的革命事业，得到世界上爱好和平正义的国家、人民的支持和帮助。同时，我们党也尽自己的最大努力，支持和帮助全世界被压迫民族和人民争取民族独立和人民解放的正义事业。新中国成立后，我国积极倡导和坚定实践和平共处五项原则，使这一原则得到国际社会广泛认可，并成为处理国际关系的重要准则。长期以来，中国共产党和中国人民坚持独立自主原则，坚定维护广大发展中国家的利益，坚持国家不分大小、强弱、贫富一律平等，坚决反对殖民主义、霸权主义和强权政治。

改革开放以来，我国高举和平、发展、合作、共赢的旗帜，坚持独立自主的和平外交政策，坚持互利共赢的开放战略，坚定维护国际关系基本准则，维护国际公平正义，积极推进全球伙伴关系建设。党的十八大以来，我们党提出推动构建人类命运共同体，推动构建新型国际关系，倡导共建"一带一路"。"一带一路"建设为参与国家和地区人民带来福祉。2008 年国际金融危机发生后，中国成为全球经济增长的稳定器和动力引擎，连续多年对世界经济增长贡献率超过 30%。2020 年，受新冠肺炎疫情冲击，世界经济严重衰退。我国全年国内生产总值增长 2.3%，成为全球唯一实现经济正增长的主要经济体，为全球经济带来积极溢出效应，对全球经济企稳回升起到重要作用。

我国坚持共同、综合、合作、可持续的安全观，积极参与斡旋解决地缘政治热点问题。到目前为止，累计派出 4 万余人次维和人员，成为联合国维和行动第二大出资国和常任理事国派出维和人员最多的国家。我国在减贫、反腐、维和、反恐、气候变化、消除地区热点、环境治理、有效应对疫情和自然灾害等方面，坚持原则，伸张正义，创新理念，设置议题，求同存异，对话沟通，成为世界和平的建设者、全球发展的贡献者、国际秩序的维护者。

长期以来，中国共产党和中国人民为广大发展中国家提供了大量无偿援助、优惠贷款，提供了大量技术支持、人员支持、智力支持，为广大发展中国家建成了大批经济社会发展和民生改善项目。

我国改革开放和社会主义现代化建设的成功，在世界上高高举起了中国特色社会主义伟大旗帜，使科学社会主义在21世纪的中国焕发出强大生机活力；为世界上那些既希望加快发展又希望保持自身独立性的国家和民族提供了全新选择，为解决人类问题贡献了中国智慧和中国方案。

中国共产党的丰功伟绩

○ 江金权

中共中央政策研究室主任

我们党成立一百年来，实现了中国沧桑巨变，建立了丰功伟绩，主要是：指明了实现中华民族伟大复兴的正确道路，根本改变了中国人民的历史命运，作出了解决全人类问题的中国贡献，形成了中华民族伟大复兴的坚强领导核心。

中国共产党成立以来的一百年极不平凡，是中国人民根本改变历史命运的一百年，是中华民族迎来伟大复兴的一百年，是中国为全人类发展作出卓越贡献的一百年。而所有这一切，都因为有我们党这个坚强领导核心。我们党成就中国百年沧桑巨变的丰功伟绩，是世界上其他任何政党都无法比拟的。

一、指明了实现中华民族伟大复兴的正确道路

道路决定命运。自从有了中国共产党，中国就沿着新民主主义革命—社会主义革命—中国特色社会主义的正确道路前进，走上了中华民族伟大复兴的康庄大道。

我们党成立于中华民族危亡之际。1840 年鸦片战争以后，由

于封建统治者固步自封、腐朽无能，加之资本主义列强的侵略，旧中国逐步沦为半殖民地半封建社会，受尽欺凌，一度到了濒临亡国灭种的危险境地。从此，救亡图存成为中华儿女共同心愿的"最大公约数"。无数仁人志士为此进行不懈探索，从戊戌变法到辛亥革命，从清末的"君主立宪"到孙中山的中华民国，各种方案都失败了，都没能根本改变中华民族受压迫、受欺凌的悲惨命运。1921年中国共产党成立后，确立了新民主主义革命的正确道路，让灾难深重的中国人民看到了新的希望、有了新的依靠。我们党探索出农村包围城市、武装夺取政权的正确革命道路，"唤起工农千百万""夺过鞭子揍敌人"，经过土地革命战争、抗日战争、解放战争，推翻了压在中国人民头上的帝国主义、封建主义、官僚资本主义"三座大山"，建立了人民当家作主的中华人民共和国，彻底结束了近代以来中国内忧外患、积贫积弱的悲惨境地，开启了中华民族发展进步的新纪元。

新中国成立之初，我国一穷二白、百废待兴、人口众多、人均资源不足、经济基础薄弱，我们党开始医治战争创伤。此时，美国发动朝鲜战争，并轰炸我国东北边境。党中央果断决策，"抗美援朝，保家卫国"，打败了美国侵略者，为新生的人民共和国赢得了安定的国际环境。同时，我们党制定了过渡时期总路线，在推进国家工业化的同时，完成了对农业、手工业、资本主义工商业的社会主义改造，领导全国人民迅速恢复生产和社会秩序，建立起生产资料公有制，发挥社会主义制度集中力量办大事的优势，多快好省地建设"四个现代化"。尽管探索之路艰辛坎坷，但我们成功建立和巩固了社会主义基本制度，建立了独立的比较完整的工业体系和国民经济体系，为人民幸福、民族复兴奠定了根本政治前提、制度基础和物质基础。

党的十一届三中全会以来，我们党果断纠正"文化大革命"的错误，坚持以经济建设为中心、坚持四项基本原则、坚持改革开放，成功开创了中国特色社会主义道路，创造性地建立社会主义市场经济体制，极大提高了我国经济实力、科技实力、综合国力和人民生活水平。我国国内生产总值跃升至世界第二位，成为世界第一制造大国、第一贸易大国。中国人民基本过上小康生活。全国各族人民从实践中认识到，中国特色社会主义是发展中国的唯一正确道路。

党的十八大以来，中国特色社会主义进入新时代。面对错综复杂的国际形势和繁重艰巨的国内改革发展稳定任务，面对各种重大风险考验和党内存在的突出问题，以习近平同志为核心的党中央举旗亮剑、锐意进取，统筹推进"五位一体"总体布局，协调推进"四个全面"战略布局，以全面深化改革增添发展动力，以高压反腐净化政治生态，以扶贫攻坚解决突出民生问题，解决了许多长期想解决而没有解决的难题，办成了许多过去想办而没有办成的大事，党和国家事业取得历史性成就、发生历史性变革，谱写了新时代中国特色社会主义新篇章，为实现中华民族伟大复兴奠定了坚实基础。党的十九大以来，我们党领导全国人民，战胜了前进道路上的种种艰难险阻，特别是2020年在遭遇战中取得了抗击新冠肺炎疫情的重大战略成果，在世界主要经济体中唯一实现经济正增长，脱贫攻坚战取得了全面胜利，全面建成小康社会取得伟大历史性成就，充分彰显了习近平新时代中国特色社会主义思想的实践伟力、中国特色社会主义制度的巨大优势、中国共产党的强大执政能力。

一百年来，我们党团结带领全国各族人民找到了实现中华民族伟大复兴的正确道路，实现了民族独立、国家富强、人民幸福，实现了经济快速发展、社会长期稳定，中华民族迎来了从站起来、富起来到强起来的伟大飞跃，创造了中华民族发展史上、世界社会主义发展史上、人类社会发展史上的"中国奇迹"。

只有社会主义才能救中国，只有中国特色社会主义才能发展中国。只有在我们党领导下，走中国特色社会主义道路，才能实现中华民族伟大复兴。这是实践的结论，也是对世界的启示。

二、根本改变了中国人民的历史命运

旧中国战乱频仍，民生凋敝，而且一盘散沙；新中国人民富足幸福、充满自信，共同为自己的美好生活而团结奋斗。这种根本性改变，是我们党成立以后发生的。

中国人民受压迫、受欺凌的悲惨命运一去不复返了。新中国成立之前，中国人民头顶"三座大山"，受尽欺压和剥削。民不聊生、生灵涂炭，是中国人经济状况的真实写照；租界门前"华人与狗不得入内"的牌子，"东亚病夫"的称号，侵略者"支那人"的蔑称，是中国人政治状况的真实写照。是我们党带领人民推翻"三座大山"，建立新中国，实现了人民当家作主，中国人真正有了人的尊严。随着我国经济社会发展、国际地位提高，中国人民越来越扬眉吐气、自信自强，海外华侨、华人也越来越受到国际社会的尊重。

中国人民从贫困走进全面小康社会。旧社会，中国广大人民过着饥寒交迫的生活。新中国成立后特别是改革开放以来，人民生活水平逐步提高。到 2019 年，人均国内生产总值超过 1 万美元。通过近 40 年的扶贫工作特别是党的十八大以来的脱贫攻坚，按照现行标准测算，我国农村贫困人口减少 7.7 亿，彻底解决了千百年来困扰中华民族的绝对贫困问题。现在，中国成为全球最大消费市场，全体人民过上了富足的小康生活，中国人也成为世界上购买力最强的群体之一。

中国人民的民主权利得到充分保障。旧中国，中国人民根本谈不上民主、人权。新中国，建立了人民代表大会制度这一根本政治制度，建立了中国共产党领导的多党合作和政治协商制度、民族区域自治制度、基层群众自治制度等基本政治制度，广大人民群众享有宪法法律保障的民主选举、民主协商、民主决策、民主管理、民主监督等权利。我国保障人民群众在宪法法律规范内的言论自由、结社自由等。我国保障以生存权、发展权为核心的广泛人权。中国人民成为自己国家的主人，我国的人民民主比西方国家的"资本民主"更加真实、有效。

中国人民的获得感幸福感安全感不断提高。新中国成立以来特别是改革开放以后，我国法治建设不断加强，社会治安状况根本好转；生态文明建设不断加强，人民呼吸清洁空气、饮用干净水、食用健康食物的需求逐步得到满足。加之政治上当家作主、经济上初步富足，中国人民的获得感幸福感安全感空前提高。特别是经过新冠肺炎疫情的大考，广大中国人民深深感到，生活在中国最安全、最幸福。

人民是国家的主人。一个政党、政府好不好，首先要看能否维护和发展广大人民的根本利益。我们党始终秉持为中国人民谋幸福的初心，带领全国各族人民奏响了站起来、富起来、强起来三部曲，中国人民经济上、政治上、精神上的获得感自豪感前所未有。国际权威机构的最新民意调查结果表明，中国民众对本国政府信任度达95%，高居各国榜首。

三、作出了解决全人类问题的中国贡献

中华民族5000多年文明史从未中断，经济社会发展曾长期处于世界前列，中华文明为人类文明作出了重大贡献。我们党带领全国各族人民经过艰苦卓绝的斗争，结束了鸦片战争以后任人宰割的历史，让中华民族走上了复兴道路，不仅根本改变了中国，也极大改变了世界。

中国发展本身就是对世界的重大贡献。占全球近1/4人口摆脱半殖民地半封建社会、走上社会主义道路，进一步动摇了全球资本主义体系、殖民统治体系，根本改变了世界政治格局，给被压迫民族反殖民统治、反帝国主义统治的民族解放运动以极大鼓舞。改革开放以后特别是党的十八大以来，我国持续开展大规模的扶贫攻坚，提前10年实现《联合国2030年可持续发展议程》减贫目标，为全球减贫事业作出了历史性贡献。同时，中国特色社会主义的成功发展，也为处于低潮的世界社会主义事业带来新的希望。

中国为发展中国家提供了无私帮助。新中国成立以来，我国与广大发展中国家相互支持，为发展中国家提供力所能及的帮助。特别是党的十八大以来，我国建立和完善中非、中拉、中阿、中国—太平洋岛国等合作机制，在自愿、互惠条件下开展广泛合作，为

发展中国家提供支援。长期以来，我国一直为非洲国家提供卫生医疗援助。在抗击新冠肺炎疫情斗争中，我国不仅率先控制住疫情，而且向许多发展中国家提供了大量技术、物资、医疗等帮助，并将我国研发的疫苗作为全球公共产品提供给许多国家特别是发展中国家，为全球抗疫作出了突出贡献。

中国为全球发展和治理提供了中国方案。中国是联合国创始成员国和安理会常任理事国，始终坚持和平共处五项原则，坚定维护以联合国为核心的国际体系，坚定维护以国际法为基础的国际秩序，一直在国际舞台上为广大发展中国家主持正义、公道，为维护世界和平与发展作出了巨大贡献。改革开放以后特别是党的十八大以来，我国在扶贫、环保等方面取得了巨大成就，为全球扶贫、环保事业提供了"中国样本"。我国坚定维护世界多边贸易体制，主张推进新型经济全球化，主张基于规则的全球共同治理，坚决反对单边主义、保护主义、霸凌行径，体现了对全人类共同利益的责任担当。我国提出并带头实践共建"一带一路"，为全球发展特别是发展中国家发展提供了公共产品和发展机遇。我国提出构建人类命运共同体的主张，得到绝大多数国家和联合国等国际组织的高度认同，为人类发展展示了正确道路和光明前景。

四、形成了中华民族伟大复兴的坚强领导核心

毛泽东同志指出："既要革命，就要有一个革命党。"在中国这样一个多民族的国家，要实现民族伟大复兴，就必须有一个坚强的领导核心。我们党在百年革命、建设、改革的实践中，带领

全国各族人民创造了"中国奇迹",赢得了包括各民主党派在内的全国各族人民的衷心拥护,成为当之无愧的坚强领导核心。最近,许多国际政要、学者评价说:中国脱贫攻坚是"人类社会发展史上前所未有的创举",再次彰显中国共产党的"超强执政力"。我们党成为中华民族伟大复兴的坚强领导核心,有其历史逻辑、实践逻辑、理论逻辑。

思想理论的先进性。马克思主义科学揭示了人类社会发展客观规律,为人类社会发展指明了唯一的正确道路。我们党一成立就把马克思列宁主义写在自己的旗帜上,并把马克思列宁主义基本原理同中国革命、建设、改革的实践紧密结合起来,不断推进马克思主义中国化、时代化,产生了毛泽东思想、邓小平理论、"三个代表"重要思想、科学发展观,产生了习近平新时代中国特色社会主义思想,实现了党的指导思想的与时俱进。在科学理论指导下,我们党及时洞察和把握社会发展大趋势,始终"站在历史正确的一边",不断增强决策的战略性、前瞻性、科学性。同时,马克思主义及其中国化、时代化的理论成果,为中国人民认识和改造世界提供了强大思想武器,使中国人民在精神上由被动变为主动。

价值追求的人民性。我们党来自人民、植根人民,坚持人民至上的价值追求,坚持全心全意为人民服务的根本宗旨,始终谋求国家和人民的根本利益,没有自己的私利,是名副其实的中国工人阶级的先锋队、中华民族和中国人民的先锋队。习近平总书记指出:"民心是最大的政治","人民对美好生活的向往,就是我们的奋斗目标"。我们党坚持历史唯物主义,视人民为历史进步的根本动力,把党作为人民实现其根本利益的工具,把群众路线作为党的根本工作路线，始终与人民同呼吸、共命运、心连心。我们党始终把保障人民的国家主人地位、实现人民根本利益作为制定方针政策的出发点和落脚点，不断增强人民的获得感幸福感安全感。党与人民同心同德、水乳交融，党和人民的血肉联系是任何敌对势力都无法离间的。

不懈奋斗的坚韧性。我们党成立以来，始终秉承为中国人民谋幸福、为中华民族谋复兴的初心使命，不懈奋斗、矢志不渝。面对百年奋斗历程中的荆棘遍布、艰难险阻，我们党事不避难敢担当，审时度势、科学决策，敢于斗争、善于斗争，以"越是艰险越向前"的大无畏革命精神去战胜前进道路上的各种困难，作出了巨大牺牲，上百万共产党人献出了宝贵生命，谱写了一曲曲惊天地泣鬼神的奋斗赞歌。我们党胜不骄败不馁、愈挫愈勇，"不到长城非好汉"，马不停蹄、只争朝夕地朝着中华民族伟大复兴的目标不懈奋进，用几十年时间走完了发达国家用上百年甚至几百年时间才走完的路。全国各族人民为我们党这种不畏艰险、不怕牺牲、永不懈怠的奋斗精神深深感染，由衷地把我们党当作自己的"主心骨"。

组织体系的科学性。按照民主集中制原则，我们党建立起坚强、严密的组织体系，这就是由党的中央组织、地方组织、基层组织共同构成的科学组织体系。党中央是大脑和中枢，负责制定党的大政方针，具有定于一尊、一锤定音的权威；党的地方组织确保党中央的决策部署在本地区的贯彻落实，并把基层和党员的意见建议报送到党中央；党的基层组织负责把党中央和上级党委的决策部署贯彻落实到基层，并负责收集、反映党员和群众的意见建议。

目前，我们党有近 470 万个基层组织分布在全国各地各单位，有9100 多万党员生活、工作在各个基层组织中。这种广泛的、严密的、坚强的组织体系，既可以让党中央"如身使臂，如臂使指"，使党的大政方针和党中央决策部署及时地、不折不扣地贯彻落实到基层，又可以使党的组织和党员深深植根人民、扎根人民。这是世界上其他任何政党都不具有的强大组织优势。

自我革命的坚定性。打铁必须自身硬。我们党在推进民族复兴的伟大实践中，不断推进党的伟大自我革命，坚定不移全面从严治党，不断强化党内监督，坚持自我净化、自我完善、自我革新、自我提高，始终保持党的先进性和纯洁性。我们党"坚持真理，修正错误"，"为人民利益坚持好的、改正错的"；按照好干部标准培养选拔执政骨干，加强理论学习，不断提高长期执政能力；坚持制度治党、依规治党，认真开展批评和自我批评，依靠严明纪律保证全党步调一致；坚决整治形式主义、官僚主义、享乐主义和奢靡之风等不正之风，树立清正廉洁、求真务实等优良作风，始终保持同人民群众的血肉联系；坚持刀刃向内，零容忍惩治腐败，不断祛除党的肌体上的毒瘤；等等。我们党这种勇于自我革命精神也是其他政党不能比拟的。

我们党的这些优秀品格是其他任何政党所不具备的，理所当然地成为民族复兴事业的坚强领导核心。这是中国人民之幸、中华民族之幸。历史和人民选择了我们党，我们党则带领中国人民创造了世所罕见的"两大奇迹"。在以习近平同志为核心的党中央坚强领导下，中国人民必将在实现中华民族伟大复兴道路上创造出令世界刮目相看的新的更大奇迹。

学党史和把握政治大局

○ 金冲及

原中共中央文献研究室常务副主任

问题的提出

习近平总书记在 2020 年底召开的中央政治局民主生活会上，就讲政治问题讲了一段极为重要的话："我们党要始终做到不忘初心、牢记使命，把党和人民事业长长久久推进下去，必须增强政治意识，善于从政治上看问题，善于把握政治大局，不断提高政治判断力、政治领悟力、政治执行力。"

为什么习近平总书记特别提醒全党同志必须"增强政治意识，善于从政治上看问题，善于把握政治大局"，并且着重提出要"不断提高政治判断力、政治领悟力、政治执行力"？因为我们党和国家正处在一个新的历史起点上，无论开启全面建设社会主义现代化国家新征程，还是应对世界百年未有之大变局，都会遇到许多过去从来没有遇到过的新问题。而要正确处理这些问题，最根本、最重要的就是善于把握政治大局。我们遇到的问题多得很，但只要善于把握政治大局，那些具体问题就不难解决。否则就会穷于应付，甚至会因应对不当而付出重大代价。

对于怎样把握政治大局，习近平总书记指出了要点：提高政治判断力、政治领悟力、政治执行力。

学习历史特别是学习我们党的历史，可以更深刻地理解和更好落实习近平总书记这一重要要求。毛泽东同志在《实践论》中指出："一切真知都是从直接经验发源的。但人不能事事直接经验，事实上多数的知识都是间接经验的东西，这就是一切古代的和外域的知识。这些知识在古人在外人是直接经验的东西。"他所说的"古人"，包括所有前人在内，他们的经验对我们十分重要。这就阐明了学习历史的重要意义。

中国共产党的百年历史是一部光辉的历史，有非常丰富的精神财富。在庆祝中国共产党百年华诞的重大时刻，以习近平同志为核心的党中央决定在全党开展党史学习教育，其目的就包括教育全党特别是党的各级领导干部从党的历史中汲取经验和智慧，学会从政治上看问题，学会在应对复杂多变的形势时始终清醒地把握政治大局，不断提高政治判断力、政治领悟力、政治执行力。

提高政治判断力

人们的行动总是基于他们对事物的判断，而要对事物作出正确判断并不容易。事物往往多面而复杂，有时还示人以假象。如果只看到事物的某些现象而没有看清事物的本质，只看到事物的局部而没有看到它的全貌，只看到事物一时的表现而没有看到它未来的发展，只看到这个那个事物而没有看到它们之间的相互联系和相互影响，就匆匆忙忙作出判断，还以为这种判断是有根据的，那就很危险。因为在这种情况下会作出片面的、错误的判断，甚至会导致严重的政治失误。

在认识周围事物和处理重大问题时，只有抱着"如临深渊，如履薄冰"的态度，一切从实际出发，慎重而反复地比较不同选择的利弊得失，才能作出正确判断。

作出正确判断，最重要的是符合实际。这一历史经验，可以从我们党的历史上找到许多例证。其中很著名的例子就是全民族抗日战争爆发后不久，在国内一些人中曾出现"亡国论"和"速胜论"两种判断。作出这些错误判断并不是偶然的，也可以举出一些事实作为论据，但都是片面的事实。毛泽东同志此时写出《论持久战》，具体比较了中日双方的长处和弱点，认为中国的抗战必将取得胜利，但会是持久战，并指出它的发展要经历三个阶段，以及每个阶段所应采取的方针政策。有了这个判断和应对之方，中国人民在抗日战争期间尽管几经曲折，但一直心中有数。事实证明，毛泽东同志的判断完全正确。

科学的预见性，对于提高政治判断力有着重要意义。全国解放战争时期，毛泽东同志在 1947 年 12 月作了《目前形势和我们的任务》的报告。那时候，国民党当局还控制着全国绝大多数地域，包括几乎所有工商业发达、人口众多的大城市；军队人数仍大大超过人民解放军，还有用美式武器装备起来的部队，并且继续得到美国政府的援助。那时，恐怕很少有人会想到，再过一年多，人民解放战争将取得全面胜利，新中国即将诞生。但毛泽东同志对当时的局势明确作出判断："中国人民的革命战争，现在已经达到了一个转折点。""这是一个历史的转折点。这是蒋介石的二十年反革命统治由发展到消灭的转折点。这是一百多年以来帝国主义在中国的统治由发展到消灭的转折点。""这个事变一经发生，它就将必然地走向全国的胜利。"

毛泽东同志这个重大判断，首先是从政治上看问题的结果。他分析：国民党区域的人心动向变了，蒋介石被孤立起来，广大人民群众站到了我们方面。人心向背，这是决定一切的。在军事上，人民解放军已在历史上第一次从防御转入进攻，它同人心的变化联系在一起，是不可逆转的。在经济上，蒋介石集团的问题已经很严重了。有了这个大判断，才能果断地作出随后的重大决策，包括发布"建立民主联合政府"的五一口号、发动三大战略决战等等。这样，打倒蒋介石、建立新中国自然地被提到现实日程上来。

新中国成立后，党中央的重大决策也是建立在对政治大局的正确判断之上。1953年，党中央看到国民经济已经恢复，第一个五年建设计划已开始实施，社会主义的政治、文化和经济因素在全国已取得重大发展，朝鲜战争的停战协定已经签订。在全国大局发生重大变化的条件下，党中央果断制定以"一化三改"为主要内容的过渡时期总路线，几年内在全国建立起社会主义基本制度。这是中国历史上最深刻最伟大的社会变革，为当代中国一切发展进步奠定了根本政治前提和制度基础。尽管具体工作中有不足之处，但没有当年建立社会主义基本制度，也就没有今天中国特色社会主义事业的发展。

党中央十分关注党和人民事业所处的历史方位和发展阶段，这是政治上始终保持清醒头脑和定力的基本依据。

党的十一届三中全会作出把党和国家工作中心转移到经济建设上来、实行改革开放的历史性决策，使我国社会主义进入新的历史发展时期。经过几年实践探索，到1987年党的十三大召开前夕，邓小平同志又对中国的全局作出重要判断："社会主义本身是共产主义的初级阶段，而我们中国又处在社会主义的初级阶段，就是不发达的阶段。一切都要从这个实际出发，根据这个实际来制订规划。"据此，邓小平同志提出党在社会主义初级阶段的基本路线。他还特别告诫党内同志："我讲的东西都不是从小角度讲的，而是从大局讲的。""不能改变这条路线，特别是不能使之不知不觉地动摇，变为事实。"

这些都是大的政治判断和大的政治决策。

20世纪80年代末90年代初，苏联解体和东欧剧变使世界社会主义陷入低潮。面对当时相当严峻的国际局势，中国该如何应对？有着丰富政治经验的邓小平同志指出："别人的事情我们管不了，只讲一个道理：中国的社会主义是变不了的。中国肯定要沿着自己选择的社会主义道路走到底。谁也压不垮我们。只要中国不垮，世界上就有五分之一的人口在坚持社会主义。我们对社会主义的前途充满信心。""总之，对于国际局势，概括起来就是三句话：第一句话，冷静观察；第二句话，稳住阵脚；第三句话，沉着应付。不要急，也急不得。要冷静、冷静、再冷静，埋头实干，做好一件事，我们自己的事。"这是何等的政治气概和责任担当。

学党史，前辈们的那些光辉事迹和政治经验、政治智慧是无法忘却的。

以习近平同志为核心的党中央善于从政治上看问题，善于把握政治大局。习近平总书记在党的十九大上指出："经过长期努力，中国特色社会主义进入了新时代"，"我国社会主要矛盾已经转化为人民日益增长的美好生活需要和不平衡不充分的发展之间的矛盾。"党的十九届五中全会提出，全面建成小康社会、实现第一个百年奋斗目标之后，我们要乘势而上开启全面建设社会主义现代化国家新征程、向第二个百年奋斗目标进军，这标志着我国进入了一个新发展阶段。

党中央强调要准确把握新发展阶段，深入贯彻新发展理念，加快构建新发展格局。这是从国内外大势和全局出发，统筹中华民族伟大复兴战略全局和世界百年未有之大变局作出的政治大判断和政治大决策。

提高政治领悟力

提高政治领悟力，要坚持用党中央精神分析形势、推动工作。做到这一点，就要对"国之大者"了然于胸、深入领悟和准确把握。社会生活异常复杂，为了推进事业发展，必须在众多矛盾中抓住主要矛盾，也就是抓住对全局有重要意义的大事。大事抓住了，小事就迎刃而解。

我们党领导人民进行新民主主义革命时，对于如何选择革命的道路，党内曾发生过严重分歧。毛泽东同志通过深入调查研究，认定在农民占人口绝大多数的半殖民地半封建的中国，只有在解决农民土地问题的基础上，武装农民、在农村建立革命根据地、走农村包围城市的道路，中国革命才能成功。而党内另外一些人，由于不了解农民问题的政治重要性，没有认识、领悟到农民问题是中国革命的中心问题，而是照抄照搬，走城市武装起义的路子，使革命遭受严重挫折。这从反面证明毛泽东同志认识和选择的革命道路是完全正确的。20世纪50年代末，毛泽东同志在回顾这段历史时说："中国的问题始终是农民同盟军的问题"，"不抓农民问题就没有政治"，"中国党内相当多的人，不懂得农民问题的重要性，跌跟斗还是在农民问题上"。

党的十一届三中全会后，广东走在对外开放的前列。广东地接港澳，又是重要侨乡，而且一直有着对外经济交往的传统。1979年1月，一封关于香港厂商要求回广州开设工厂的来信摘要送到邓小平同志的办公室。邓小平同志当即批示：这种事，我看广东可以放手干。同年4月，时任广东省委第一书记的习仲勋同志向邓小平同志汇报说：希望中央下放若干权力，让广东对外经济活动有较多的自主权和主动余地，允许在毗邻港澳的深圳、珠海和重要侨区举办出口加工区。邓小平同志表示赞同并说：还是叫特区好，陕甘宁开始就叫特区嘛！中央没有钱，可以给些政策，你们自己去搞，杀出一条血路来。邓小平同志的这些考虑，显然不只是为了广东的发展，而是高瞻远瞩，为对外开放开辟新路。这是何等的远见卓识！而深圳等经济特区就是在深刻领悟"杀出一条血路来"中解放思想、改革创新，大胆试、大胆闯，创造了奇迹。

改革开放以后，我们打破过去的平均主义"大锅饭"，允许和鼓励一部分人一部分地区先富起来，允许搞多种经济成分，地区差距、城乡差距、收入差距在一段时期内势必会拉开。但是，决不能让贫富差距越来越大，决不能在富的人和穷的人之间出现一道不可逾越的鸿沟，那样就违背党的根本宗旨和社会主义的本质要求。习近平总书记强调："实现共同富裕不仅是经济问题，而且是关系党的执政基础的重大政治问题。""促进全体人民共同富裕是一项长期任务，也是一项现实任务，必须摆在更加重要的位置，脚踏实地，久久为功，向着这个目标作出更加积极有为的努力。"我们必须按照习近平总书记的重要要求，增强政治意识，真正提高对实现共同富裕的政治领悟力，为促进共同富裕不断作出新贡献。

对于"国之大者"，我们必须深刻领悟。在我们党的历史上时常会看到：党中央处理重要问题时，通常都不是只看到眼前短期的利害、就事论事地对待和处理，而总是从大处着想，想得很远。常有这种情况：短期内看来有利的事，从长远看未必有利，甚至会留下很大的祸根；而一些事短期内看来似乎要付出不小代价，从长远看却是十分有益而必要的。只有悉心领悟，才能始终与党中央保持高度一致。

当前，在以习近平同志为核心的党中央坚强领导下，我们开启了全面建设社会主义现代化国家新征程。在新征程上，继续践行党的根本宗旨，坚持党的集中统一领导，巩固好社会主义制度，维护国家的统一、稳定和安全，促进全体人民共同富裕，实现中华民族伟大复兴，等等，这些都是"国之大者"，也是对各级领导干部是否真正讲政治、真正具备了政治领悟力的新的考验与检验。拿促进全体人民共同富裕来说，这就是我们党和国家在新时代、新发展阶段的大政治。实现这个目标，是社会主义的本质要求。正如邓小平同志在改革开放之初就说过的："社会主义不是少数人富起来、大多数人穷，不是那个样子。社会主义最大的优越性就是共同富裕，这是体现社会主义本质的一个东西。"

总之，学党史可以帮助人们开阔眼界，胸怀"国之大者"，提高政治领悟力。

提高政治执行力

马克思主义从来都认为：重要的不只是认识世界，更在于改造世界。改造世界，政治判断力、政治领悟力、政治执行力三者缺一不可。

毛泽东同志说过："我们不但要提出任务，而且要解决完成任务的方法问题。我们的任务是过河，但是没有桥或没有船就不能过。不解决桥或船的问题，过河就是一句空话。不解决方法问题，任务也只是瞎说一顿。"

对中国革命和建设中的重大问题，特别是关键性问题，毛泽东同志不仅作出科学决策，从实际出发写出《论持久战》《抗日游击战争的战略问题》等，而且对执行决策的具体办法、可能遇到的有利和不利情况该如何处理，以及请示报告和检查制度的建立等，都作了细致而周全的规定，并且在执行中抓得紧而又紧。

毛泽东同志对党的政治执行力有一段名言："要'抓紧'。就是说，党委对主要工作不但一定要'抓'，而且一定要'抓紧'。什么东西只有抓得很紧，毫不放松，才能抓住。抓而不紧，等于不抓。""我们有些同志，也抓主要工作，但是抓而不紧，所以工作还是不能做好。不抓不行，抓而不紧也不行。"

大家知道，周恩来同志既有高度的政治判断力和政治领悟力，又有极强的政治执行力。1955年4月，他率团出席亚非会议。参加会议的29个国家中，22个没有同新中国建交，有的人在会上还猛烈攻击中国。周恩来同志当机立断，把原来的发言稿印发给大家，临时在大会上作了补充发言。他一开始就说："中国代表团是来求团结而不是来吵架的。""是来求同而不是来立异的。在我们中间有无求同的基础呢？有的。那就是亚非绝大多数国家和人民自近代以来都曾经受过，并且现在仍在受着殖民主义所造成的灾难和痛苦。""我们并不要求各人放弃自己的见解，因为这是实际存在的反映。但是不应该使它妨碍我们在主要问题上达成共同的协议。"这个补充发言很好体现和贯彻了新中国成立之初党中央在对外工作方面的政治判断、政治决策，博得会场热烈鼓掌。会议取得巨大成功。

新中国成立后，周恩来同志不知处理了多少复杂艰难的工作。他是一位有着远大战略眼光而又能巧妙付诸实施、搞好执行的大政治家。他对身边的人说：我们这样一个大国家，就有那么多具体的事得有一个人管起来。我多做些这样的事，就可以使毛主席有更多时间来考虑那些大问题。邓小平同志说："周总理是一生勤勤恳恳、任劳任怨工作的人。他一天的工作时间总超过十二小时，有时在十六小时以上，一生如此。""他是同志们和人民很尊敬的人。"

提高政治执行力，离不开实干。在十八届中共中央政治局常委与中外记者见面会上，习近平总书记指出："人民对美好生活的向往，就是我们的奋斗目标。人世间的一切幸福都需要靠辛勤的劳动来创造。"习近平总书记强调：空谈误国，实干兴邦。拿刚过去的 2020 年来说，面对新冠肺炎疫情突如其来、世界经济深度衰退等多重严重冲击，在以习近平同志为核心的党中央坚强领导下，全国各族人民顽强拼搏，疫情防控取得重大战略成果，我国在全球主要经济体中唯一实现经济正增长，脱贫攻坚战取得全面胜利，决胜全面建成小康社会取得伟大历史性成就，交出一份人民满意、世界瞩目、可以载入史册的答卷。

回顾党的历史，大量事实说明，妨碍和危害政治执行力的"拦路虎"，从思想方法和工作作风来说，主要是形式主义、官僚主义。这些错误的思想方法和工作作风，要害都是脱离实际、脱离群众。如果党员、领导干部思想上作风上被这几个"主义"缠住了脱不开身，政治执行力就会大打折扣甚至完全丧失，其危害就是党中央的重大决策和方针政策在他那里落不到实处，就会损害党和人民的利益。医治这几种"主义"的良方，像党的历史告诉我们的那样，就是深入实际、深入群众，在实际中、群众中调查研究，集思广益。作决策和执行决策时，都坚持从实际中来又到实际中去，从群众中来又到群众中去。这是提高政治执行力的重要方法。

历史是前人实践记录的汇总。中国共产党一百年的历史太丰富了。我们学习党的历史，不只是为了缅怀前人，更重要的是要从这部内容如此丰富的教科书中吸取丰富的精神营养，包括提高政治判断力、政治领悟力、政治执行力，从而能在新的历史条件下以昂扬姿态奋力开启全面建设社会主义现代化国家新征程，向实现第二个百年奋斗目标进军。

目录

第一篇

中国共产党
百年述职

第四篇

中国共产党的领导是实现社会主义现代化和民族复兴的最根本保证

中国共产党百年述职

我诞生在 1921 年，

那是一个内忧外患、苦难深重的中国。

目睹山河破碎、百姓流离，

我痛苦不已。

怀揣一腔热血，渴望寻求到救国救民的出路。

在无数种信仰的交锋中，

我选择了**马克思主义。**

从南湖红船的启航到南昌城头的枪响；

从井冈山的星星之火，到二万五千里的漫漫长征；

从艰苦卓绝的十四年抗战，再到解放战争的弹雨硝烟；

一路走来，真的很难。

当面临生死的抉择，当面对信仰的考验，

我分明听到有种声音在说，**甘将热血沃中华。**

听到那大声呐喊：**生是为中国，死是为中国。**

每每想起这些舍生忘死的同志，想起那些浩然慷慨的义举，

我都忍不住流泪，

一遍遍告诉自己，永志不忘，切莫辜负。

经过 28 年的浴血奋战，

在广大人民群众的支持下，

我们终于彻底结束了旧中国半殖民地半封建社会的历史，

成立了中华人民共和国。

我激动不已，仿佛看到了革命先烈们梦寐以求的**可爱的中国**。

我知道，**历史选择了我，人民选择了我**。

赶考路上，我一刻都不敢懈怠，

我们完成了土地改革与社会主义革命，

制定了一个个"五年计划"的小目标，

夯实着共和国的经济基础，

国际地位也在不断提高，

在社会主义建设的探索中，我也曾走过弯路，

通过解放思想，实事求是，终于迎来了改革开放的变革，

开辟出我们自己的中国特色社会主义道路。

我依靠人民，跨过一道又一道坎，取得一个又一个胜利，

经过长期努力，**中国特色社会主义进入了新时代**，

到如今，**全面建成小康社会终于取得历史性成就**。

当看到国之重器，上天入海，探索苍穹，攻坚克难，刷新纪录，

当看到中国智慧，走出国门，惊叹世界，

我都在为自己的国家和人民感到无比**骄傲**。

如今，我们的经济实力、综合国力不断增强，

人民的生活水平持续改善，

现行标准下9899万农村贫困人口全部脱贫，

这，就是我们的道路，

在这百年征程里，有风调雨顺，凯歌高奏，

也有危难之际的绝处逢生，

挫折之后的毅然奋起和失误之后的拨乱反正。

但不论怎样，我从没想过放弃，我深知打铁还需自身硬，

这一路都坚持自我革命。

我也从未忘记过自己的初心，并将永远保持对人民的赤子之心。

从石库门到天安门，从兴业路到复兴路，

从50多人到9000多万人，

如今站在"两个一百年"的历史交汇点，

全面建设社会主义现代化国家新征程开启，

我定会不忘初心、继续前进，

努力向历史、向人民交出新的更加优异的答卷！

中华民族文明传统和中国共产党

○ 郑必坚

国家创新与发展战略研究会会长、中共中央党校原常务副校长

◎中国共产党为什么能够使中华文明焕发出新的蓬勃生机？

◎中国共产党是一个什么样的党？

◎中国共产党如何处理"继承传统"和"赶上时代"的关系？

◎中国共产党对待传统文化的基本态度和基本方针是什么？

◎为什么说爱国主义在中国有巨大精神力量？

1. 中国共产党
· 中国特色社会主义事业的领导核心，代表中国先进生产力的发展要求，代表中国先进文化的前进方向，代表中国最广大人民的根本利益。

2. 两个先锋队
· 工人阶级的先锋队
· 中国人民和中华民族的先锋队

3. 两大理论成果
· 毛泽东思想
· 以邓小平理论为开启的中国特色社会主义理论体系

一、中国共产党使中华文明焕发新的蓬勃生机

1) 中国共产党突破国际共运的常规；
2) 总态度总方针；
3) 继承五四运动主流；
4) 体察中国国情和历史经验；
5) 中国共产党的军事思想；
6) 统一战线思想；
7) 党的建设；
8) "为人民服务"和"群众路线"；
9) 党的革命精神；
10)"进京赶考"；
11)"统筹兼顾"；
12) 学术文化上"百花齐放、百家争鸣"；
13)"解放思想、实事求是""一个中心、两个基本点"；
14)"全面小康""社会主义现代化"；
15) 实现中华民族伟大复兴；
16)"以史为鉴""知错能改，善莫大焉"。

二、中国共产党继承和发展中华民族文明传统

中华民族文明传统和中国共产党

三、中国共产党紧密结合"继承传统"和"赶上时代"

十项重大方针突出发展"继承传统"理念
1) 中国特色社会主义
2)"四个全面"战略布局
3) 新发展理念
4) 社会主义民主政治
5) 社会主义核心价值观
6) 反腐倡廉
7) 干部队伍建设
8) 中国和平发展道路
9)"一带一路"建设
10) 中国特色社会主义道路自信、理论自信、制度自信、文化自信

要处理好继承和创造性发展的关系，重点做好创造性转化和创新性发展。

中国共产党 100 岁了！相对于中华民族 5000 多年的历史，100 年是非常短暂的。但是，正是这短短的 100 年，中国共产党深刻改变了近代以来中华民族发展的方向和进程。

这种"深刻改变"，不是丢掉中华民族文明传统，也不是另造一个不同于中华文明的什么文明，而是使具有悠久辉煌文明历史的中华民族打碎半殖民地半封建的枷锁，站起身来，进而走上社会主义道路，再经过改革开放使中华民族文明传统在中国特色社会主义现代化进程中焕发出新的蓬勃生机。

一、中国共产党使中华文明焕发新的蓬勃生机

要了解中国共产党为什么能够使中华文明焕发出新的蓬勃生机，首先就要了解中国共产党的根本性质，了解中国共产党和中华民族是什么关系？

（一）中国共产党是一个什么样的党？《中国共产党章程》这样说："中国共产党是中国工人阶级的先锋队，同时是中国人民和中华民族的先锋队，是中国特色社会主义事业的领导核心，

代表中国先进生产力的发展要求，代表中国先进文化的前进方向，代表中国最广大人民的根本利益。"这就叫做"两个先锋队"的定性。

实际上，这是中国共产党关于自身性质一以贯之的深刻观念。早在 1935 年 12 月，中共中央政治局就已经明确强调"中国共产党是中国无产阶级的先锋队""同时中国共产党又是全民族的先锋队"。这也就是说，中国共产党作为"共产党"，是工人阶级的先锋队；同时，中国共产党又是"中国"的共产党，因而又是中国人民和中华民族的先锋队。

这样以"两个先锋队"来规定自身性质的党，在国际共产主义运动中前所未有，在世界政党史上举世无双。

（二）"两个先锋队"，鲜明而集中地表达了具有中国共产党人特色的立场、观点、方法，鲜明而集中地表达了中国共产党区别于近代以来中国其他一切政党的本质特点，鲜明而集中地表达了中国共产党的"根"和"魂"。

请看吧，中国共产党正是在中华民族救亡图存的时代大潮和历史背景下诞生的。我们常讲，中国共产党是马克思列宁主义和中国工人运动相结合的产物。在中国，无论是马克思列宁主义的传入，还是中国工人阶级登上历史舞台，都是为了拯救民族危亡。中国共产党在民族救亡的时代大潮中应运而生，从立党第一天起就是为民族解放而奋斗的先锋队。

请看吧，创党时期的中国共产党人，无论是李大钊、陈独秀，还是毛泽东、周恩来，都深受中华民族文明传统的熏陶，有着强烈的爱国情怀。他们向西方寻求真理也是为了救国救民，而当他们从爱国主义走上共产主义道路并创建中国共产党后，依然是伟大的爱国主义者。这样的爱国情怀，在中国共产党人中已经成为不可动摇的伟大传统。正如毛泽东同志所深情指出的那样，中国共产党人，是"伟大中华民族的一部分而与这个民族血肉相连"。

请看吧，中国共产党在领导革命、建设和改革的各个历史时期制定的救国、兴国、强国的政治路线，都贯穿着"中华民族伟大复兴"这同一个主题。这些政治路线集中体现了这个党是一个敢于为民族担当又善于为民族担当，能够扭转中华民族历史命运、引领中华民族持续走向繁荣富强的先锋队。

再请看吧，1840 年鸦片战争之后的中国，在有如大浪淘沙的民族民主革命运动中，封建复古派不行了，西化派不行了，依靠西方实行半殖民地半封建统治不行了，还有中国共产党党内把马克思主义教条化的那一套也不行了。只有作为"两个先锋队"，以中国化马克思主义武装起来的中国共产党人，才能够真正救中国。这是中国人民基于长期救国斗争反复检验而作出的历史抉择。这也是基于近代以来中国各派政治势力反复较量的结果而得出的总结论。

（三）也正因为这样，中国共产党才能在革命、建设和改革各个时期，真正从国内大局和国际大局这两个大局出发，从国家、民族、人民的大义出发，无论挑战何等巨大、局势何等复杂，甚至错误和曲折也不在少数，终归能够以大无畏的革命气概，赶上时代而又继承传统，作出爱国主义和共产主义相结合的伟大业绩。

历史事实就是这样：不赶上时代，只能落后挨打；不继承传统，只能丧失根基；不在中国大地落地生根，一切无从谈起。这也即是毛泽东同志所说的，"如果不懂得从改造中国中去认识中国，又从认识中国中去改造中国，就不是一个好的中国的马克思主义者"。

（四）一路走过来，这里就有我们党已经正式作出明确结论的马克思主义中国化的两大理论成果：毛泽东思想和以邓小平理论为开启的中国特色社会主义理论体系。

马克思主义中国化的第一大理论成果——毛泽东思想，指引中国共产党在继承传统中带领中国人民赶上时代。结果是，中国人站起来了，成立了新中国，建立了社会主义制度。

马克思主义中国化的第二大理论成果——以邓小平理论为开启的中国特色社会主义理论体系，指引中国共产党在继承传统中带领中国人民赶上时代。结果是，中国人富起来了，经济总量上升为世界第二，社会主义制度历经各种艰巨挑战而不断完善、更加强大。

中国特色社会主义还在继续实践当中，马克思主义中国化还在继续深化当中。党的十八大以来，以习近平同志为核心的党中央以坚持把中国特色社会主义这篇大文章写下去的高度自觉，在改革发展稳定、内政外交国防、治党治国治军等各个方面，创造性地形成了习近平新时代中国特色社会主义思想，丰富和发展了中国特色社会主义理论体系。

二、中国共产党继承和发展中华民族文明传统

专就"继承传统"而论，中国共产党在推进马克思主义中国化的伟大进程中，又是怎样从党的思想路线和政治路线高度来继承中华民族文明传统的呢？

（一）我们强调"从党的思想路线和政治路线高度来继承中华民族文明传统"，即是说，不是着重于领导者的个人学识修养，不是着重于学术各家各派，也不是仅限于文化领域，而是着重从中国共产党在各个时期的思想路线和政治路线的高度，紧密联系成功经验和失败教训，包括紧密联系经过失败之反思而后达到成功的曲折历史进程，来看党是怎样继承中华民族文明传统的。

（二）基本的事实，来自中国共产党的历史实践，主要有以下十六点。

第一，中国共产党突破国际共运的常规，高举起"是中国工人阶级的先锋队，同时是中国人民和中华民族的先锋队"的伟大旗帜，明确宣告自己在当今时代的历史使命就是实现中华民族的伟大复兴，就是实现中华文明的伟大复兴。这一条，贯通于具有中国共产党人特色的全部立场、观点、方法，贯通于中国共产党的全部奋斗历程。

第二，中国共产党对于中华民族文明传统的总态度总方针，就是毛泽东同志的著名论断：一是充分肯定"我们这个民族有数千年的历史，有它的特点，有它的许多珍贵品"。二是明确强调"从孔夫子到孙中山，我们应当给以总结，承继这一份珍贵的遗产"。三是郑重提出"学习我们的历史遗产，用马克思主义的方法给以批判的总结，是我们学习的另一任务"。正是根据这个总态度总方针，还在艰苦的战争年代，中国共产党就组织发表了一系列用马克思主义观点研究中国传统文化的成果，既回击了"共产主义不合中国国情"等反共叫嚣，又在民族救亡的斗争中"发展民族新文化提高民族自信心"，并推进了马克思主义中国化。

第三，对于直接催生了中国共产党的 1919 年五四运动，中国共产党郑重确认这个"反帝反封建的爱国运动"乃是中国由旧民主主义革命到新民主主义革命的伟大转折点。中国共产党分析了五四运动的功绩和不足，继承了这个运动的"生动活泼的，前进的，革命的"主流，并且以此强有力地推进了党对自身党风学风的改造和人民大革命。

第四，中国共产党之所以能够开辟出一条以农村为主要阵地，以农民为主力军，以农村包围城市，最终夺取全国政权的胜利道路，当然也是同认真体察中国国情和中国历代农民战争的历史经验分不开的。

第五，中国共产党的军事思想，包括党领导的人民游击战争的战略地位，抗日战争作为持久战由防御到相持再到反攻的战略道路，以及全国解放战争时期战略决战思想的伟大实践，都离不开对中国历代军事思想和军事斗争包括农民战争经验教训的把握。中国古代军事思想是中国共产党军事思想的重要来源。

第六，成功地运用统一战线，是中国共产党的又一项基本历史经验。中国共产党的统一战线思想，不仅来自历史唯物主义阶级分析方法和马克思主义的策略思想，还来自中华民族自古以来就深入人心的"大义为重""和而不同""求同存异"等宝贵思想。

第七，在党的建设问题上，中国共产党首先注重的是思想路线，是"实事求是"，并给"实事求是"这样的中国古代成语赋予马克思主义认识论的新意。延安整风时期为克服教条主义而提出的"古今中外法"（研究历史、研究现状、研究国际经验和马克思主义理论），成为中国共产党人必须遵循的科学态度和基本方法。

与此同时，中国共产党又以"惩前毖后、治病救人"和"团结、批评、团结"这样的中国特色语言作为党内政治生活准则，也是国际共产主义运动从未有过的。

第八，"为人民服务"和"群众路线"，是中国共产党长期坚持的、已为中国人民所家喻户晓的根本宗旨和工作路线。这同中国自古就有的"民贵君轻""民惟邦本"和"夫君者舟也，人者水也。水可载舟，亦可覆舟"等道理是一脉相承的。

第九，"人是要有一点精神的。"中国共产党在长期的革命进程中形成了井冈山精神、长征精神、延安精神、西柏坡精神等一系列崇高精神。这些精神，从根本上说，来自党和人民奋斗的实践，同时也来自中华民族优良的文明传统。中国共产党的革命精神内在地包含着中华民族的精神之光。

第十，新中国成立前夕毛泽东同志提出的"进京赶考"，以及把郭沫若所写的关于李自成打进北京后腐败垮台的《甲申三百年祭》作为整风文件，已成为几代中国共产党人面对历史新考验之自我警醒的箴言。

第十一，"统筹兼顾"与正确区分和处理两类不同性质的矛盾，是中国共产党执政后处理复杂社会矛盾的基本方针。这是具有中国人"兼容"思想的治国方针。毛泽东同志说："这是一个什么方针呢？就是调动一切积极力量，为了建设社会主义。这是一个战略方针。"

第十二，中国共产党在 20 世纪 50 年代作为学术文化指导方针提出的"百花齐放、百家争鸣"，以直接引用春秋战国时期"百家争鸣"提法的方式，强调发扬中华民族文明传统中思想活跃、兼容并包的重大特色，在中国共产党人和中国人民中起了巨大而深远的解放作用。

第十三，启动了马克思主义中国化第二次飞跃的中国共产党十一届三中全会和中国共产党十一届六中全会通过《关于建国以来党的若干历史问题的决议》，仍然以"解放思想、实事求是"作为贯通全局的主题。经过党的十一届三中全会，以邓小平同志为代表的中国共产党人重新确立了"实事求是"的思想路线，制定了以经济建设为中心、坚持四项基本原则和坚持改革开放的"一个中心、两个基本点"的基本路线。

第十四，中国古人把"小康"作为与"大同"相对应的社会理想，"小康"在中国共产党关于当代中国到 21 世纪中叶实现社会主义现代化的科学布局中得到强有力的升华。这就是确认在"解决温饱"后，将经过"进入小康"和"全面小康"两个阶段，而后再经过30 年努力奋斗达到"社会主义现代化"。当前中国的现实生动表明，"全面小康"和"社会主义现代化"的目标受到全国人民的热烈赞同和企盼，为凝聚全党全社会共识发挥了历史性巨大作用。

第十五，实现中华民族伟大复兴，这是一个把中华民族的过去、现在和未来如此紧密又如此生动地联结在一起的追求，是中华民族近代以来最伟大的梦想。这个中国梦，是中国共产党"两个先锋队"性质的充分体现，是中国共产党引领中华民族"继承传统"又"赶上时代"双重使命的生动反映，是多少代中国人和中国共产党人爱国情怀和文化自信的最集中表达。

第十六，最后，还必须如实指明的一点，是关于中国共产党100 年战斗历程中的错误和曲折。一路走过来，我们这个党多灾多难。但我们这个党又有一个长处，就是能够自己起来纠正自己的错误，并从错误中吸取教训，从错误中翻身，进而取得更大的进步。党的历史，不就是这样走过来的吗？冷静反思，这种情况，首先当然是同党坚持"两个先锋队"的根本性质和立党为公、执政为民的根本原则分不开，同党在中国人民中间的长期深刻影响分不开，同党的机制和党的奋斗精神、经验积累特别是自觉整风传统分不开；但与此同时，不能不说这也反映出中华民族"以史为鉴""知错能改，善莫大焉"的深刻文化影响。

（三）以上十六点，并不完全，但仅就这十六点，可以大体反映出中国共产党是怎样从思想路线和政治路线的高度来继承中华民族文明传统的。这种继承是全局性的，而不局限于文化领域。这种继承又是贯穿于革命、建设和改革全过程的，而不局限于新中国成立以后。这就是以"十六点"重大列举的方式所要表达的作为"两个先锋队"的中国共产党同中华民族文明传统的关系，所要表达的中国共产党的"根"和"魂"的历史由来和发展。

三、中国共产党紧密结合"继承传统"和"赶上时代"

党的十八大以来，中国共产党又是怎样从新的历史起点出发，围绕实现中华民族伟大复兴的中国梦，把"继承传统"和"赶上时代"更加紧密地结合起来的呢？

（一）党的十八大以来，由党的十一届三中全会开启的伟大的思想解放运动进入新的历史阶段。以习近平同志为核心的党中央在继续推进中国特色社会主义事业伟大征程中，在新的思想解放中把对中华民族文明传统的继承和创新提到新的高度。应当说，

"赶上时代"有重大发展，"继承传统"也有重大发展。

（二）这里着重就党的十八大以来围绕治国理政提出的十项重大方针，看党中央"继承传统"这一指导理念的突出发展。

第一，关于中国特色社会主义与中华民族文明传统。习近平同志多次强调："一个民族、一个国家，必须知道自己是谁，是从哪里来的，要到哪里去，想明白了、想对了，就要坚定不移朝着目标前进。"他指出，中国特色社会主义道路不仅是在改革开放 40 多年伟大实践、新中国成立 70 多年持续探索和对近代以来 170 多年中华民族发展历程的深刻总结中走出来的，而且是在对中华民族 5000 多年悠久文明的传承中走出来的。实现"两个一百年"奋斗目标和中华民族伟大复兴中国梦，既深深体现了今天中国人的理想，也深深反映了先人们不懈追求进步的光荣传统。

第二，关于"四个全面"战略布局与中华民族文明传统。党的十八大以来，党中央形成和完善了"四个全面"战略布局，要求全党围绕全面建成小康社会这个战略目标，在全面深化改革、全面依法治国和全面从严治党进程中，完善和发展中国特色社会主义制度，推进国家治理体系和治理能力现代化。习近平同志指出，一个国家选择什么样的治理体系，是由这个国家的历史传承、文化传统、经济社会发展水平决定的，是由这个国家的人民决定的。他还带领中央政治局的同志学习中国历史上的治国理政经验，为推进国家治理体系和治理能力现代化提供有益借鉴。

第三，关于新发展理念与中华民族文明传统。为破解经济发展新常态下的种种挑战，党中央强调要主动适应新常态、把握新常态、引领新常态，提出了创新、协调、绿色、开放、共享的新发展理念。新发展理念，针对的是经济发展新常态及其提出的时代课题，反映的是经济社会发展的客观规律，同时贯穿着中华民族"自强不息""厚德载物""苟日新、日日新、又日新""尚和合"、不能"竭泽而渔"等文明传统。

第四，关于社会主义民主政治与中华民族文明传统。习近平同志指出，健全社会主义协商民主制度是"我国政治体制改革的重要内容"。他引用毛泽东同志关于"国家各方面的关系都要协商"和周恩来同志关于"新民主主义的议事精神不在于最后的表决，主要是在于事前的协商和反复的讨论"等论述，强调"有事好商量，众人的事情由众人商量，找到全社会意愿和要求的最大公约数，是人民民主的真谛"。协商民主是中国社会主义民主政治中独特的、独有的、独到的民主形式，它源自中华民族长期形成的"天下为公""兼容并蓄""求同存异"等优秀政治文化，源自近代以来中国政治发展的现实进程，源自中国共产党领导人民进行革命、建设、改革的长期实践，源自新中国成立后各党派、各团体、各民族、各阶层、各界人士在政治制度上共同的伟大创造，源自改革开放以来中国在政治体制上的不断创新，具有深厚的文化基础、理论基础、实践基础、制度基础。

第五，关于社会主义核心价值观与中华民族文明传统。针对现实社会生活中存在的价值目标缺失、价值取向多元、价值准则混乱等问题，党中央把倡导社会主义核心价值观作为全社会思想文化建设的重点。习近平同志对社会主义核心价值观的内涵从国家、社会、个人三个层面作了精辟阐释。他还指出，中国古代历来讲"格物致知""诚意正心""修身齐家""治国平天下"。

从某种角度看，"格物致知""诚意正心""修身"是个人层面的要求，"齐家"是社会层面的要求，"治国平天下"是国家层面的要求。提出社会主义核心价值观，把涉及国家、社会、公民的价值要求融为一体，既体现了社会主义本质要求，又继承了中华优秀传统文化，也吸收了世界文明有益成果。

第六，关于反腐倡廉与中华民族文明传统。"民心是最大的政治，正义是最强的力量。正所谓'天下何以治？得民心而已！天下何以乱，失民心而已！'""得民心者得天下，失民心者失天下，人民拥护和支持是党执政的最牢固根基。"习近平同志这些充满政治智慧和下决心从严治党的有力论述，是针对现实问题的，同时也反映了中国历史的经验教训。在推进反腐倡廉过程中，习近平同志还主持中央政治局专题学习了中华民族历史上的反腐倡廉。他说："研究我国反腐倡廉历史，了解我国古代廉政文化，考察我国历史上反腐倡廉的成败得失，可以给人以深刻启迪，有利于我们运用历史智慧推进反腐倡廉建设。"

第七，关于干部队伍建设与中华民族文明传统。习近平同志一再强调"尚贤者，政之本也。""为政之要，莫先于用人。""宰相必起于州部，猛将必发于卒伍。"他要求组织部门坚持"德才兼备，以德为先"的用人标准，健全干部选拔任免和"能上能下"制度，着力培养党和人民需要的好干部。他强调，"君子为政之道，以修身为本"。共产党人更应该强化自我修炼、自我约束、自我塑造，在廉洁自律上做出表率。他希望全党各级干部"吾日三省吾身"，做到严以修身、严以用权、严以律己，谋事要实、创业要实、做人要实。特别是，要牢记"空谈误国，实干兴邦"的历史经验。

第八，关于中国和平发展道路与中华民族文明传统。习近平同志强调，始终不渝走和平发展道路，不仅是我们党根据时代发展潮流和我国根本利益作出的战略抉择，也是中华民族优良传统的继承和发展。他说："中华民族是爱好和平的民族。消除战争，实现和平，是近代以后中国人民最迫切、最深厚的愿望。走和平发展道路，是中华民族优秀文化传统的传承和发展，也是中国人民从近代以后苦难遭遇中得出的必然结论。"

第九，关于"一带一路"建设与中华民族文明传统。面对进入21世纪以来全球经济发展的新变化，习近平同志提出要像2000多年前张骞开辟丝绸之路那样，同欧亚国家共同建设"丝绸之路经济带"和"21世纪海上丝绸之路"。他强调，两千多年的对外交往历史证明，只要坚持团结互信、平等互利、包容互鉴、合作共赢，不同种族、不同信仰、不同文化背景的国家完全可以共享和平、共同发展。

第十，关于中国特色社会主义道路自信、理论自信、制度自信、文化自信与中华民族文明传统。习近平同志反复强调，中华民族在几千年历史中创造和延续的中华优秀传统文化，是中华民族的根和魂。中华优秀传统文化已经成为中华民族的基因，植根于中国人内心深处，潜移默化影响着中国人的思想方式和行为方式，形成了中华民族独特的世界观、人生观、价值观、审美观等。习近平同志深刻指出："我们说要坚定中国特色社会主义道路自信、理论自信、制度自信，说到底是要坚定文化自信。文化自信是更基本、更深沉、更持久的力量。历史和现实都表明，一个抛弃了或者背叛了自己历史文化的民族，不仅不可能发展起来，而且很可能上演一场历史悲剧。"

（三）以上这十点，也并不完全。但仅从这十点，仍可充分体会到党的十八大以来党中央制定的每一个具有鲜明时代性的重大方针中都包含着深刻的传统性。与此同时，又可以充分体会到，新陈代谢是思想文化发展和社会进步的基本规律。正如习近平同志在中央政治局第十三次集体学习时指出的，弘扬中华优秀传统文化，"要处理好继承和创造性发展的关系，重点做好创造性转化和创新性发展"。这就是新形势下中国共产党对待传统文化的基本态度和基本方针。

四、爱国主义精神是必须依靠的强大精神力量

在中国特色社会主义旗帜下坚持"继承传统"又"赶上时代"，努力实现"两个一百年"奋斗目标。

（一）中国共产党作为举世无双的"两个先锋队"，以中国化马克思主义为指导，融爱国主义和中国化马克思主义为一体，"继承传统"与"赶上时代"紧密结合，并且以此作为自己的"根"和"魂"。这是贯穿中国共产党100年全部历史的一条带有根本性的历史经验。

面对国内大局和国际大局这两个大局的持续深刻大变动，习近平同志要求"不忘初心，继续前进"，这是对继承传统又赶上时代这个带有根本性的历史经验在新的历史条件下的坚持和深化。"不忘初心"，就要"继承传统"；"继续前进"，就要"赶上时代"。而归根到底，就是要高举中国特色社会主义伟大旗帜，在中国共产党人的指导思想上始终坚持马克思主义中国化、时代化、大众化，

在中国人的精神生活中始终坚持同中国特色社会主义相统一的爱国主义。

（二）爱国主义在中国历史上之所以能够成为特别巨大的精神力量，归根到底说明了中国各族人民，首先是各族劳动人民，具有极其伟大的历史创造力。

中华民族的一切巨大的物质和精神财富，归根到底都是一切从事体力劳动和脑力劳动的人们共同创造的。中华民族 5000 多年的历史反复证明，我们这样的伟大人民、伟大民族，它的活力和天才是不可穷尽的，它的前程是不可限量的，它的爱国主义传统必然具有特别巨大的思想上、政治上和道义上的威力。任何抹杀中华民族伟大力量的企图，都是没有根据的。

（三）我们今天弘扬的爱国主义，是同社会主义紧密结合在一起的新时代的爱国主义。

今天我们社会主义祖国之所以可爱，不仅是因为她山川壮丽、辽阔广大，不仅是因为她有悠久的历史和文化，也不仅是因为她是我们世世代代生于斯、长于斯的祖国母亲，更重要的是因为她今天是真正属于人民的了。

今天中国人民的爱国主义，就是热爱我们伟大的社会主义祖国，热爱我们祖国的国土、历史和优秀文化传统，热爱在我们国土上用劳动和战斗创造了伟大历史并继续创造着更伟大历史的人民，热爱我们祖国向着社会主义现代化强国前进的明确道路。

这样的爱国主义精神，是今天中国各族人民最广泛的大团结的重要思想基础和政治基础，是今天我们中国特色社会主义现代化事业所必须依靠的强大精神力量。

（四）可以预期，不忘初心、继续前进的中国共产党，继承传统、赶上时代的中国共产党，必将带领中国人民实现中华民族的伟大复兴。这将是具有全人类意义的大事件。

中国共产党百年辉煌与中国现代化

○ 北京市习近平新时代中国特色社会主义思想研究中心

◎为什么说中国共产党为当代中国一切发展进步奠定了基础？

◎什么是中国式的现代化道路？

◎如何开启全面建设社会主义现代化国家新征程？

5. 三届全国人大一次会议
提出"四个现代化"的宏伟目标。

4. 一届全国人大一次会议上
实现国家现代化成为中国共产党治国理政的重要目标。

3. 新中国成立后
确立了社会主义基本制度，完成社会变革，开启现代化建设的历史征程。

2. 党的七届二中全会
提出使中国稳步地由农业国转变为工业国，把中国建设成一个伟大的社会主义国家。

1. 中国共产党成立
中国人民谋求民族独立、人民解放和国家富强、人民幸福的斗争就有了主心骨。

一、为中国现代化奠定根本政治前提和制度基础

4. 党的十五大
"三步走"战略进一步具体化。

3. 党的十三大
指明了实现现代化是坚持党的基本路线的目标。

2. 党的十一届五中全会
一心一意地搞四个现代化。

1. 党的十一届三中全会
提出"三步走"战略目标。

二、走出一条中国式的现代化道路

3. 党的十九届五中全会
全面建设社会主义现代化国家、向第二个百年奋斗目标进军。

2. 党的十九大
社会主义现代化强国的奋斗目标与"五位一体"总体布局相统一。

1. 党的十八届三中全会
提出全面深化改革的总目标。

三、全面建成小康社会、乘势而上开启全面建设社会主义现代化国家新征程

中国共产党百年辉煌与中国现代化

100

中国共产党自成立之日起就把实现中华民族伟大复兴作为自己的历史使命，不懈探索中国现代化道路、推进中国现代化事业。中国共产党的百年辉煌，深刻体现在中国特色社会主义现代化建设的宏伟事业上；中国特色社会主义现代化建设的伟大成就，深深镌刻在中国共产党百年奋进的光辉史册中。

一、为中国现代化奠定根本政治前提和制度基础

鸦片战争之后，由于西方列强的入侵，由于封建统治的腐败，中国山河破碎、战乱不已，人民饥寒交迫、备受奴役。无数仁人志士进行了艰难探索，为民族振兴不懈奋斗、为国家现代化奔走呐喊。1921年，中国共产党应运而生。这是近现代中国历史发展的必然，是中国人民在救亡图存斗争中顽强求索的必然。从此，中国人民谋求民族独立、人民解放和国家富强、人民幸福的斗争就有了主心骨，中国人民就从精神上由被动转为主动。

近代以来，中国人民面临着争取民族独立、人民解放和实现国家繁荣富强、人民共同富裕两大历史任务。中国共产党团结带

领人民为实现这两大历史任务而不懈奋斗。在党的七届二中全会上，毛泽东同志提出："在革命胜利以后，迅速地恢复和发展生产，对付国外的帝国主义，使中国稳步地由农业国转变为工业国，把中国建设成一个伟大的社会主义国家。"

新中国成立后，中国共产党创造性地完成由新民主主义到社会主义的过渡，确立了社会主义基本制度，完成了中华民族有史以来最为广泛而深刻的社会变革，为当代中国一切发展进步奠定了根本政治前提和制度基础，开启了在社会主义道路上进行现代化建设的历史征程。1954年9月，在一届全国人大一次会议开幕式上，毛泽东同志提出"将我们现在这样一个经济上文化上落后的国家，建设成为一个工业化的具有高度现代文化程度的伟大的国家"的奋斗目标。我们党清醒认识到，"如果我们不建设起强大的现代化的工业、现代化的农业、现代化的交通运输业和现代化的国防，我们就不能摆脱落后和贫困，我们的革命就不能达到目的"。实现国家现代化，成为中国共产党治国理政的重要目标，也成为全国各族人民不懈奋斗的重要任务。1964年12月，在三届全国人大一次会议上，周恩来同志提出："在不太长的历史时期内，把我国建设成为一个具有现代农业、现代工业、现代国防和现代科学技术的社会主义强国。""四个现代化"的宏伟目标，成为凝聚和团结全国各族人民不懈奋斗的强大精神力量。

二、走出一条中国式的现代化道路

党的十一届三中全会拉开了改革开放的大幕。中国共产党带领全党全国各族人民在新的历史时期探索中国式的现代化道路，提出"三步走"战略目标,我国现代化建设取得了巨大成就。

早在改革开放之初,邓小平同志就指出:"能否实现四个现代化,决定着我们国家的命运、民族的命运。"党的十三大提出党在社会主义初级阶段的基本路线,指出要"以经济建设为中心,坚持四项基本原则,坚持改革开放,自力更生,艰苦创业,为把我国建设成为富强、民主、文明的社会主义现代化国家而奋斗"。这就指明了实现现代化是坚持党的基本路线的目标。邓小平同志在党的十一届五中全会上强调:"我们党在现阶段的政治路线,概括地说,就是一心一意地搞四个现代化。"

在中国特色社会主义实践探索中,邓小平同志提出:"现在搞建设,也要适合中国情况,走出一条中国式的现代化道路。""我们摆在第一位的任务是在本世纪末实现现代化的一个初步目标,这就是达到小康的水平。""这个小康社会,叫做中国式的现代化。"这些重要论述,深刻阐明了中国现代化的内涵,生动概括了中国现代化的特征,是我们党在新的历史时期对现代化建设理论和实践认识的升华。"中国式的现代化"与"小康社会"建设有机统一、相互促进,深化了我国现代化建设的战略规划、发展步骤和阶段目标,彰显了中国共产党领导中国现代化进程的思想境界。

20 世纪 80 年代初,我们党提出经济建设"三步走"战略,规划了从"解决人民的温饱问题"到"人民生活达到小康水平"再到"人民生活比较富裕,基本实现现代化"的发展步骤。这成为我国制定经济社会发展规划的重要指导思想,成为接续推进"中国式的现代化"的路标。在"三步走"战略的前两步目标基本实现时,党的十五大对"三步走"战略进一步具体化,提出在 21 世纪第一个 10 年，"使人民的小康生活更加宽裕，形成比较完善的社会主义市场经济体制"；再经过 10 年的努力，到中国共产党成立 100 年时，"使国民经济更加发展，各项制度更加完善"；到 21 世纪中叶中华人民共和国成立 100 年时，"基本实现现代化，建成富强民主文明的社会主义国家"；并强调社会主义初级阶段"是逐步摆脱不发达状态，基本实现社会主义现代化的历史阶段""是逐步缩小同世界先进水平的差距，在社会主义基础上实现中华民族伟大复兴的历史阶段"。

"中国式的现代化"与"两个一百年"奋斗目标和中华民族伟大复兴相结合的宏伟蓝图，丰富了社会主义现代化的内涵，彰显了中国共产党对社会主义现代化道路认识的深化。立足中国国情，中国共产党带领中国人民开辟和拓展了中国特色社会主义道路，从社会主义初级阶段的实际出发，把我国社会主义现代化建设的目标具体化为切实可行的战略步骤，体现了坚持远大目标与实事求是的统一，体现了推动经济发展、社会进步、人民生活水平提高和实现社会主义本质要求的统一。

三、全面建成小康社会、乘势而上开启全面建设社会主义现代化国家新征程

党的十八大以来，以习近平同志为核心的党中央团结带领全党全国各族人民，统揽伟大斗争、伟大工程、伟大事业、伟大梦想，对新时代中国特色社会主义发展作出战略安排，推动党和国家事业取得历史性成就、发生历史性变革。在迎来中国共产党成立 100 周年的重要时刻，我国脱贫攻坚战取得全面胜利，全面建

成小康社会取得伟大历史性成就，开启了全面建设社会主义现代化国家新征程。

提出建设社会主义现代化强国的奋斗目标。进入新时代，我国社会主要矛盾已经转化为人民日益增长的美好生活需要和不平衡不充分的发展之间的矛盾。解决好发展不平衡不充分问题，必须统筹推进"五位一体"总体布局、协调推进"四个全面"战略布局，大力提升发展质量和效益，更好满足人民在经济、政治、文化、社会、生态等方面日益增长的需要，更好推动人的全面发展、社会全面进步。党的十九大报告强调，要"以经济建设为中心，坚持四项基本原则，坚持改革开放，自力更生，艰苦创业，为把我国建设成为富强民主文明和谐美丽的社会主义现代化强国而奋斗"。社会主义现代化强国的奋斗目标与"五位一体"总体布局相统一、相对应，进一步丰富了党的基本路线的目标内涵。

提出推进国家治理体系和治理能力现代化的目标。党的十八届三中全会提出了全面深化改革的总目标，就是完善和发展中国特色社会主义制度、推进国家治理体系和治理能力现代化。这是我们党的一个重大理论创新。习近平总书记指出："在邓小平同志战略思想的基础上，提出要推进国家治理体系和治理能力现代化。这是完善和发展中国特色社会主义制度的必然要求，是实现社会主义现代化的应有之义。"推进国家治理体系和治理能力现代化，就要适应时代变化，既改革不适应实践发展要求的体制机制、法律法规，又不断构建新的体制机制、法律法规，使各方面制度更加科学、更加完善，实现党、国家、社会各项事务治理制度化、规范化、程序化。

对实现第二个百年奋斗目标作出分两个阶段推进的战略安排。习近平总书记在党的十九大报告中提出："我们既要全面建成小康社会、实现第一个百年奋斗目标，又要乘势而上开启全面建设社会主义现代化国家新征程，向第二个百年奋斗目标进军。"从2020年到21世纪中叶可以分两个阶段来安排：从2020年到2035年"基本实现社会主义现代化"；从2035年到21世纪中叶"建成富强民主文明和谐美丽的社会主义现代化强国"。这一战略安排，完整勾画出我国社会主义现代化建设的时间表、路线图，不仅把基本实现社会主义现代化的时间提前了15年，而且提升了第二个百年奋斗目标的内涵和要求，从我国实际出发提出了更加振奋人心的发展目标。

明确了我国发展的历史方位、我国现代化建设的指导原则、我国经济现代化的路径选择。经过新中国成立以来特别是改革开放40多年的不懈奋斗，我们已经拥有开启新征程、实现新的更高目标的雄厚物质基础。习近平总书记指出："党的十九届五中全会提出，全面建成小康社会、实现第一个百年奋斗目标之后，我们要乘势而上开启全面建设社会主义现代化国家新征程、向第二个百年奋斗目标进军，这标志着我国进入了一个新发展阶段。"在新发展阶段，我们集中力量全面建设社会主义现代化国家、基本实现社会主义现代化，既是社会主义初级阶段我国发展的要求，也是我国社会主义从初级阶段向更高阶段迈进的要求。进入新发展阶段明确了我国发展的历史方位，贯彻新发展理念明确了我国现代化建设的指导原则，构建新发展格局明确了我国经济现代化的路径选择。准确把握新发展阶段，深入贯彻新发展理念，加快构建新发展格局，就能推动"十四五"时期高质量发展，确保全面建设社会主义现代化国家开好局、起好步，努力创造现代化建设的新奇迹。（执笔：顾海良）

中国共产党百年创造的经济奇迹及启示

○ 张占斌

中共中央党校（国家行政学院）马克思主义学院院长

◎中国经济是如何"站起来""富起来""强起来"的？

◎中国共产党为什么能够创造经济奇迹？

◎如何开启全面建设社会主义现代化国家新征程？

3.科教文卫事业取得斐然成就。

2.基本建立独立完整的工业体系。

1.再造国家政治经济制度体系。

一、新中国成立后，
中国经济实现"站起来"

中国共产党百年创造
的经济奇迹及启示

三、党的十八大以来，中国
经济迈向"强起来"

1.党的十九大
为推动实现从经济大国向经济强国
的转变指明了方向。

2."十三五"时期
全面深化改革取得重大突破，国家
治理体系和治理能力现代化加快推
进，党领导的我国社会主义制度优
势进一步彰显。

3.第十三届全国人大第四次会议
党的意志变成了国家意志、人民意
志，开启了全面建设社会主义现代
化国家的新征程。

4.贫困人口大幅减少，为世界减
贫事业作出卓越贡献。

3.科教文卫事业蓬勃发展，社会
保障体系基本建立。

2.积极融入全球化，全方位和多
层次的对外开放。

1.经济高速增长，居民收入从低
水平跨越到中上等水平。

二、改革开放后，中国
经济逐步"富起来"

四、中国共产党为什么
能够创造经济奇迹

1.中国共产党是以与时俱进的马
克思主义理论作为指导的站在时
代前列的先进性政党。

2.坚持走逐步实现共同富裕的社
会主义现代化道路得到了人民群
众真心拥护。

3.正确处理政府和市场的关系，
发挥了有效市场和有为政府的两
个比较优势。

4.坚持和完善社会主义基本经济
制度，坚持用"两个毫不动摇"调
动两个积极性。

5.坚定不移地推进改革开放，构
建国内国际双循环相互促进的新
发展格局。

2021 年，是中国共产党诞辰 100 周年。100 年来，中国共产党站在时代潮头，矢志践行初心使命，筚路蓝缕奠基立业，创造辉煌开辟未来：新民主主义革命时期，推翻了帝国主义、封建主义和官僚资本主义三座大山；1949 年创建了新中国，收回了近代以来被帝国主义国家攫取的经济主权，开始了独立自主发展经济的探索历程；1978 年开始了改革开放的伟大革命，经过 40 多年的艰苦奋斗、不断探索，逐步走出了一条具有中国特色的社会主义道路。中国共产党带领中国人民推动中华民族迎来了从站起来、富起来到强起来的伟大飞跃，迎来了中华民族伟大复兴的光明前景。

　　新中国成立后的 70 多年，实现了远高于全球和发展中国家平均水平的经济增长，是 70 多年来全球平均经济增速最高的经济体。1952 年至 2019 年，国内生产总值从 679 亿元增长至 99 万亿元，增长了 1457 倍；人均国内生产总值从 119 元增长至 70891 元，增长了 595 倍；货物对外进出口额从 19.4 亿美元增长至 45778 亿美元，增长了 2359 倍。（数据来源：国家统计局，由 EPSDATA

数据库整理）现在中国已经从一个极端贫困的低收入国家跃升为中上等收入国家，按经济总量计算，已经连续十多年处在世界第二大经济体，在 2010 年超过美国成为全球第一制造业大国，并且实现了全人类有史以来最大规模的减贫。在中国共产党的领导下，我国国内生产总值已经站在 100 万亿元的历史起点上，人均国内生产总值突破 1 万美元，中国人民创造了经济发展的奇迹。在中国共产党的领导下，中国创造了世界瞩目、人民满意、载入史册的经济发展奇迹。

一、新中国成立后，中国经济实现"站起来"

鸦片战争以后，中国逐步沦为半殖民地半封建社会，经济急转直下，曾经长久地深陷于低收入发展的泥潭，进入积贫积弱的"百年国耻"阶段。1900 年中国的人均 GDP 相当于美国的 13%，到了 1950 年新中国成立之初，这一数据下降为 5%，中国一度沦为全球最贫穷国家之一，当时全世界只有 10 个国家的人均 GDP 低于中国。旧中国遗留下来的落后的经济结构、低下的生产力水平，使新生共和国的经济建设面临严峻的挑战，新中国经济建设是在极低的历史起点上起步的。1949 年新中国成立时，中国经济一穷二白，当时国内生产总值不到 67 亿元，国民人均收入为 27 美元，粮食、钢铁产量严重不足。中国"站起来"的道路并非一帆风顺，在国内百废待兴和国外形势不容乐观的情况下，中国共产党领导中国人民，在政治、经济和社会等领域开展一系列改造和建设，取得了中国发展史上前所未有的成就。在这一时期采用计划经济模式，虽然经历了"大跃进"和"文化大革命"的挫折，也有不少教训和启示，但是社会主义制度的基本确立，大规模工业化的努力，也为中国改革开放的发展奠定了基础。

一是再造国家政治经济制度体系。首先，建立符合中国实际的人民民主专政制度，巩固了新生的人民政权，为新中国"站起来"奠定了稳定的政治基础。其次，实施社会主义改造并大规模开展经济建设。在农村实行土地改革，彻底废除延续了 2000 多年的封建土地制度，到 1952 年土改基本完成时，7 亿亩土地被分给 3 亿多无地和少地的农民。土地改革后，出于兼顾个体积极性和合作互助性的考虑，中国农民开展了农业生产互助合作运动，成立各种形式的农业生产合作社。在城市实行公私兼顾、劳资两利、城乡互助、内外交流的"四面八方"政策指引下，调动一切能调动的力量恢复国民经济。一方面，通过"银元之战"和"粮棉之战"打击不法资本，稳定物价，结束了旧中国物价飞涨的局面。另一方面，实行两个"改变"和四个"统一"（两个"改变"指改变战争年代分散管理、各自为政的财政体制，改变新老解放区不统一的财经政策；四个"统一"指统一全国财政收入、全国物资调度、全国现金管理、全国编制和供给标准），平衡国家财政收支和市场物资供求，到 1950 年实现财政收支当年平衡。随后新中国开始了"一化三改造"，即开始社会主义工业化，对农业、手工业和资本主义工商业实行社会主义改造，开始由新民主主义社会向社会主义社会的转变。中国从小农经济、封建经济和私人资本主义转变为全新的社会主义公有制经济体制，亿万农民、手工业者和个体劳动者成为社会主义集体劳动者，生产关系的改善显著促进了生产力的发展。

二是基本建立独立完整的工业体系。1953年，我国开始制订并实施"一五"计划，开始由农业国向工业国转变的历程。"一五"期间，优先发展重工业，合理处理重工业与农业、轻工业的关系，通过内部积累改变了我国工业极端落后状况，初步改变旧中国遗留下来工业总体落后且布局不合理的局面，为国民经济发展奠定了初始基础。1964年至1980年期间，中国实施"三线建设"，从沿边沿海地区向内地划分三条线，开展大规模的基本建设。历经三个五年计划时期，投资2050亿元资金和几百万人力，建设了几千个项目，在比较落后的西部地区建立起门类比较齐全的工业生产体系，改变了近代以来不合理的经济布局，缩小了中西部差距。1949年至1978年间，中国从工业基础极为薄弱的国家发展成为一个拥有比较完备的工业体系的工业国家，实现初级工业化。虽然离世界先进水平还有较远距离，但在这么短时间实现如此成就，在世界经济史上是极为罕见的。

三是科教文卫事业取得斐然成就。新中国成立后，政府高度重视广大人民群众生活和发展的基本需求，大力发展科教文卫事业。发展基础教育，学龄儿童入学率达到90%以上，极大提高广大工人和农民的文化水平。同时开展爱国卫生运动，在广大农村建立医疗卫生机构，实现县县有医院、乡乡有诊所，提高了居民平均寿命。1952年至1977年，人均寿命由35岁以上提高到65岁。到70年代末期，医疗保险覆盖了几乎所有的城市人口和85%的农村人口。新中国成立之初，文盲率高达80%，经过大规模的扫盲运动和基础教育普及，到1980年，成人识字率已达69%，明显高于大多数低收入国家。这些举措为中国经济发展提供了坚实的社会保障，源源不断、高素质的劳动力队伍正在形成，为后续的经济发展积累了人力资本。

二、改革开放后，中国经济逐步"富起来"

1978年我国GDP只有1482亿美元，到2012年增长到74260亿美元，按照当期价格计算增长约142倍，年均增长率9.8%。根据IMF（国际货币基金组织）数据，中国2012年国内生产总值占世界GDP的比重为10.2%，已超过一般经济理论划分的6%的经济大国标准。可以说，我国从经济规模上看已完全迈入世界经济大国的行列。经过多年的发展，我国经济已跃居世界第二位，制造业产值位居世界第一，进出口贸易总额跃居世界第二。中国农村解决了温饱问题，实现了总体小康，农户收入逐年提高，生活质量显著改善。与此同时，城市综合实力不断扩大，常住人口城镇化率2012年达到52.57%，城市居民生活水平不断提升。虽然2012年我国人均GDP为6094美元，但东部部分发达省市经济总量或人均GDP已接近或超过中等发达国家水平。改革开放以来，中国经济保持高速增长，城乡经济焕发出强大活力，在主动融入世界经济中实现了经济"富起来"。

经济高速增长，居民收入从低水平跨越到中上等水平。改革开放后，中国在经济体制改革方面不断取得新突破，建立社会主义市场经济体制，发展社会主义市场体系，培育多样化市场经济主体，从而促进了有效市场的形成，为中国经济高速增长提供了重要制度支撑。按不变价格计算，1978年至2016年，国内生产总值增长了32.19倍，年平均增长率为9.6%。根据世界银行数据，

1978 年中国人均 GDP 位列倒数第四，到 2015 年，中国排名提升到第 76 位，位居世界中上等水平。

积极融入全球化，全方位和多层次的对外开放。1979 年以来，中国开始设立经济特区、沿海开放城市和经济开放区，采取"三来一补"的贸易模式，形成了沿海地区整体开放的格局，"春天的故事"在中国大地上生长。从 1992 年开始，汇率、外商投资、对外贸易、金融等领域展开全面改革，特别是 2001 年加入世贸组织后，对外开放的广度和深度都呈现积极变化。中国的对外开放给中国经济打开了通向世界的大门，缩小了中国和世界发达国家的经济差距，推动了中国社会主义市场经济体制建设。同时，中国从贸易小国一跃成为世界第一的贸易大国，不断融入世界经济体系中。

科教文卫事业蓬勃发展，社会保障体系基本建立。社会保障实现从企业保障向社会保障、城镇为主向城乡统筹、国有企业为主向全体居民的巨大转变，保障体系全面实现法制化运行，成为社会的"安全网"和"稳定器"。中国的科教事业在"科教兴国"战略指引下，实现蓬勃发展，涌现出高铁、载人航天、超级计算机等一批重大科技成果。教育事业取得跨越式发展，九年义务教育全面实施，素质教育大力推进，学前教育和高等教育的短板也在不断补齐。

贫困人口大幅减少，为世界减贫事业作出卓越贡献。1978 年，中国人均 GDP 仅为 979 美元（按 1990 年国际美元计算）。按照国际贫困线标准，1978 年中国总人口的 76% 为贫困人口，人数高达 7.7 亿。20 世纪 80 年代初，家庭联产承包责任制取代了以农村公社为基础的集体农业经营体制，促进了粮食增收、农业发展和农民增收，极大缓解了农村粮食短缺问题。1978年至1985年期间，中国粮食总产量增加了24%，农村居民的实际人均纯收入增长了169%，农村贫困人口减少了1.25亿。经过有组织、有计划、大规模的扶贫开发战略，中国的贫困人口大幅减少，贫困发生率显著下降，到2020年基本消除了绝对贫困。

三、党的十八大以来，中国经济迈向"强起来"

15世纪以来，葡萄牙、西班牙、荷兰、英国、法国、德国、日本、俄罗斯和美国先后成为世界性的经济大国，但目前可以称作世界经济强国的只有美国、日本和德国。目前，我国已成为经济大国，但还不是经济强国。经济理论研究表明，经济强国通常具备以下特征：一是具有世界排名靠前的经济规模和较高的人均收入；二是具有很强的科技创新能力，掌握相当一批核心关键技术；三是具备高端化和生态化的产业结构，在全球分工中占据有利地位；四是具有高度的城市化，并形成一批具有国际影响力的城市群；五是具有可自由兑换的国际货币，发达稳健的金融体系；六是在国际经济体系中具有重要地位和较强的国际影响力。基于体现经济强国的基本内涵和易于计算的原则，我们提出了5个指标对经济强国进行定量描述，即一个国家的经济总量应占到世界经济总量的6%，科技创新水平进入世界前五强，服务业产值占比和城市化率均应超过70%，人民币成为国际储备货币并且占比超过4%，只有中国的经济数据超过上述理论阈值，才能说中国迈入经济强国。目前，在5项指标中，中国只有经济总量占比超过阈值，其他指标仍需追赶。

在"站起来"到"富起来"阶段，中国经济增长主要依赖要素投入，空间集聚度和贸易附加值低，但是自然资源和环境污染高。这种发展模式是不可持续的，必须转变经济增长方式，才能成功跨越"中等收入陷阱"，实现经济转型。如果转型成功，中国经济将保持持续增长，如果转型失败就会步拉美后尘，落入"中等收入陷阱"。如何从"富起来"到"强起来"，西方经济学理论没有提供现成答案，实践上也没有可借鉴的成熟经验，我们必须立足中国现阶段发展的客观条件，坚持以人民为中心，在习近平新时代中国特色社会主义思想的指导下，走出自己的道路。

党的十八大以来，以习近平同志为核心的党中央全面审视国内外新的形势，制定了新时代我国社会主义现代化建设的战略部署，统筹推进经济建设、政治建设、文化建设、社会建设、生态文明建设，推动中国从"富起来"到"强起来"再次升级。

党的十九大准确把握我国经济的基本面，作出"贯彻新发展理念，建设现代化经济体系"的重大部署，为推动实现从经济大国向经济强国的转变指明了方向。"十三五"时期，全面深化改革取得重大突破，全面依法治国取得重大进展，全面从严治党取得重大成果，国家治理体系和治理能力现代化加快推进，党领导的我国社会主义制度优势进一步彰显；经济实力、科技实力、综合国力跃上新的大台阶，经济运行总体平稳，经济结构持续优化，2020年国内生产总值突破100万亿元；脱贫攻坚成果举世瞩目，5575万农村贫困人口实现脱贫；粮食年产量连续五年稳定在1.3万亿斤以上；污染防治力度加大，生态环境明显改善；对外开放持续扩大，共建"一带一路"成果丰硕；人民生活水平显著提高，高等教育进入普及化阶段，城镇新增就业超过 6000 万人，建成世界上规模最大的社会保障体系，基本医疗保险覆盖超过 13 亿人，基本养老保险覆盖近 10 亿人，新冠肺炎疫情防控取得重大战略成果；文化事业和文化产业繁荣发展；国防和军队建设水平大幅提升，军队组织形态实现重大变革；国家安全全面加强，社会保持和谐稳定。

党的十九届五中全会提出了《关于制定国民经济和社会发展第十四个五年规划和 2035 年远景目标的建议》，2021 年 3 月第十三届全国人大第四次会议通过了《中华人民共和国国民经济和社会发展第十四个五年规划和 2035 年远景目标纲要》，党的意志变成了国家意志、人民意志，开启了全面建设社会主义现代化国家的新征程。中华民族伟大复兴向前迈出了新的一大步，社会主义中国以更加雄伟的身姿屹立于世界东方。

四、中国共产党为什么能够创造经济奇迹

中国共产党建党以来，创造了震惊世界的经济奇迹。为什么中国共产党能创造这样的奇迹呢？当然有许多可以总结的原因。笔者认为以下几点经验启示值得我们高度重视和认真总结。

一是中国共产党是一个有着与时俱进的马克思主义理论作为指导的站在时代前列的先进性政党。中国共产党不是私人俱乐部，不是一群乌合之众，而是有着远大的理想、坚定的意志、铁的纪律和严密的组织，胸怀为中国人民谋幸福、为中华民族谋复兴的初心和使命的先进的政治组织。中国共产党在中国化的马克思主义指引下，立足中国实践，勇于自我革命，不断创新，走在时代

的前列，牢牢把握中国经济建设发展的规律。中国共产党的创立，使中国新民主主义革命推翻"三座大山"有了奋斗方向，创建新中国为中国经济的发展打开了前进通道。

二是中国共产党坚持走逐步实现共同富裕的社会主义现代化道路得到了人民群众真心拥护。各国的历史不同，文化传统不同，发展阶段不同，决定了各国现代化道路也有不同。中国共产党夺取政权后，致力于现代化建设，通过社会主义的方式逐步实现人民的共同富裕。中国共产党坚守人民立场，坚持以人民为中心的发展思想，把实现共同富裕作为社会主义的本质特征，这也成为人民群众跟着党走社会主义道路的力量源泉。正是因为我们致力于追求逐步走向共同富裕的社会主义现代化道路，我们才没有出现严重的两极分化，没有出现严重的社会问题，得到了人民群众的拥护，江山就是人民、人民就是江山，党领导人民万众一心、聚精会神搞现代化建设。

三是正确处理政府和市场的关系，发挥了有效市场和有为政府的两个比较优势。中国共产党夺取政权以后，在经过较长时间的社会主义道路探索过程中，逐步对政府和市场的关系有了更加深刻的认识：不仅两者不能偏废，而且要发挥两者比较优势并形成合力，共同推动中国经济的发展。既不能搞"市场万能论"，也不能搞"政府万能论"，而是发挥其各自的比较优势，也就是要发挥市场在配置资源中的决定性作用，同时也发挥好政府的宏观调控作用。把这两个比较优势极大地发挥出来，使其各自的比较劣势降到最低点。这两个比较优势组合发挥得好，就能形成移山填海的力量推动经济建设和发展。

四是坚持和完善社会主义基本经济制度，坚持用"两个毫不动摇"调动两个积极性。新中国成立70多年来，我们在探索社会主义建设的进程中，对社会主义基本经济制度有一个逐步认识、逐步发展的过程，到今天为止，我们逐步形成了"公有制为主体、多种所有制经济共同发展""按劳分配为主体、多种分配方式并存"和"社会主义市场经济体制"在内的社会主义基本经济制度。这个基本经济制度要求我们要毫不动摇地巩固发展公有制经济，同时也毫不动摇地发挥非公有制经济的作用，来共同参与社会主义现代化国家建设。"两个毫不动摇""合作共生"，两种分配方式同时并存，两只配置之手相得益彰，这些融合的不断深化和加强，使我们对国家经济建设现代化规律的认识更加深刻，也使我们国家的经济建设更有了生生不息的力量。

　　五是坚定不移、一以贯之地推进改革开放，构建以国内大循环为主体、国内国际双循环相互促进的新发展格局。改革开放是我们走自己的路，建设中国特色社会主义的伟大动力之源。我国能有今天这样翻天覆地的变化得益于改革开放。改革开放是当代中国发展进步的活力之源，是我们党和人民大踏步赶上时代前进步伐的重要法宝。只有社会主义才能救中国，只有改革开放才能发展中国。通过改革开放更好地解放了生产力，发展了生产力，保护了生产力，为我们创造有强大生命力的中国特色社会主义奠定了坚实基础。在新发展阶段，贯彻新发展理念，构建新发展格局，我们要推动更高水平的改革和更高水平的开放，要依靠创新驱动和科技自立自强，推动中国经济转型升级迈向中高端，把我国比较优势、后发优势提升为国际竞争优势。

中国共产党与中国式现代化

○ 秦　宣

中国人民大学马克思主义学院教授

◎中国式现代化从什么时候开始形成？

◎中国共产党人是如何持续探索中国式现代化的？

◎如何全面推进党的建设新的伟大工程？

中国共产党与中国式现代化

一、中国共产党于民族危难之际开启中国现代化征程

·辛亥革命前
太平天国运动、洋务运动、戊戌变法、义和团运动、清末新政等都未能取得成功。

·辛亥革命
结束君主专制制度，未能改变中国半殖民地半封建的社会性质和中国人民的悲惨命运。

·辛亥革命后
各种政治势力及其代表人物纷纷登场，但中国人民依然生活在苦难和屈辱之中。

·十月革命
为中国送来了马克思列宁主义，为中华民族复兴和中国实现现代化指明了方向。

·中国共产党
建立新中国，开启中国现代化的伟大征程。

二、中国式现代化形成于中国共产党人持续探索过程中

·新中国成立后
党对社会主义现代化建设进行了艰辛探索。

·党的十一届三中全会后
我国社会主义现代化建设进入一个新的历史时期。

三、全面建设社会主义现代化国家必须坚持和加强党的全面领导

·党的十九大
分两个阶段推进战略安排：
1.2035年基本实现社会主义现代化。

2.本世纪中叶把我国建成富强民主文明和谐美丽的社会主义现代化强国。

·党的十九届五中全会
更加具体地提出到2035年基本实现社会主义现代化的远景目标。

·中国共产党成立100周年之际
不断提高政治判断力、政治领悟力、政治执行力，不断提高把握新发展阶段、贯彻新发展理念、构建新发展格局的政治能力、战略眼光、专业水平。

1921 年中国共产党的成立，是开天辟地的大事变。中国共产党成立 100 年来，团结带领中国人民经过艰辛探索、接续奋斗，推动我国社会主义现代化建设取得举世瞩目的成就。今天，我们党带领中国人民踏上了全面建设社会主义现代化国家新征程。

一、中国共产党于民族危难之际开启中国现代化征程

中国是一个历史悠久、文化灿烂的文明古国，在历史上曾长期走在世界前列，勤劳、勇敢、智慧的中国人民为人类文明进步作出了卓越贡献。近代以后，由于种种原因，中国陷入积贫积弱、内忧外患的境地，中华民族面临亡国灭种的危机，也使中国人民清醒地认识到中国的落后状况，从而开始寻求变革、谋求自强，探索现代化道路。

在那个西方列强侵略、战乱不止、社会动荡、人民流离失所的年代，为了挽救民族危亡、实现民族振兴，中国人民和无数仁人志士进行了千辛万苦的探索和可歌可泣的斗争。辛亥革命之前，太平天国运动、洋务运动、戊戌变法、义和团运动、清末新政等

都未能取得成功。辛亥革命虽然结束了统治中国几千年的君主专制制度，但也未能改变中国半殖民地半封建的社会性质和中国人民的悲惨命运。辛亥革命之后，中国尝试过君主立宪制、议会制、多党制、总统制等各种形式，各种政治势力及其代表人物纷纷登场，但都没能找到正确答案，中国人民依然生活在苦难和屈辱之中。事实证明，不触动旧的社会根基的自强运动，各种名目的改良主义，旧式农民战争，资产阶级革命派领导的民主主义革命，照搬西方政治制度模式的各种方案，都不能完成中华民族救亡图存和反帝反封建的历史任务，都不能让中国的政局和社会稳定下来，也都谈不上为中国实现国家富强、人民幸福提供制度保障。

在中国积贫积弱、内忧外患时期，各种主义和思潮都进行过尝试，资本主义道路没有走通，其他各种"主义"也都没能解决中国的前途命运问题，更谈不上为中国现代化提供科学理论指导。十月革命一声炮响，为中国送来了马克思列宁主义，为中华民族复兴和中国实现现代化指明了方向。

中国共产党就是在中华民族面临生死存亡的关键时刻走上历史舞台的。自成立之日起，中国共产党就坚持以马克思主义科学理论为指导，以实现共产主义为最高理想和最终目标，以为中国人民谋幸福、为中华民族谋复兴为初心和使命，为"索我理想之中华"而矢志不渝，带领中国人民为实现民族独立、人民解放和国家富强、人民幸福而前赴后继、流血牺牲，终于推翻了帝国主义、封建主义、官僚资本主义三座大山，建立了人民当家作主的新中国，从根本上改变了中国人民和中华民族的前途命运，不可逆转地结束了近代以后中国内忧外患、积贫积弱的悲惨命运，开启了中国现代化的伟大征程。

二、中国式现代化形成于中国共产党人持续探索过程中

不同国家由于历史文化、基本国情、历史使命不同，选择的现代化道路也会有所不同。新中国成立后，中国共产党带领中国人民持续探索中国式现代化道路，取得了举世瞩目的伟大成就，创造了经济快速发展奇迹和社会长期稳定奇迹，并拓展了发展中国家走向现代化的途径。

新中国成立之前，在党的七届二中全会上，毛泽东同志就向全党提出"使中国稳步地由农业国转变为工业国，把中国建设成一个伟大的社会主义国家"的历史任务。新中国成立后，我们党对社会主义现代化建设进行了艰辛探索。毛泽东同志提出，我们的任务"就是要安下心来，使我们可以建设我们国家现代化的工业、现代化的农业、现代化的科学文化和现代化的国防"。

党的十一届三中全会以后，我国社会主义现代化建设进入一个新的历史时期。邓小平同志强调，能否实现现代化，"决定着我们国家的命运、民族的命运""我们搞的现代化，是中国式的现代化。我们建设的社会主义，是有中国特色的社会主义"。在中国共产党的领导下，我们成功走出了中国式现代化道路。这条现代化道路立足中国又面向世界，坚持以马克思主义为指导，坚持以中国共产党为最高政治领导力量，坚持走中国特色社会主义道路，坚持以人民为中心，努力建设富强民主文明和谐美丽的社会主义现代化强国、实现中华民族伟大复兴，努力实现全体人民共同富裕、促进人的全面发展，努力促进世界和平与发展，具有

鲜明的时代特征和中国特色。这条现代化道路既符合中国实际、体现中国特色社会主义建设规律，又紧跟时代潮流、体现世界现代化规律和人类社会发展规律。

中国的现代化进程并非一帆风顺，但在中国共产党的坚强领导下，在几代中国人的共同努力下，中国从"落后于时代"到"赶上时代"，再到"引领时代"，中国式现代化道路越走越宽广。中国从积贫积弱迈向繁荣富强，成为世界第二大经济体，经济实力、科技实力、综合国力大幅跃升；中国人民生活从温饱不足迈向全面小康，幸福指数不断提高；中国从传统农业大国发展为工业大国，工业化程度越来越高，成为制造业第一大国；中国从封闭半封闭走向全方位开放，深度参与经济全球化，对人类文明的贡献越来越大；中国日益走近世界舞台的中央，国际影响力显著提升。

中国人民在中国共产党的领导下，用几十年时间走完了发达国家几百年走过的工业化历程，创造了举世瞩目的发展奇迹。中国式现代化的成功实践表明，西方现代化道路并非人类通向现代化的唯一道路，中国式现代化道路拓展了发展中国家走向现代化的途径，给世界上那些既希望加快发展又希望保持自身独立性的国家和民族提供了全新选择。

三、全面建设社会主义现代化国家必须坚持和加强党的全面领导

党的十九大对实现第二个百年奋斗目标作出分两个阶段推进的战略安排，即到 2035 年基本实现社会主义现代化，到本世纪中叶把我国建成富强民主文明和谐美丽的社会主义现代化强国。

党的十九届五中全会立足新发展阶段的实际，更加具体地提出到2035年基本实现社会主义现代化的远景目标。全面建设社会主义现代化国家，必须坚持和加强党的全面领导。

中国要实现的现代化，是人口规模巨大的现代化，是全体人民共同富裕的现代化，是物质文明和精神文明相协调的现代化，是人与自然和谐共生的现代化，是走和平发展道路的现代化。实现这样的现代化是全体中华儿女的共同愿望，也是中国共产党人的理想和追求、责任和担当。实现这样的现代化，必须有"主心骨"，有坚强的领导核心。在当代中国，这个核心只能是作为最高政治领导力量的中国共产党。习近平总书记强调："历史已经并将继续证明，没有中国共产党的领导，民族复兴必然是空想。"因此，全面建设社会主义现代化国家，必须坚持和加强党的全面领导，增强"四个意识"、坚定"四个自信"、做到"两个维护"。

坚持和加强党的全面领导，必须全面推进党的建设新的伟大工程。当前和今后一个时期，我国发展仍然处于重要战略机遇期，但机遇和挑战都有新的发展变化，我国面临的国内外环境正在发生广泛而深刻的变化。虽然我国有独特的政治优势、制度优势、发展优势和机遇优势，全面建设社会主义现代化国家具备诸多有利条件，但发展不平衡不充分问题仍然突出，推进现代化建设所要完成的历史任务仍然十分艰巨，改革发展稳定中所面临的矛盾、困难和风险仍然十分复杂，这对党的执政能力和领导水平都提出了新的要求。当前，党的建设还面临一系列新情况新问题新挑战，落实党要管党、全面从严治党的任务比以往任何时候都更为繁重、更为紧迫。要确保党在世界形势深刻变化的历史进程中始终走在时代前列，在应对国内外各种风险和考验的历史进程中始终成为全国人民的主心骨，在坚持和发展中国特色社会主义的历史进程中始终成为坚强领导核心，必须以自我革命精神加强党的建设，不断增强党自我净化、自我完善、自我革新、自我提高能力。

在庆祝中国共产党成立 100 周年之际，我们需要胸怀中华民族伟大复兴战略全局和世界百年未有之大变局，认真总结中国共产党领导中国式现代化的宝贵经验，将其上升到理论高度，不断丰富马克思主义现代化理论宝库；坚定不移推进现代化建设，以中国式现代化推进中华民族伟大复兴，不断为人类作出新的更大的贡献，充分彰显中国式现代化的特色和优势。站在"两个一百年"奋斗目标历史交汇的关键节点，我们要不断提高政治判断力、政治领悟力、政治执行力，不断提高把握新发展阶段、贯彻新发展理念、构建新发展格局的政治能力、战略眼光、专业水平，确保到 2035 年基本实现社会主义现代化、到本世纪中叶把我国建成富强民主文明和谐美丽的社会主义现代化强国。

思想建党　理论强党

○ 辛　鸣

　　中共中央党校（国家行政学院）马克思主义学院教授

◎中国共产党有着怎样的思想建党、理论强党的历史？

◎中国共产党如何推进马克思主义中国化？

◎如何加强思想建党、理论强党？

- 1929 年
  召开古田会议,对党在革命战争年代保持马克思主义政党的政治本色发挥重要作用。

- 1942年
  延安整风运动,开启在全党范围进行马克思主义思想教育的先河。

- 2012年
  党的十八大:习近平总书记高度重视思想建党、理论强党,强调马克思主义是中国共产党人理想信念的灵魂。

一、把马克思主义鲜明写在党的旗帜上

思想建党 理论强党

二、不断把马克思主义中国化推向前进

三、把马克思主义作为看家本领

- 1978 年
  党的十一届三中全会以后,创立了邓小平理论。

- 1989 年
  党的十三届四中全会以后,形成了"三个代表"重要思想。

- 2002 年
  党的十六大以后,形成了以人为本、全面协调可持续发展的科学发展观。

- 2012 年
  党的十八大以来,创立了习近平新时代中国特色社会主义思想。

为什么

作为百年大党,我们党要赢得优势、赢得主动、赢得未来,必须把马克思主义作为看家本领,不断提高运用马克思主义分析和解决实际问题的能力。

怎么做

· 推进马克思主义中国化,增强理论自信、坚定战略定力、增长实践本领。

· 真正学好马克思主义,做马克思主义的坚定信仰者、忠实实践者。

· 用习近平新时代中国特色社会主义思想武装全党、教育人民,投身全面建设社会主义现代化国家伟大实践。

注重思想建党、理论强党，是中国共产党的鲜明特色和光荣传统。习近平总书记指出："回顾党的奋斗历程可以发现，中国共产党之所以能够历经艰难困苦而不断发展壮大，很重要的一个原因就是我们党始终重视思想建党、理论强党，使全党始终保持统一的思想、坚定的意志、协调的行动、强大的战斗力。"这是对我们党百年奋斗历程和经验的深刻总结，为把我们党建设成为始终走在时代前列、人民衷心拥护、勇于自我革命、经得起各种风浪考验、朝气蓬勃的马克思主义执政党指明了方向。

一、把马克思主义鲜明写在党的旗帜上

毛泽东同志指出："掌握思想教育，是团结全党进行伟大政治斗争的中心环节。"马克思主义政党是以共同理想信念组织起来的政党。建设马克思主义政党，首先要从思想建设做起，从理想信念做起，把马克思主义鲜明写在党的旗帜上。中国共产党思想建党、理论强党的历史，是一部用马克思主义科学理论武装全党、指导实践的历史。

1929 年召开的古田会议，提出思想建党、政治建军的重大政治原则，要求从思想上政治上把党的队伍组织起来、武装起来，进行马克思列宁主义基本理论教育，使党员和红军指战员懂得无产阶级革命理论，运用辩证唯物主义和历史唯物主义观察和处理问题，对政治形势作出科学分析，牢固树立共产主义远大理想，确保党对军队的绝对领导。古田会议把马克思主义的思想教育同执行党的政治路线、完成党的政治任务有机结合起来，对于我们党在革命战争年代保持马克思主义政党的政治本色发挥了重要作用。

　　1942 年开始的延安整风运动，开启在全党范围进行马克思主义思想教育的先河。随着抗日民族统一战线的形成发展，党的队伍进一步发展壮大。但当时有些党员在组织上入了党，思想上并没有完全入党，甚至完全没有入党。针对这种情况，我们党通过反对主观主义以整顿学风，反对宗派主义以整顿党风，反对党八股以整顿文风，在全党确立实事求是的思想路线，使全党尤其是党的高级干部对中国民主革命基本问题的认识达到在马克思列宁主义基础上的一致，实现党在思想上政治上行动上的空前统一，为夺取抗日战争和解放战争的伟大胜利、为建设新中国奠定了坚实思想政治基础。我们党成立以来带领人民取得的一个又一个胜利，充分证明了思想建党、理论强党对于党的建设、党的事业的重大意义。

　　党的十八大以来，习近平总书记高度重视思想建党、理论强党，强调把坚定理想信念作为党的思想建设的首要任务，强调马克思主义是中国共产党人理想信念的灵魂。习近平总书记指出：背离或放弃马克思主义，我们党就会失去灵魂、迷失方向；加强思想教育和理论武装，是党内政治生活的首要任务，是保证全党步调一致的前提；只有理论上清醒才能有政治上清醒，只有理论上坚定才能有政治上坚定；等等。以习近平同志为核心的党中央采取一系列重大举措抓好党的理论武装，中央政治局带头集体学习历史唯物主义、辩证唯物主义等马克思主义世界观和方法论，在全党范围先后部署开展党的群众路线教育实践活动、"三严三实"专题教育、"两学一做"学习教育、"不忘初心、牢记使命"主题教育，为进一步巩固党的领导核心地位奠定了坚实思想基础。

二、不断把马克思主义中国化推向前进

我们党思想建党、理论强党的历史，也是一部用马克思主义中国化最新成果统一思想、统一意志、统一行动的历史。习近平总书记指出："对待马克思主义，不能采取教条主义的态度，也不能采取实用主义的态度。"坚持马克思主义，不是什么都用马克思主义经典作家的语录来说话，不是马克思主义经典作家没有说过的就不能说，而是要坚持把马克思主义基本原理同中国具体实际相结合，不断推进马克思主义中国化。

以毛泽东同志为主要代表的中国共产党人，把马克思列宁主义的基本原理同中国革命的具体实践结合起来，创立了毛泽东思想。毛泽东思想是马克思列宁主义在中国的运用和发展，是被实践证明了的关于中国革命和建设的正确的理论原则和经验总结，是中国共产党集体智慧的结晶。

党的十一届三中全会以后，以邓小平同志为主要代表的中国共产党人，总结新中国成立以来正反两方面的经验，解放思想，

实事求是，实现全党工作中心向经济建设的转移，实行改革开放，开辟了社会主义事业发展的新时期，逐步形成了建设中国特色社会主义的路线、方针、政策，阐明了在中国建设社会主义、巩固和发展社会主义的基本问题，创立了邓小平理论。

党的十三届四中全会以后，以江泽民同志为主要代表的中国共产党人，在建设中国特色社会主义的实践中，加深了对什么是社会主义、怎样建设社会主义和建设什么样的党、怎样建设党的认识，积累了治党治国新的宝贵经验，形成了"三个代表"重要思想。

党的十六大以后，以胡锦涛同志为主要代表的中国共产党人，根据新的发展要求，深刻认识和回答了新形势下实现什么样的发展、怎样发展等重大问题，形成了以人为本、全面协调可持续发展的科学发展观。

党的十八大以来，以习近平同志为主要代表的中国共产党人，顺应时代发展，从理论和实践结合上系统回答了新时代坚持和发展什么样的中国特色社会主义、怎样坚持和发展中国特色社会主义这个重大时代课题，创立了习近平新时代中国特色社会主义思想。

马克思主义中国化的历程告诉我们，脱离中国具体实际就没有马克思主义中国化。把马克思主义基本原理同中国具体实际相结合，既包括与历史实际、时代实际、国情实际相结合，也包括与思想文化传统实际相结合。没有中华文明的哺育、中华优秀传统文化的滋养，就不可能有马克思主义在中国的发扬光大、生机勃勃。从毛泽东同志提出"实事求是"，到邓小平同志提出"小康社会"，再到习近平总书记提出构建人类命运共同体理念，我们可以深切感受到中华优秀传统文化对推进马克思主义中国化的重要作用。

三、把马克思主义作为看家本领

习近平总书记强调："必须把马克思主义作为看家本领，以更宽广的视野、更长远的眼光来思考把握未来发展面临的一系列重大问题，不断提高全党运用马克思主义分析和解决实际问题的能力，不断提高运用科学理论指导我们应对重大挑战、抵御重大风险、克服重大阻力、解决重大矛盾的能力。"作为百年大党，我们党要赢得优势、赢得主动、赢得未来，必须把马克思主义作为看家本领，不断提高运用马克思主义分析和解决实际问题的能力。

坚持思想建党、理论强党，必须在不断推进马克思主义中国化基础上，用党的创新理论武装全党，提高广大党员、干部的理论水平，进而增强理论自信、坚定战略定力、增长实践本领。毛泽东同志说过："如果我们党有一百个至二百个系统地而不是零碎地、实际地而不是空洞地学会了马克思列宁主义的同志，就会大大地提高我们党的战斗力量。"是否系统地、实际地学会马克思主义，是对马克思主义掌握得好不好、精不精的试金石。当今世界正经历百年未有之大变局，我国正处于实现中华民族伟大复兴的关键时期。中华民族伟大复兴，绝不是轻轻松松、敲锣打鼓就能实现的。前进道路上面临的风险考验只会越来越复杂，甚至会遇到难以想象的惊涛骇浪。战胜前进道路上各种各样的拦路虎、绊脚石，必须坚持和运用辩证唯物主义和历史唯物主义的世界观和方法论，坚持和运用马克思主义立场、观点、方法，坚持和运用马克思主义关于世界的物质性及其发展规律，坚持和运用马克思主义的实践观、群众观、阶级观、发展观、矛盾观，真正把马克思主义这个看家本领学精悟透用好，对马克思主义虔诚而执着、至信而深厚，做马克思主义的坚定信仰者、忠实实践者。

进入新时代，加强思想建党、理论强党，最重要的任务是用习近平新时代中国特色社会主义思想武装全党、教育人民。把马克思主义看家本领学精悟透用好，最根本的是通过深入系统学习习近平新时代中国特色社会主义思想，把党的创新理论转化为中国共产党人为伟大事业而不懈奋斗的坚定信念，转化为分析和解决问题的科学方法，转化为指导改造客观世界和主观世界的行为准则，转化为推进新时代中国特色社会主义伟大事业的实践力量。要把学习贯彻习近平新时代中国特色社会主义思想同学习马克思主义基本原理贯通起来，同学习党史、新中国史、改革开放史、社会主义发展史结合起来，同新时代进行伟大斗争、建设伟大工程、推进伟大事业、实现伟大梦想的丰富实践联系起来，深刻把握贯穿其中的马克思主义立场、观点、方法，在学懂弄通做实上下功夫，在解放思想中统一思想，在深化认识中提高认识，切实增强"四个意识"、坚定"四个自信"、做到"两个维护"，以思想上的高度认同和精神上的完全主动，投身全面建设社会主义现代化国家伟大实践。

百年初心历久弥坚

○ 王永昌　王政剑

　　浙江大学马克思主义学院

◎ "红船精神"指的是什么？

◎ 为什么要大力弘扬"红船精神"？

◎ 新时代怎样弘扬"红船精神"？

★ 百年初心历久弥坚

100年

一、"红船精神"昭示着中国共产党人的初心

1.2005年6月,首次提出"红船精神"。

2.2017年10月,党的十九大闭幕,大力弘扬"红船精神"。

3.坚定理想、百折不挠的奋斗精神激励着中国共产党人推动党和人民事业不断前进。

4.南湖红船成为巍巍巨轮,靠的就是坚定理想、百折不挠的奋斗精神。

5.立党为公、忠诚为民的奉献精神激励着中国共产党人坚守为人民谋幸福的初心不动摇。

二、大力弘扬"红船精神"是实现中华民族伟大复兴的内在要求

1.大力弘扬"红船精神",披荆斩棘、奋勇前进,使"红船精神"成为实现中华民族伟大复兴的坚强精神支撑。

2.大力弘扬"红船精神",建设好共产党人的精神家园,清除弱化党的先进性、损害党的纯洁性的因素,割除毒瘤,防范危险,让党始终保持蓬勃朝气、昂扬斗志。

3.以"红船精神"推进党领导的社会革命。实现中华民族伟大复兴,是中国共产党的历史使命。

三、让"红船精神"绽放新的时代光芒

1."红船精神"是中国革命精神之源,具有超越时空的永恒价值。

2.在大力弘扬"红船精神"中确保党始终站在时代潮流前列。

3.大力弘扬"红船精神"中开天辟地、敢为人先的首创精神。

4.在大力弘扬"红船精神"中确保党始终站在攻坚克难最前沿。

5.在大力弘扬"红船精神"中确保党始终站在最广大人民之中。

今年是中国共产党成立 100 周年。习近平总书记指出："百年征程波澜壮阔，百年初心历久弥坚。从上海石库门到嘉兴南湖，一艘小小红船承载着人民的重托、民族的希望，越过急流险滩，穿过惊涛骇浪，成为领航中国行稳致远的巍巍巨轮。"红船，见证了中国历史上开天辟地的大事变，成为中国革命源头的象征；"红船精神"，铸就了中华儿女心中永不褪色的精神丰碑，成为我们不断夺取新胜利的强大精神力量和宝贵精神财富。在"两个一百年"奋斗目标历史交汇的关键节点，我们要深入学习贯彻习近平总书记在党史学习教育动员大会上的重要讲话精神，大力弘扬"红船精神"，赓续共产党人精神血脉，让"红船精神"绽放新的时代光芒。

一、"红船精神"昭示着中国共产党人的初心

2005 年 6 月，习近平同志首次提出"红船精神"，将其概括为"开天辟地、敢为人先的首创精神，坚定理想、百折不挠的奋斗精神，立党为公、忠诚为民的奉献精神"，深刻阐述了"红船

精神"的丰富内涵、历史地位、时代价值。2017 年 10 月，党的十九大闭幕仅一周，习近平总书记就带领中共中央政治局常委同志，瞻仰上海中共一大会址和浙江嘉兴南湖红船，回顾建党历史，重温入党誓词。习近平总书记在南湖革命纪念馆参观时指出："我们要结合时代特点大力弘扬'红船精神'。""红船精神"是中国革命精神之源，激励着我们党砥砺前行、发展壮大，是我们党立党兴党、执政兴国的宝贵精神财富。

开天辟地、敢为人先的首创精神激励着中国共产党人始终站在历史和时代发展的潮头。中国共产党是中国工人阶级的先锋队，同时是中国人民和中华民族的先锋队。作为先锋队，必然要始终站在历史和时代发展的潮头，顺应历史发展趋势，勇敢担负起实现民族独立、人民解放和国家富强、人民幸福的历史重任。中国共产党人以开天辟地、敢为人先的首创精神，全力投身于改造旧社会和创造新社会的伟大实践。正是南湖红船点燃的星星之火，形成了中国革命的燎原之势。我们党从这里走向井冈山，走向延安，走向西柏坡，走向一个又一个胜利。100 年来，我们党带领中国人民不懈奋斗，中华民族迎来了从站起来、富起来到强起来的伟大飞跃。

坚定理想、百折不挠的奋斗精神激励着中国共产党人推动党和人民事业不断前进。完成民族独立、人民解放和国家富强、人民幸福的历史重任，必然要经历艰苦卓绝的斗争。没有坚定理想、百折不挠的奋斗精神，就不可能取得成功。100 年来，中国共产党人对远大理想坚贞不渝，依靠奋斗发展壮大的脚步从未停歇。南湖红船成为巍巍巨轮，靠的就是坚定理想、百折不挠的奋斗精神。中国共产党人的奋斗精神，已经熔铸于战争年代的烽火硝烟之中、建设年代的广阔天地之中、改革年代的风起云涌之中。正是奋斗精神，让中国共产党人历经曲折而不畏艰险，屡经考验而初心不改。

立党为公、忠诚为民的奉献精神激励着中国共产党人坚守为人民谋幸福的初心不动摇。为人民谋幸福，是中国共产党人的初心。我们党除了工人阶级和最广大人民群众的利益，没有自己特殊的利益。这决定了我们党可以摆脱以往一切政治力量追求自身特殊利益的局限，始终坚持人民立场，把全心全意为人民服务作为党的根本宗旨，把人民对美好生活的向往作为奋斗目标，把人民利益摆在至高无上的地位，努力实现好、维护好、发展好最广大人民的根本利益。100 年来，我们党干革命、搞建设、抓改革，都是为人民谋利益，为了让人民过上好日子。

二、大力弘扬"红船精神"是实现中华民族伟大复兴的内在要求

在 100 年波澜壮阔的征程中，我们党团结带领人民取得了举世瞩目的伟大成就。今天，我们比历史上任何时期都更接近中华民族伟大复兴的目标。但也要清醒认识到，越是接近民族复兴越不会一帆风顺，越充满风险挑战乃至惊涛骇浪。习近平总书记强调："同困难作斗争，是物质的角力，也是精神的对垒。"面对前进道路上的风险挑战乃至惊涛骇浪，我们必须大力弘扬"红船精神"，披荆斩棘、奋勇前进，使"红船精神"成为实现中华民族伟大复兴的坚强精神支撑。

以"红船精神"推进党的自我革命。办好中国的事情，关键在党。我们党要始终成为时代先锋、民族脊梁，必须通过自我革命确

保自身始终过硬。党的十八大以来，全面从严治党成效显著，全国人民给予高度评价。但也要看到，在党长期执政条件下，各种弱化党的先进性、损害党的纯洁性的因素无时不有，各种违背初心和使命、动摇党的根基的危险无处不在，党内存在的思想不纯、政治不纯、组织不纯、作风不纯等突出问题尚未得到根本解决。还要看到，党面临的"四大考验"具有长期性和复杂性，党面临的"四种危险"具有尖锐性和严峻性。解决思想不纯、政治不纯、组织不纯、作风不纯等突出问题，经受住"四大考验"，克服"四种危险"，一个很重要的方面就是教育引导广大党员、干部挺起共产党人的精神脊梁。大力弘扬"红船精神"，建设好共产党人的精神家园，有利于坚决清除一切弱化党的先进性、损害党的纯洁性的因素，坚决割除一切滋生在党的肌体上的毒瘤，坚决防范一切违背初心和使命、动摇党的根基的危险，让我们党始终保持蓬勃朝气、昂扬斗志。

以"红船精神"推进党领导的社会革命。实现中华民族伟大复兴，是中国共产党的历史使命。当前，世界正经历百年未有之大变局，我国正处于实现中华民族伟大复兴关键时期，错综复杂的国际环境带来许多新矛盾新挑战，我国社会主要矛盾变化带来许多新特征新要求，我们党正带领人民进行具有许多新的历史特点的伟大斗争，形势环境变化之快、改革发展稳定任务之重、矛盾风险挑战之多、对我们党治国理政考验之大前所未有。逆水行舟，不进则退。我们绝不能有半点骄傲自满、固步自封，也绝不能有丝毫犹豫不决、徘徊彷徨，必须大力弘扬"红船精神"，在世界形势深刻变化的历史进程中始终走在时代前列，在应对国内外各种风险和考验的历史进程中始终成为全国人民的主心骨，在坚持和发展中国特色社会主义的历史进程中始终成为坚强领导核心，把新时代坚持和发展中国特色社会主义这场伟大社会革命进行好，向着实现中华民族伟大复兴的宏伟目标奋勇前进。

三、让"红船精神"绽放新的时代光芒

回顾走过的路、不忘来时的路，归根结底是为了继续走好前行的路。"红船精神"是中国革命精神之源，具有超越时空的永恒价值。在中国共产党成立100周年之际，我们要大力发扬红色传统、传承红色基因，不断赋予"红船精神"新的时代内涵，让其绽放新的时代光芒，为奋进新征程提供强大精神动力。习近平总书记在二〇二一年春节团拜会上指出："只要我们党始终站在时代潮流最前列、站在攻坚克难最前沿、站在最广大人民之中，就必将永远立于不败之地！"习近平总书记的重要论述为我们在新时代大力弘扬"红船精神"指明了方向。我们要把弘扬"红船精神"同深入学习贯彻习近平新时代中国特色社会主义思想紧密结合起来，同开展党史学习教育紧密结合起来，提振迈进新征程、奋进新时代的精气神。

在大力弘扬"红船精神"中确保党始终站在时代潮流前列。习近平总书记指出："面向未来，我们要全面推进党和国家各项工作，尤其是贯彻新发展理念、推动高质量发展、构建新发展格局，继续走在时代前列，仍然要以全面深化改革添动力、求突破。"走在时代前列，以全面深化改革添动力、求突破，就要大力弘扬"红船精神"中开天辟地、敢为人先的首创精神。我们要进一步解放思想，坚持创新思维，大胆试、大胆闯，跟着问题走、奔着问题去，

准确识变、科学应变、主动求变，充分发挥首创精神，坚持守正创新，以更加积极有效的作为来应对不稳定不确定因素，确保党始终站在时代潮流前列。

在大力弘扬"红船精神"中确保党始终站在攻坚克难最前沿。习近平总书记指出："干事业就要有钉钉子精神，抓铁有痕、踏石留印，稳扎稳打向前走，过了一山再登一峰，跨过一沟再越一壑，不断通过化解难题开创工作新局面。"应对挑战、化解难题，就要知重负重、苦干实干、攻坚克难。这就要求我们大力弘扬"红船精神"中坚定理想、百折不挠的奋斗精神。广大党员、干部要保持越是艰险越向前的刚健勇毅，始终站在攻坚克难最前沿，遇到矛盾和困难敢字为先、干字当头，勇于担当、善于作为，在有效应对重大挑战、抵御重大风险、克服重大阻力、解决重大矛盾中冲锋在前、建功立业。

在大力弘扬"红船精神"中确保党始终站在最广大人民之中。习近平总书记指出："我们党的百年历史，就是一部践行党的初心使命的历史，就是一部党与人民心连心、同呼吸、共命运的历史。"中国特色社会主义进入新时代，我国社会主要矛盾已经转化为人民日益增长的美好生活需要和不平衡不充分的发展之间的矛盾。我们要把人民对美好生活的向往作为始终不渝的奋斗目标，就要大力弘扬"红船精神"中立党为公、忠诚为民的奉献精神，在任何时候、任何情况下都始终坚持以人民为中心，时刻把群众安危冷暖放在心上，认真落实党中央各项惠民政策，切实解决群众"急难愁盼"的问题，在收入、就业、教育、社保、住房等方面不断增强人民群众的获得感、幸福感、安全感。

中国共产党的使命担当

○ 高　翔

　　中国社会科学院副院长、中国历史研究院院长

◎ 怎么样理解为人民谋幸福？

◎ 怎么样理解为民族谋复兴？

◎ 怎么样理解为世界谋大同？

2. 动真情、出实招、下真功夫
• 党的十八大以来，实施大批惠民利民举措，在 2020 年如期完成了新时代脱贫攻坚目标任务，消除了绝对贫困和区域性整体贫困。

• 面对突如其来的新冠肺炎疫情把人民生命安全和身体健康放在第一位，全力以赴救治患者，疫情防控取得重大战略成果，最大限度保护了人民生命安全和身体健康。

1. "全心全意为人民服务"
• 1944 年，毛泽东同志在张思德追悼会上发表《为人民服务》的著名演讲，强调"我们这个队伍完全是为着解放人民的，是彻底地为人民的利益工作的"。

• 从七大党章到十九大党章，我们党都把"全心全意为人民服务"写入党章总纲，作为中国共产党的根本宗旨。

3. 使命在肩，永不止步
进入新发展阶段，是中华民族伟大复兴历史进程的大跨越。展望新征程，中华民族伟大复兴展现出无比光明的前景。

2. 大国逐梦，需登高望远、运筹全局
我们党领导的革命、建设、改革伟大实践，是一个接续奋斗的历史过程，是一项救国、兴国、强国，进而实现中华民族伟大复兴的完整事业。

1. 实现中华民族伟大复兴的三大里程碑
• 建立中国共产党

• 成立中华人民共和国

• 推进改革开放和中国特色社会主义事业

• 在世界反法西斯战争中作为夺取抗日战争胜利的民族先锋，为世界正义事业、为人类文明发展作出了巨大贡献。

• 中华人民共和国的成立，鼓舞了亚非拉人民的民族解放运动，促进了人类和平、民主、进步和发展。

• 提出"三个世界"的战略思想，结成最广泛的国际统一战线，反对超级大国的霸权主义和战争政策。

• 提出构建人类命运共同体理念，促进"一带一路"国际合作，推动建设相互尊重、公平正义、合作共赢的新型国际关系，成为世界和平的建设者、全球发展的贡献者、国际秩序的维护者。

一、为人民谋幸福

二、为民族谋复兴

三、为世界谋大同

中国共产党的使命担当

今年，我们迎来了中国共产党百年华诞。100 年来，中华民族由不断衰落到根本扭转命运、持续走向繁荣富强，从积贫积弱、几乎被"开除球籍"到日益走近世界舞台中央，中国共产党始终是中华民族走向复兴的坚强领导核心。100 年来，从建党的开天辟地，到新中国成立的改天换地，到改革开放的翻天覆地，再到党的十八大以来党和国家事业取得历史性成就、发生历史性变革，中国共产党带领中国人民取得了举世瞩目的成就。习近平总书记指出："我们所做的一切都是为人民谋幸福，为民族谋复兴，为世界谋大同。"

一、为人民谋幸福

习近平总书记指出："我们党来自于人民，为人民而生，因人民而兴，必须始终与人民心心相印、与人民同甘共苦、与人民团结奋斗。"人民对美好生活的向往，始终是百年来我们党矢志不渝的奋斗目标。

近代以后，由于西方列强的入侵和封建统治的腐败，中国逐步沦为半殖民地半封建社会，山河破碎，民不聊生，"苦厄日深，为害何极！"中国人民生活在水深火热之中。维新志士谭嗣同喟叹："四万万人齐下泪，天涯何处是神州。"

为人民谋幸福，是中国共产党人的初心。1944 年，毛泽东同志在张思德追悼会上发表《为人民服务》的著名演讲，强调"我们这个队伍完全是为着解放人民的，是彻底地为人民的利益工作的"。在党的七大报告中，毛泽东同志进一步阐发了"全心全意为人民服务"的思想，他说：共产党人要"全心全意地为人民服务，一刻也不脱离群众；一切从人民的利益出发，而不是从个人或小集团的利益出发"。从七大党章到十九大党章，我们党都把"全心全意为人民服务"写入党章总纲，作为中国共产党的根本宗旨。

中国共产党为人民谋幸福，从来都不只是写在纸上、挂在嘴上，而是动真情、出实招、下真功夫。在革命战争年代，无数共产党人为了人民解放抛头颅、洒热血，救万民于水火。新中国的成立，社会主义基本制度的确立，使人民群众真正成为国家的主人。人民群众既是新中国的建设者，也是祖国繁荣昌盛的受益者。我们党团结带领全国各族人民创造了世所罕见的经济快速发展和社会长期稳定"两大奇迹"，中华民族迎来了从站起来、富起来到强起来的伟大飞跃，中国人民的生活水平从温饱不足迈向小康富裕。

党的十八大以来，以习近平同志为核心的党中央深入贯彻以人民为中心的发展思想，一大批惠民利民举措落地实施，人民的获得感、幸福感、安全感显著增强。2020 年，我们如期完成新时代脱贫攻坚目标任务，消除了绝对贫困和区域性整体贫困，创造了人类减贫史上的奇迹。面对突如其来的新冠肺炎疫情，我们党始终把人民生命安全和身体健康放在第一位，全力以赴救治患者，最大程度提高治愈率、降低病亡率，疫情防控取得重大战略成果，最大限度保护了人民生命安全和身体健康。事实最有说服力。大量事实充分说明，百年来中国共产党始终在为人民谋幸福。

习近平总书记指出："我们必须始终坚持人民立场，坚持人民主体地位，虚心向人民学习，倾听人民呼声，汲取人民智慧，把人民拥护不拥护、赞成不赞成、高兴不高兴、答应不答应作为衡量一切工作得失的根本标准，着力解决好人民最关心最直接最现实的利益问题，让全体中国人民和中华儿女在实现中华民族伟大复兴的历史进程中共享幸福和荣光！"这是对中国共产党为人民谋幸福的生动诠释。

二、为民族谋复兴

中华民族创造了悠久灿烂的中华文明，曾长期走在世界发展的前列，在近代逐步沦为半殖民地半封建社会后不断衰落。没有哪个国家、哪个民族会心甘情愿接受侵略者的摆布。实现中华民族伟大复兴，是近代以来中华民族最伟大的梦想。

鸦片战争后，为了挽救民族危亡、争取民族独立，无数仁人志士进行了艰苦探索，太平天国运动、洋务运动、戊戌变法、义和团运动相继爆发，然而都未能取得成功。辛亥革命虽然推翻了清政府的腐朽统治，但无法改变中国落后挨打的命运。1915年，面对内外交困的形势，梁启超在《〈大中华〉发刊词》中痛心地说："我国民积年所希望、所梦想，今殆已一空而无复余。"

1921年中国共产党成立，这是开天辟地的大事变。中国共产党一经成立，就义无反顾肩负起实现中华民族伟大复兴的历史使命，中华民族在绝境中终于迎来了新的生机。毛泽东同志指出："实现中国的独立自由是一个伟大的任务。"为了完成这个"伟大的任务"，我们党团结带领中国人民进行28年浴血奋战，打败日本帝国主义，推翻国民党反动统治，完成新民主主义革命，建立了中华人民共和国，彻底终结了鸦片战争后100多年来中华民族被侵略、被奴役的屈辱历史，中华民族赢得了历史性的新生。

大国逐梦，需要登高望远、运筹全局。中国共产党的100年，是开创历史、奠定基业、开辟未来的100年。习近平总书记指出："我们党领导的革命、建设、改革伟大实践，是一个接续奋斗的历史过程，是一项救国、兴国、强国，进而实现中华民族伟大复兴的完整事业。"建立中国共产党、成立中华人民共和国、推进改革开放和中国特色社会主义事业，是五四运动以来我国发生的三大历史性事件，是近代以来实现中华民族伟大复兴的三大里程碑。这三大历史性事件清晰地标明了百余年中国社会发展的不同阶段，同时又贯穿着一条鲜明的主线，彰显着中国共产党坚定不移、一以贯之的使命担当，这就是实现中华民族伟大复兴。百年来，中国共产党始终走在时代前列，带领中国人民历经千难万险，辟除榛莽、踏平坎坷，向着中华民族伟大复兴的目标坚定前行。

使命在肩，永不止步。党的十八大以来，以习近平同志为核心的党中央统筹中华民族伟大复兴战略全局和世界百年未有之大变局，以巨大的政治勇气和强烈的历史担当，科学把握当今世界和当代中国的发展大势，顺应时代要求和人民愿望，统揽伟大斗争、伟大工程、伟大事业、伟大梦想，统筹推进"五位一体"总体布局、协调推进"四个全面"战略布局，推动党和国家事业取得历史性成就、发生历史性变革。党的十九届五中全会提出，全面建成小康社会、实现第一个百年奋斗目标之后，我们要乘势而上开启全面建设社会主义现代化国家新征程、向第二个百年奋斗目标进军，这标志着我国进入了一个新发展阶段。习近平总书记强调："进入新发展阶段，是中华民族伟大复兴历史进程的大跨越。"展望新征程，从进入新发展阶段的大跨越，到 2035 年基本实现社会主义现代化，再到 21 世纪中叶全面建成富强民主文明和谐美丽的社会主义现代化强国，中华民族伟大复兴展现出无比光明的前景。

三、为世界谋大同

习近平总书记指出："中国共产党是为中国人民谋幸福的政党，也是为人类进步事业而奋斗的政党。"为世界谋大同，是中国共产党百年来一以贯之的追求。

大道之行，天下为公。在人类思想史上，没有一种思想理论像马克思主义那样对人类产生了如此广泛而深刻的影响，马克思主义极大推进了人类文明进程。五四运动以后，中国共产党成为马克思主义的忠诚信奉者、坚定实践者。在中国这片古老的土地上，因为有了中国共产党，马克思主义得以生根发芽，进而枝繁叶茂、结出累累硕果。

在 20 世纪世界反法西斯战争中，长达 14 年的中国人民抗日战争开始时间最早、持续时间最长，是名副其实的东方主战场。在抗日战争时期，在民族危亡的历史关头，中国共产党以卓越的政治领导力和正确的战略策略，指引中国抗战的前进方向。中国共产党人勇敢战斗在抗日战争最前线，支撑起中华民族救亡图存的希望，成为全民族抗战的中流砥柱。中国共产党作为夺取抗日战争胜利的民族先锋，为世界正义事业、为人类文明发展作出了巨大贡献。

1949 年中华人民共和国的成立，极大地鼓舞了亚非拉人民的民族解放运动，推动了世界文明发展进程，促进了人类和平、民主、进步和发展。20 世纪 70 年代中期，针对美苏对峙的局面，中国共产党提出"三个世界"的战略思想，结成最广泛的国际统一战线，反对超级大国的霸权主义和战争政策。"三个世界"战略思想，至今依然具有重要的时代价值，闪耀着科学的光芒。

在 20 世纪 50 年代，毛泽东同志就指出："中国应当对于人类有较大的贡献。"中国特色社会主义进入新时代，习近平总书记强调："中国共产党始终把为人类作出新的更大的贡献作为自己的使命""中国人民不仅要自己过上好日子，还追求天下大同。"中国共产党传承着中华民族追求天下大同的优秀文化传统，肩负起为世界谋大同的神圣使命。

当今世界正经历百年未有之大变局，面对单边主义、保护主义、霸权主义等对世界和平与发展的威胁，面对全球气候变化、环境污染、重大传染病流行等共同挑战，习近平总书记提出构建人类命运共同体理念。构建人类命运共同体理念主张"把我们生于斯、长于斯的这个星球建成一个和睦的大家庭，把世界各国人民对美好生活的向往变成现实"。构建人类命运共同体理念充分彰显了中国作为负责任大国的担当，为人类文明发展进步贡献了中国智慧和中国方案。为了推动构建人类命运共同体，中国大力促进"一带一路"国际合作，推动建设相互尊重、公平正义、合作共赢的新型国际关系，积极参与引领全球治理体系改革和建设，致力于建设持久和平、普遍安全、共同繁荣、开放包容、清洁美丽的世界，中国成为国际社会公认的世界和平的建设者、全球发展的贡献者、国际秩序的维护者。

作为拥有9100多万党员的世界上最大的政党，中国共产党有大党的样子，有大党的眼界、气度、胸怀和智慧。改革开放以来，我们党带领中国人民成功开创了中国特色社会主义道路，不但为科学社会主义注入强大生机与活力，展现了21世纪马克思主义的理论光辉，而且拓展了发展中国家走向现代化的途径。中国特色社会主义的成功实践，当代中国的现代化成就，生动揭示了这样一个真理：现代化经验不应由欧美国家垄断，人类通往现代化的路径并非只有欧美国家一种模式，每个国家都可以探索适合自己国情的现代化道路。中国的发展给世界上那些既希望加快发展又希望保持自身独立性的国家和民族提供了全新选择，为解决人类问题贡献了中国智慧和中国方案。这是当代中国共产党人对世界现代化事业、对人类文明发展的伟大贡献。

不断实现人民对美好生活的向往

○ 孙庆聚

中共中央党校原副校长

◎ 为什么说人民对美好生活的向往是中国共产党的奋斗目标？

◎ 如何依靠人民创造历史伟业？

◎ 如何促进人的全面发展？

1. 彰显初心使命

· 进入新发展阶段,人民对美好生活的向往更加强烈,不断制定新的目标,以满足人民群众对美好生活的需要

· 从就业、收入分配、教育、医疗、住房、养老等群众最关心的问题入手,推动发展成果更多惠及全体人民。

2. 体现根本宗旨

· 中国共产党除了工人阶级和最广大人民群众的利益,没有自己特殊的利益,党的根本宗旨是全心全意为人民服务。

一、以满足人民日益增长的美好生活需要为根本目的

不断实现人民对美好生活的向往

三、坚持共同富裕方向

1. 体现社会主义的本质要求

· 中国共产党是以马克思主义为指导的政党,而共同富裕,是马克思主义的一个基本目标。

· 《规划纲要》提出"全体人民共同富裕取得更为明显的实质性进展",制定促进共同富裕行动纲要。

2. 积极有为促进共同富裕

· 当前我国发展不平衡不充分问题仍然突出,必须把促进全体人民共同富裕摆在更加重要的位置。

· 出台一系列政策组合拳:"持续提高低收入群体收入,扩大中等收入群体""完善再分配机制"等,加快实现共同富裕。

1. 坚持人民主体地位

· 鼓励广大人民群众和社会各界以各种方式为"'四十五'规划建言献策"。

· 充分汲取人民群众的智慧,凝聚广大干部群众撸起袖子加油干的强大合力。

2. 明确人民是最终评判者

· 把人民拥护不拥护、赞成不赞成、高兴不高兴、答应不答应作为衡量一切工作得失的根本标准。

· 强调不断增强人民群众获得感、幸福感、安全感,并提出具体举措,使人

二、坚持依靠人民创造历史伟业

四、促进人的全面发展

1. 体现马克思主义基本价值取向

· 马克思指出,社会主义、共产主义是比资本主义"更高级的、以每个人的全面而自由的发展为基本原则的社会形式"。

· 《规划纲要》强调:"人民思想道德素质、科学文化素质和身心健康素质明显提高""国民素质和社会文明程度达到新高度"。

2. 为促进人的全面发展创造新的条件

· 经过改革开放40多年的不懈奋斗,我们已经拥有了开启新征程的雄厚物质基础,也拥有了促进人的全面发展的雄厚物质基础。

· 提出一系列举措解决地区差距、城乡差距、收入差距等问题,为群众创造更广阔的发展空间。

《中华人民共和国国民经济和社会发展第十四个五年规划和2035 年远景目标纲要》（以下简称《规划纲要》），把"坚持以人民为中心"列为"十四五"时期经济社会发展必须遵循的原则，强调要"坚持人民主体地位，坚持共同富裕方向，始终做到发展为了人民、发展依靠人民、发展成果由人民共享，维护人民根本利益，激发全体人民积极性、主动性、创造性，促进社会公平，增进民生福祉，不断实现人民对美好生活的向往"。《规划纲要》坚持以人民为中心的发展思想，积极回应人民群众的诉求和期盼，深刻回答了我们要实现什么样的发展、怎样实现发展，充分彰显了中国共产党人的初心和使命。

一、以满足人民日益增长的美好生活需要为根本目的

　　人民对美好生活的向往，就是我们的奋斗目标。《规划纲要》顺应人民对美好生活的新期待，作出一系列重要部署。加快健全覆盖全民、统筹城乡、公平统一、可持续的多层次社会保障体系的重要部署，是为了在幼有所育、学有所教、劳有所得、病有所医、

老有所养、住有所居、弱有所扶上不断取得新进展；推动经济社会发展全面绿色转型的系列新举措，是为了满足人民群众对天更蓝、山更绿、水更清、环境更优美的期盼；对实施城市更新行动作出部署，是为了改善老旧小区居民生活条件……《规划纲要》作出的重要部署都以实现好、维护好、发展好最广大人民的根本利益为出发点和落脚点，都以满足人民日益增长的美好生活需要为根本目的。

彰显初心使命。中国共产党来自于人民、植根于人民、服务于人民，始终把为中国人民谋幸福、为中华民族谋复兴作为初心和使命。党的一切工作的出发点和落脚点，就是实现好、维护好、发展好最广大人民的根本利益。纵观党的百年历史，我们党干革命、搞建设、抓改革，都是为人民谋利益，让人民过上好日子。习近平总书记指出："为了不断满足人民群众对美好生活的需要，我们就要不断制定新的阶段性目标，一步一个脚印沿着正确的道路往前走。"进入新发展阶段，人民对美好生活的向往更加强烈，就业、收入分配、教育、社保、医疗、住房、养老、扶幼等各方面的期盼更加迫切。《规划纲要》从群众最关心的问题入手，推动发展成果更多更公平惠及全体人民，努力为人民创造更美好、更幸福的生活。

体现根本宗旨。中国共产党是中国工人阶级的先锋队，同时是中国人民和中华民族的先锋队，党除了工人阶级和最广大人民群众的利益，没有自己特殊的利益，党的根本宗旨是全心全意为人民服务。全心全意为人民服务，就要全心全意为人民解难事、办实事、做好事，真正做到民有所呼、党有所应。比如，针对新冠肺炎疫情暴露出的我国在重大疫情防控体制机制、公共卫生体系等方面存在的短板，《规划纲要》对"构建强大公共卫生体系"进行重点部署，这是对广大人民群众补齐卫生健康事业短板强烈期待的回应。全心全意为人民服务，从根本上说，就是全心全意为实现好、维护好、发展好最广大人民根本利益而奋斗。以满足人民日益增长的美好生活需要为根本目的，正是从发展指导思想上体现了党的根本宗旨的要求。

二、坚持依靠人民创造历史伟业

人民是历史的创造者，人民是真正的英雄。《规划纲要》强调"发展依靠人民"，因为我们党坚信，只要有人民支持和参与，就没有克服不了的困难，就没有越不过的坎，就没有完成不了的任务，就一定能实现《规划纲要》确定的目标。

坚持人民主体地位。纵观党的百年历史，我们党之所以能不断发展壮大，就是因为始终坚持人民主体地位。人民群众中蕴含着无穷无尽的智慧和力量。习近平总书记就"十四五"规划编制工作明确提出一系列要求，强调"要把加强顶层设计和坚持问计于民统一起来，鼓励广大人民群众和社会各界以各种方式为'十四五'规划建言献策"。此次规划编制网上征求意见，得到广大人民群众的积极响应，留言就有100多万条，从中整理出了1000余条建议。可以说，"十四五"规划《建议》和《规划纲要》充分汲取了人民群众的智慧，也必将凝聚起广大干部群众撸起袖子加油干的强大合力。

明确人民是最终评判者。习近平总书记指出："时代是出卷人，我们是答卷人，人民是阅卷人。"人民是我们党的工作的最高裁决者和最终评判者。人民是否真正得到了实惠，人民生活是否真正得到了改善，人民权益是否真正得到了保障，这些都要由人民来评判。这就要求我们必须把人民拥护不拥护、赞成不赞成、高兴不高兴、答应不答应作为衡量一切工作得失的根本标准。《规划纲要》强调要"不断增强人民群众获得感、幸福感、安全感"，作出的重要部署、提出的具体举措，都彰显了我们党努力向历史、向人民交出新的更加优异的答卷的坚定决心。

三、坚持共同富裕方向

共同富裕是社会主义的本质要求，是人民群众的共同期盼。我们推动经济社会发展，归根结底是要实现全体人民共同富裕。《规划纲要》明确提出"全体人民共同富裕取得更为明显的实质性进展"，还在增进民生福祉部分突出强调了"制定促进共同富裕行动纲要"。坚持共同富裕，是我们党坚持以人民为中心的发展思想在发展目标任务上的集中体现。

体现社会主义的本质要求。习近平总书记指出："我们追求的发展是造福人民的发展，我们追求的富裕是全体人民共同富裕。改革发展搞得成功不成功，最终的判断标准是人民是不是共同享受到了改革发展成果。"共同富裕，是马克思主义的一个基本目标。中国共产党是以马克思主义为指导的政党，对社会主义的本质有着深刻而清醒的认识：解放生产力，发展生产力，消灭剥削，消除两极分化，最终达到共同富裕。长期以来，我们党带领人民向着实现共同富裕的目标不懈努力，人民生活水平不断提高。为了促进共同富裕，《规划纲要》出台了一系列政策组合拳："提高劳动报酬在初次分配中的比重""持续提高低收入群体收入，扩大中等收入群体""多渠道增加城乡居民财产性收入""完善再分配机制"……这让我们更有底气朝着实现全体人民共同富裕不断迈进。

积极有为促进共同富裕。当前，我国发展不平衡不充分问题仍然突出，城乡区域发展和收入分配差距较大，促进全体人民共同富裕是一项长期任务，但随着我国全面建成小康社会、开启全面建设社会主义现代化国家新征程，我们必须把促进全体人民共同富裕摆在更加重要的位置，脚踏实地，久久为功，向着这个目标更加积极有为地进行努力。发展是基础，没有发展，没有扎扎实实的发展成果，共同富裕就无从谈起。我们要毫不动摇坚持发展是硬道理，不断把"蛋糕"做大，不断把"蛋糕"分好。"完善财政转移支付支持欠发达地区的机制，逐步实现基本公共服务均等化""推进以县城为重要载体的城镇化建设""实施就业优先战略""推动义务教育优质均衡发展和城乡一体化"……《规划纲要》提出的一系列政策举措，表明了我们要以更大力气促进共享发展、促进共同富裕。

四、促进人的全面发展

增进人民福祉、促进人的全面发展是我们党立党为公、执政为民的本质要求。我们党自成立以来，一直致力于促进人的全面发展。从建党的开天辟地，到新中国成立的改天换地，到改革开放的翻天覆地，再到党的十八大以来党和国家事业取得历史性成就、发生历史性变革，我们党在夺取一个又一个胜利中不断促进人的全面发展。《规划纲要》作出的重要部署，必将进一步促进人的全面发展。

促进人的全面发展是马克思主义的基本价值取向。马克思指出，社会主义、共产主义是比资本主义"更高级的、以每个人的全面而自由的发展为基本原则的社会形式"。《规划纲要》强调："提升人力资本水平和人的全面发展能力""人民思想道德素质、科学文化素质和身心健康素质明显提高""国民素质和社会文明程度达到新高度"。无论是提高人民思想道德素质、科学文化素质和身心健康素质，还是健全公共文化服务体系和文化产业体系、创新实施文化惠民工程等，都从促进人的全面发展上体现党的人民情怀。

不断为促进人的全面发展创造新的条件。人的全面发展是一个历史过程。促进人的全面发展，同推动经济社会发展、改善人民物质文化生活互为因果。人越全面发展，发展成果就会创造得越多，人民的生活就越能得到改善；发展成果越多，又越能促进人的全面发展。经过新中国成立以来特别是改革开放40多年的不懈奋斗，我们已经拥有开启新征程、实现新的更高目标的雄厚物质基础，也拥有了促进人的全面发展的雄厚物质基础。我们要坚决落实《规划纲要》重要部署，更加自觉主动解决地区差距、城乡差距、收入差距等问题，坚持在发展中保障和改善民生，统筹做好就业、收入分配、教育、社保、医疗、住房、养老、扶幼等各方面工作，更加注重向农村、基层、欠发达地区倾斜，向困难群众倾斜，促进社会公平正义，让发展成果更多更公平惠及全体人民，从而不断促进人的全面发展。

为中国人民幸福和
人类进步事业而奋斗

○ 宋　涛

中共中央对外联络部部长

◎为什么说中国共产党和中国人民是血肉联系？

◎中国共产党如何处理与世界的关系？

◎中国共产党的世界主张是怎样的？

一、人民至上、生命至上的坚定践行者

· 打赢脱贫攻坚战、全面建成小康社会，即将历史性地解决绝对贫困问题。

· 防控新冠肺炎疫情，以人民为中心，全心全意为人民服务。

· 党和人民不可分割的血肉联系。

二、持久和平、普遍安全的坚定维护者

· 以对话解决争端、以协商化解分歧，积极推动政治解决国际和地区热点问题，共同应对各种全球性挑战。

· 维护世界和平，反对霸权主义。

三、公平正义、责任担当的坚定实践者

· 捍卫多边主义，共建开放型世界经济。

· 秉承中华民族重义守信的传统，做到"义之所在，不倾于权，不顾其利"。

为中国人民幸福和人类进步事业而奋斗

四、互利共赢、共同发展的坚定推动者

· 自力更生、艰苦奋斗，探索开拓。

· 统一国内发展与对外开放，结合中国人民与各国人民共同利益，为世界经济和全球发展作贡献。

· 推动"一带一路"建设，奉行互利共赢的开放战略，构建开放型世界经济。

· 与各国政党举办研讨交流，分享经验，授之以渔，促进合作。

五、开放包容、文明互鉴的坚定引领者

· 坚持走自己的路，不"输入"外国模式，也不"输出"中国模式。

· 以开放的眼光、开阔的胸怀对待世界各国的文明创造，主张以文明交流超越文明隔阂、文明互鉴超越文明冲突、文明共存超越文明优越。

· 成功举办中国共产党与世界政党高层对话会，获得国际社会广泛赞誉，为推动世界政治文明发展进步作出重要贡献。

习近平总书记指出："中国共产党是为中国人民谋幸福的党，也是为人类进步事业而奋斗的党。"当今世界正经历百年未有之大变局。随着新冠肺炎疫情在全球蔓延，一些国家单边主义、保护主义、霸凌主义和抹黑政治盛行。全球治理赤字、信任赤字、和平赤字、发展赤字增多，世界面临的不稳定性不确定性更加突出。但也应看到，和平与发展仍然是时代主题，相互尊重、合作共赢的时代潮流不可阻挡。中国共产党坚持站在历史正确的一边，在团结带领中国人民做好自己事情的同时，坚持以维护世界和平、促进共同发展为宗旨推动构建人类命运共同体，摒弃冷战思维，反对强权政治，为人类和平发展进步的崇高事业贡献智慧与力量。

一、中国共产党是人民至上、生命至上的坚定践行者

习近平总书记强调："以百姓心为心，与人民同呼吸、共命运、心连心，是党的初心，也是党的恒心。"新中国成立70多年来，中国共产党领导中国人民创造了世所罕见的经济快速发展奇迹和社会长期稳定奇迹，广大人民群众的获得感、幸福感、安全感不

断提升。在以习近平同志为核心的党中央坚强领导下，2020 年，中国将迎来打赢脱贫攻坚战、全面建成小康社会的历史性时刻，困扰中华民族几千年的绝对贫困问题即将历史性地得到解决。外国政党人士高度评价中国减贫成就是"人类发展史上的奇迹"。

这次新冠肺炎疫情防控，充分彰显了中国共产党以人民为中心的执政理念和全心全意为人民服务的根本宗旨。在危机时刻、重大关头将什么放在第一位，最能看出一个政党、一个政权的性质和本色。面对突如其来的疫情，习近平总书记亲自指挥、亲自部署，中国共产党秉持人民至上、生命至上的理念，把人民生命安全和身体健康放在第一位，全力以赴救治每一位患者。全国 3900 多万名党员、干部战斗在抗疫一线，支援湖北的 4 万多名医护人员中，56.1% 是中共党员，近 400 名党员、干部为保卫人民生命安全献出了自己宝贵的生命。多国政党政要表示，中国共产党领导的抗疫斗争体现了深厚的为民情怀和人道主义精神。

历史和现实反复证明，中国共产党与中国人民风雨同舟、生死与共，始终保持血肉联系。中国人民对此最有发言权。美国一家知名公关公司日前发布的信任度调查显示，中国人民对中国政府信任度高达 95%，在受访国家中排名第一。中国共产党和人民有着不可分割的血肉联系，任何抹黑和挑拨的企图都注定失败。坚持以人民为中心、一切为了人民，始终是中国共产党最深刻的烙印和最鲜明的底色。

二、中国共产党是持久和平、普遍安全的坚定维护者

习近平总书记指出："中国共产党人深知和平的可贵，也具

有维护和平的坚定决心。"我们党从成立之日起就秉承中华民族文明血脉中的和平基因，领导新中国坚定不移走和平发展道路，并将之郑重载入党章和宪法。坚持以对话解决争端、以协商化解分歧，与各国政党一道，积极推动政治解决国际和地区热点问题，共同应对恐怖主义、公共卫生、气候变化等全球性挑战。许多外国政党政要指出，中国共产党执政70多年来没有发动一场对外侵略战争，始终是支持和维护世界和平的重要力量。

当前，国际形势持续发生深刻复杂变化，极端主义、恐怖主义、分裂主义等乱象抬头，传统安全问题与非传统安全威胁相互交织，维护世界和平安宁面临更加复杂严峻的挑战。中国共产党将继续坚定不移走和平发展道路，走对话而不对抗、结伴而不结盟的交往新路，永远不称霸、永远不搞扩张、永远不谋求势力范围。同时，中国共产党始终坚定维护国家独立、主权、安全、尊严，绝不屈从于任何外来压力。

中国共产党致力于与各国政党共同维护地区和全球和平稳定，积极与周边国家政党深化安全互信与沟通合作，推动南海局势不断趋稳向好，得到国际社会普遍赞赏。120多个国家240多个政党、政治组织以及280多个知名智库、非政府组织主动发声，支持中国在南海问题上的立场。面对近期少数域外国家一再煽风点火、搬弄是非，周边国家始终冷静看待、从容应对。许多地区国家政党领导人主动向中方表示，有些国家企图在南海挑起动乱再一走了之，最后受害的是地区国家和民众，我们决不会上当。中国共产党将一如既往同周边国家政党加强团结合作，共谋友好相处、共同发展之道，共同维护地区和平稳定和繁荣发展。

三、中国共产党是公平正义、责任担当的坚定实践者

习近平总书记指出："公平正义是世界各国人民在国际关系领域追求的崇高目标。"在当今国际关系中，公平正义还远远没有实现。各国政党应该共同展现责任担当，共同维护国际公平正义，捍卫多边主义，共建开放型世界经济，推动国际秩序朝着更加公正合理的方向发展。许多外国政党高度评价中国共产党大力推进抗疫国际合作，积极开展抗疫援助，与一些国家忙于对外"甩锅"、肆意挥舞制裁施压的大棒相比高下立判。110多个国家的240多个重要政党和政党国际组织与中国共产党联合发出共同呼吁，坚决反对将公共卫生问题政治化，为进一步深化全球抗疫合作、推动构建人类卫生健康共同体凝聚了强大的政治共识。

中国共产党秉承中华民族重义守信的传统，在对外交往中始终坚持正确义利观，做到"义之所在，不倾于权，不顾其利"，自觉承担应尽的责任、展现应有的担当。我们党旗帜鲜明地主张国家无论大小一律平等，坚决反对一切形式的霸权霸凌霸道行为，坚定捍卫和践行多边主义，推进世界多极化和国际关系民主化，得到各国政党的广泛认同和积极响应。我们党在国际交往中讲诚信、讲感情，结交了许多真朋友、好朋友。这次疫情防控期间，各国政党和各界人士纷纷向中方施以援手。我们党在扎实做好国内疫情防控的同时，坚持投桃报李、雪中送炭，向200多个外国政党和政治组织提供力所能及的帮助，共同书写了世界政党共克时艰、守望相助的佳话。承诺的责任一定履行，答应的事情一定做到，这是我们党对外交往的优良传统，也是中国特色大国外交

的鲜明品格。许多发展中国家政要表示，一些国家承诺的援助往往口惠而实不至，或附带苛刻的政治条件，而中国共产党不一样，说话是算数的，是真心实意帮助发展中国家的。

四、中国共产党是互利共赢、共同发展的坚定推动者

习近平总书记强调："中国的今天，是中国人民干出来的！"中国共产党团结带领中国人民走过不平凡历程，靠的是"自力更生、艰苦奋斗"的优良传统，靠的是"自己的担子自己扛"的责任担当，靠的是"摸着石头过河"的探索开拓。同时，我们党注重把国内发展与对外开放统一起来，把中国发展与世界发展联系起来，把中国人民与各国人民共同利益结合起来，为世界经济和全球发展作出了重要贡献。各国政党普遍认为，中国共产党不仅是为中国人民谋幸福的党，也是为世界各国人民造福的党。中国的改革开放改变了中国的命运，也影响和促进了地区乃至世界的发展，并将继续惠及全人类。

中国共产党奉行互利共赢的开放战略，积极推动建设开放型世界经济。针对发展不平衡这个当今世界最大的不平衡，秉持共商共建共享原则，提出并大力推动"一带一路"建设，为世界各国实现互利共赢、共同发展提供了重要平台。在各方共同努力下，"一带一路"正成为团结应对挑战的合作之路、维护人民健康安全的健康之路、促进经济社会恢复的复苏之路、释放发展潜力的增长之路。许多国家政党政要和民众都予以高度评价，认为"一带一路"倡议绝非某些政客所渲染的"势力范围"和"债务陷阱"，而是一条引领各国实现共同繁荣的阳光大道，为增进人类共同福

祉开辟了光明前景，是"21世纪最伟大的发展倡议"。

解决发展问题既要授之以鱼，更要授之以渔。中国共产党高度重视通过深化自身实践探索人类社会发展规律并同世界各国分享，致力于同各国政党开展治国理政经验交流。党的十八大以来，我们党已邀请几万名外国政党代表来华考察，并与各国政党举办各种形式的研讨交流活动，围绕基层党建、反腐倡廉、精准扶贫、生态文明建设、发展经济、改善民生等议题深入交流，分享经验，促进合作。许多外国政党政要表示，中国共产党不仅同世界共享经济发展红利，而且毫无保留地分享思想理念红利，为各国特别是发展中国家探索符合本国国情的发展道路提供了重要借鉴。

五、中国共产党是开放包容、文明互鉴的坚定引领者

习近平总书记强调："世界上没有完全相同的政治制度模式，政治制度不能脱离特定社会政治条件和历史文化传统来抽象评判。"中国共产党的领导和中国特色社会主义制度，是历史的选择、人民的选择。我们党自成立之日起就旗帜鲜明地宣示自己作为马克思主义政党的政治属性，这是我们坚定"四个自信"的科学基础和基本依据。我们党坚持走自己的路，不会"输入"外国模式，也不会"输出"中国模式，不会要求别国"复制"中国的做法，在对外交往中不以意识形态划线，获得各国政党普遍认同和高度评价。

多国政党政要表示，不同文明文化和社会制度和谐共生、交流互鉴，才是共建人类美好未来的正确选择；将国家间分歧归咎于不同文明和制度的差异，为党同伐异、以强凌弱制造借口的错

误做法，严重破坏现行国际秩序，更有导致不同文明陷入隔阂冲突的风险。

中国共产党始终以开放的眼光、开阔的胸怀对待世界各国的文明创造，主张以文明交流超越文明隔阂、文明互鉴超越文明冲突、文明共存超越文明优越。近年来，我们党积极探索同世界各国政党建立求同存异、相互尊重、互学互鉴的新型政党关系，同168个国家的近600个政党和政党组织保持经常性联系，搭建起多种形式、多种层次的国际政党交流合作网络。成功举办中国共产党与世界政党高层对话会，彰显了我们党巨大的政治包容性和道义感召力，获得国际社会广泛赞誉，为推动世界政治文明发展进步作出重要贡献。

习近平总书记强调，中国共产党是世界上最大的政党。大就要有大的样子。作为即将迎来成立100周年的大党，中国共产党坚持以习近平新时代中国特色社会主义思想为指导，统筹中华民族伟大复兴的战略全局和世界百年未有之大变局，一如既往为世界和平安宁、人类共同发展、文明交流互鉴作出重要贡献，与世界各国政党一道，共同汇聚起构建人类命运共同体的强大合力，努力开创人类社会的美好未来。

全面从严治党进一步密切党同人民群众血肉联系

○ 中共中央组织部党建研究所

◎ 中国共产党为什么能得到人民的拥护和支持？

◎ 中国共产党为什么能彰显执政底气？

◎ 中国共产党如何加强基层建设？

一、把党的政治建设摆在首位，夯实政治根基
- 做到"两个维护"。
- 夯实政治根基。

三、选拔党和人民需要的好干部，做到对历史和人民负责
- 从严治党，关键在从严治吏。
- 坚持正确选人用人导向。
- 坚持把严的主基调贯穿始终。

二、坚持以人民为中心的发展思想，彰显执政底气
- 坚持人民立场。
- 始终依靠人民。
- 走好群众路线。

全面从严治党进一步密切党同人民群众血肉联系

四、强化基层党组织建设，提升人民群众获得感幸福感安全感
- 落地才能生根，根深才能叶茂。
- 进一步提升基层党组织建设质量。
- 在急难险重任务中践行初心使命。
- 着力打通联系服务群众"最后一公里"。

五、坚定不移推进党风廉政建设，凝聚党心民心
- 驰而不息纠治"四风"。
- 严厉查处损害群众利益行为。
- 夺取反腐败斗争压倒性胜利。

打铁必须自身硬。办好中国的事情，关键在党，关键在坚持党要管党、全面从严治党。勇于自我革命，从严管党治党，是我们党最鲜明的品格。正是因为切实加强自身建设，以永远在路上的执着从严管党治党，正作风、反腐败、清除"毒瘤"，始终保持先进性和纯洁性，我们党才始终得到中国人民的衷心拥护，成为中国人民和中华民族的主心骨。

中国共产党来自人民、植根人民，为人民而生、因人民而兴。党的十八大以来，以习近平同志为核心的党中央坚持以伟大自我革命引领伟大社会革命，以雷霆万钧之势推进全面从严治党，始终把人民对美好生活的向往作为党的奋斗目标，同人民想在一起、干在一起，进一步巩固党和人民群众亲密无间的鱼水关系，把党同人民群众牢不可破的血肉联系提到了新高度。

一、把党的政治建设摆在首位，夯实政治根基

旗帜鲜明讲政治是我们党作为马克思主义政党的根本要求。党的十九大把政治建设纳入党的建设总体布局并摆在首位，以一

系列重要制度性安排保证全党自觉向党中央看齐，坚决做到"两个维护"，抓住了全面从严治党的根本性问题。全面从严治党，核心是加强党的领导。党是最高政治领导力量，坚持党对一切工作的领导，是党和国家的根本所在、命脉所在，是全国各族人民的利益所在、幸福所在。

做到"两个维护"。事在四方，要在中央。坚持和加强党的全面领导，最重要的是坚决维护党中央权威和集中统一领导；坚决维护党中央权威和集中统一领导，最关键的是坚决维护习近平总书记党中央的核心、全党的核心地位。党的十八大以来，我们党坚持以党的政治建设为统领，把"两个维护"作为党的最高政治原则和根本政治规矩，教育引导党员干部自觉增强"四个意识"、坚定"四个自信"、做到"两个维护"，严肃查处"七个有之"问题，坚决清除搞伪忠诚的两面人，坚决防止和反对个人主义、分散主义、自由主义、本位主义、好人主义，不断增强思想自觉、政治自觉、行动自觉，在政治立场、政治方向、政治原则、政治道路上同以习近平同志为核心的党中央保持高度一致。经过全党共同努力，党的集中统一领导更加坚强有力，党的建设新的伟大工程全方位加强，全面从严治党实效性不断提高，党内政治生态进一步改善，党在新时代新征程中焕发出更加强大的生机活力。

夯实政治根基。得民心者得天下，失民心者失天下。人民拥护和支持是党执政的最牢固根基。习近平总书记指出："加强党的政治建设，要紧扣民心这个最大的政治""干部要怀着强烈的爱民、忧民、为民、惠民之心，心里要始终装着父老乡亲"。面对突如其来的新冠肺炎疫情，习近平总书记时刻挂念着人民群众的生命安危，亲自指挥、亲自部署，要求"把人民群众生命安全和身体健康放在第一位"。同时要求切实保障基本民生，强化对困难群众的兜底保障。这一切都是对我们党"为了谁""依靠谁""我是谁"的深刻回答，赢得了人民群众的衷心拥护。

党强则国兴，唯此，人民才能拥有美好生活。党代表人民，离不开人民；人民选择党，要在党的领导下开创历史、创造幸福。历史已经并将继续证明，全面从严治党越向纵深发展，人民群众就越满意，心就与党贴得越紧，中国特色社会主义事业就越蓬勃向前。

二、坚持以人民为中心的发展思想，彰显执政底气

习近平新时代中国特色社会主义思想，是新时代中国共产党的思想旗帜和精神旗帜，"人民"二字在习近平新时代中国特色社会主义思想中具有基础性、根本性的地位和作用。党的十八大以来，我们党坚定不移全面从严治党，坚持用习近平新时代中国特色社会主义思想武装全党，教育广大党员干部牢记初心使命，坚持以人民为中心的发展思想，凝聚起党与人民群众同心同德、共同奋斗的强大力量。

坚持人民立场。"人民对美好生活的向往，就是我们的奋斗目标。"这既是习近平总书记对全党同志的谆谆教导，也是我们党对全国人民的庄严承诺。时代是出卷人，我们是答卷人，人民是阅卷人。通过全面从严治党，教育引导广大党员干部永远保持共产党人的奋斗精神，永远保持对人民的赤子之心，把人民群众的小事当作大事，从人民群众关心的事情做起，切实把实现好维护好发展好最广大人民根本利益作为一切工作的出发点和落脚点。

始终依靠人民。习近平总书记始终把人民放在心中最高位置，强调"人民是历史的创造者，人民是真正的英雄"。中国共产党之所以能够发展壮大，中国特色社会主义之所以能够不断前进，正是因为始终坚持一切依靠人民。谋划发展，最了解实际情况的是人民群众；推动改革，最大的依靠力量也是人民群众。改革开放中每一个新生事物的产生和壮大，治国理政每一个方面经验的创造和积累，无不来自亿万人民的实践和智慧。通过全面从严治党，党员干部进一步增强了依靠人民群众创造历史伟业的自觉性和坚定性。

走好群众路线。习近平总书记指出："群众路线是我们党的生命线和根本工作路线，是我们党永葆青春活力和战斗力的重要传家宝。"民心是最大的政治，坚定不移全面从严治党，必须贯彻党的群众路线，始终保持党同人民群众的血肉联系。党的十八大以来，我们党开展党的群众路线教育实践活动、"三严三实"专题教育、"两学一做"学习教育、"不忘初心、牢记使命"主题教育，引导党员干部走好群众路线。广大党员干部坚持带着感情、带着责任、带着问题深入基层一线开展蹲点调研；广泛开展党员志愿服务承诺践诺活动，主动服务群众，提高服务质量；搭建网上服务群众平台，拓展网络民意表达和民主监督渠道，走好网上群众路线，不断提高做好群众工作的本领。

三、选拔党和人民需要的好干部，做到对历史和人民负责

从严治党，关键在从严治吏。党的十八大以来，以习近平同志为核心的党中央鲜明提出新时期好干部标准，强化党组织领导

和把关作用，严把政治关、品行关、能力关、作风关、廉洁关，坚决匡正选人用人风气，推动干部工作取得显著成效、发生重大变化。

坚持正确选人用人导向。以什么样的标准选人，选什么样的人，历来是干部工作首要问题。习近平总书记指出："选人用人必须把好政治关，把是否忠诚于党和人民，是否具有坚定理想信念，是否增强'四个意识'、坚定'四个自信'，是否坚决维护党中央权威和集中统一领导，是否全面贯彻执行党的理论和路线方针政策，作为衡量干部的第一标准。"党的十八大以来，各级党委（党组）及其组织人事部门认真贯彻落实《党政领导干部选拔任用工作条例》，坚持把政治标准放在首位，把那些忠诚于党和人民、坚定理想信念、增强"四个意识"、坚定"四个自信"、做到"两个维护"、全面贯彻执行党的理论和路线方针政策的干部及时发现出来、合理使用起来。

坚持把严的主基调贯穿始终。好干部是选出来的，更是管出来的。习近平总书记指出："我们不舒服一点、不自在一点，老百姓的舒适度就好一点、满意度就高一点，对我们的感觉就好一点。"党的十八大以来，各级党组织和组织人事部门，以严的标准要求干部、以严的措施管理干部、以严的纪律约束干部，严格执行"凡提四必""双签字"制度，完善领导干部个人有关事项报告及抽查核实制度，规范领导干部配偶、子女及其配偶经商办企业行为，结合巡视持续开展选人用人专项检查，对跑官要官、说情打招呼、"三超两乱"、干部档案造假、领导干部违规兼职、"裸官"等方面问题进行专项整治，规范干部挂职工作，加大提醒、函询和诚勉力度，形成对干部经常性、全方位、立体化的有效约束。

坚持严管和厚爱结合、激励和约束并重。正确的用人导向，是对干部最直接、最有效的激励，用好一个人就能激励一大片。党的十九大提出"坚持严管和厚爱结合、激励和约束并重"，努力为干部干事创业创造良好的制度环境。颁布实施《关于进一步激励广大干部新时代新担当新作为的意见》，出台激励干部担当作为的有关具体措施，建立激励机制和容错纠错机制，推进公务员职务与职级并行制度。这些重要举措促使领导干部树立功成不必在我的境界和功成必定有我的担当，发扬钉钉子精神，多做打基础利长远的事，不搞脱离实际、脱离群众盲目攀比的事，真正做到对历史和人民负责。

四、强化基层党组织建设，提升人民群众获得感幸福感安全感

落地才能生根，根深才能叶茂。党的十八大以来，我们党坚持强基固本，树立大抓基层鲜明导向，突出基层党组织政治功能，严肃党的组织生活、严明党的组织纪律、严密党的组织体系，着力抓好党员队伍建设，推动基层党建有机融入"六稳""六保"、疫情防控、脱贫攻坚、乡村振兴等重大任务，融入基层治理和群众生活，努力实现党建跟人走、人要跟党走。

进一步提升基层党组织建设质量。习近平总书记多次强调，要强化基层党组织政治功能和组织力，充分发挥基层党组织战斗堡垒作用和广大党员先锋模范作用。一方面，党的组织覆盖和工作覆盖进一步扩大；另一方面，各级党组织以提升组织力为重点，

全面推进党支部标准化规范化建设，着力整顿软弱涣散基层党组织。以"增加先进支部、提升中间支部、整顿后进支部"为抓手，推动县乡两级每年摸底倒排，对软弱涣散村党组织逐个整顿，等等，促进基层党组织建设全面进步、全面过硬。

在急难险重任务中践行初心使命。为打赢脱贫攻坚战，全国累计选派290多万名干部到贫困村和软弱涣散村担任第一书记或驻村干部。在新冠肺炎疫情防控斗争中，3900多万名党员、干部坚持疫情就是命令、防控就是责任，带头奋战在抗疫一线，以"我是党员我先上"的政治自觉影响带动广大群众，汇聚起众志成城、共克时艰的磅礴力量，有力推动疫情防控取得重大战略成果。近年来，面对重大突发事件和地震、洪涝等自然灾害，各级领导干部坚持以身作则、身先士卒，到灾情最严重、抢险最困难、群众最需要的地方解决实际问题。基层党组织通过组建"党员突击队"、设立"党员责任岗"、开展"党员联系户"等方式，组织党员冲锋在第一线、战斗在最前沿，成为群众的主心骨和贴心人。

着力打通联系服务群众"最后一公里"。坚持重心下移、力量下沉、保障下倾，建立健全基层组织，优化组织设置，加大非公有制经济组织、社会组织和新兴业态、互联网企业、律师行业等领域党建工作力度，推进党的组织和党的工作全覆盖，切实做到哪里有群众哪里就有党的组织，哪里就有党的工作，使群众时刻感受到党就在身边。加强党支部标准化规范化建设，推动各级党委（党组）书记和班子成员建立党支部工作联系点，把党支部建设成为团结群众的核心、教育党员的学校、攻坚克难的堡垒。

五、坚定不移推进党风廉政建设，凝聚党心民心

习近平总书记指出："人民群众反对什么、痛恨什么，我们就要坚决防范和纠正什么。"全面从严治党既解决思想根源问题，又解决实际工作问题，以实实在在的成效取信于民。

驰而不息纠治"四风"。作风问题关系人心向背。党的十八大以来，以习近平同志为核心的党中央制定和落实中央八项规定，从中央政治局抓起、从要害处下手、从细微处着力，以具体问题突破推动作风整体转变。党的十九大以来，鲜明树立为基层松绑减负、激励干部担当作为的实干导向，彰显了党中央打一场整治形式主义、官僚主义"攻坚战"和"持久战"的坚定决心。

严厉查处损害群众利益行为。党的十八大以来，我们党聚焦群众痛点难点，坚决查处发生在民生资金、"三资"管理、征地拆迁、教育医疗、环境保护、食品药品安全等领域的严重违纪违法行为，坚决查处基层干部吃拿卡要、盘剥克扣、优亲厚友等突出问题。深入推进扶贫领域腐败和作风问题专项治理，以作风攻坚促进脱贫攻坚，严肃查处贪污挪用、截留私分、虚报冒领、强占掠夺等行为。正是通过持续正风肃纪，刹住了一些过去被认为不容易刹住的歪风邪气，攻克了一些司空见惯的顽瘴痼疾，实现政治效果、纪法效果、社会效果有机统一。

夺取反腐败斗争压倒性胜利。人民是我们党执政的最大底气，腐败最能割断党同人民群众的血肉联系。习近平总书记指出："不得罪成百上千的腐败分子，就要得罪十三亿人民。这是一笔再明白不过的政治账、人心向背的账！"党的十八大以来，我们党坚持

无禁区、全覆盖、零容忍，坚持重遏制、强高压、长震慑，坚持受贿行贿一起查、"老虎""苍蝇"一起打，不敢腐的目标初步实现，不能腐的笼子越扎越牢，不想腐的堤坝正在构筑，极大增强党自我净化、自我完善、自我革新、自我提高能力，探索形成一条长期执政条件下解决自身问题、跳出历史周期率的成功之路。

全面从严治党永远在路上，保持党同人民群众的血肉联系是一个永恒课题。勇于自我革命，从严管党治党，是我们党最鲜明的品格。新时代，我们党必将坚定不移把全面从严治党引向深入，把我们党自身建设好、建设强，始终走在时代前列，始终是中国特色社会主义事业的领导核心，始终成为中国人民和中华民族的主心骨，无愧历史选择，不负人民重托。

第二篇

中国共产党是统领中国特色社会主义各领域各方面的最高政治力量

中国特色社会主义大厦需要四梁八柱来支撑，党是贯穿其中的总的骨架；中国特色社会主义巨轮需要不断破浪前进，党是自始至终的领航力量。当今中国，党政军民学，东西南北中，党是领导一切的，没有大于中国共产党的政治力量或其他什么力量。在改革发展稳定、内政外交国防、治党治国治军各项事业中，我们党始终处于总揽全局、协调各方的核心统领地位。

　　无论是创造经济发展奇迹，成为世界第二大经济体，还是持续向贫困宣战，解决千百年来困扰中华民族的绝对贫困问题；无论是提出小康社会目标，不断改善人民生活，还是全面建成小康社会，开启全面建设社会主义现代化国家新征程，中国特色社会主义取得的一切进步和成就根本在于始终坚持党的领导。

中国共产党是最高政治领导力量

○ 何毅亭

第十三届全国人大社会建设委员会主任委员

◎中国共产党为什么能成为最高政治领导力量？

◎中国共产党的最高政治领导力量主要体现在哪里？

◎中国共产党如何巩固和保持最高政治领导力量地位？

一、为何中国共产党能够脱颖而出最终成为最高政治领导力量呢？

1. 由党的先进性决定

2. 由党的历史作用赢得

3. 由党的勇于自我革命的品格铸就

二、中国共产党是最高政治领导力量

1. 中国共产党是中国政治方向的掌舵者

2. 中国共产党是国家政治体系的统领者

3. 中国共产党是社会治理的主导者

中国共产党是最高政治领导力量

三、中国共产党如何巩固和保持最高政治领导力量地位

1. 基本途径：加强政治建设、提高政治能力

2. 关键举措：完善坚持党的领导的体制机制

3. 重要法宝：驰而不息进行自我革命

4. 根本任务：坚决做到"两个维护"

中国共产党是最高政治领导力量，是习近平总书记提出并反复强调的一个重大政治论断，也是习近平新时代中国特色社会主义思想一个重要理论观点。这一重大论断和重要观点，科学概括了中国共产党在整个国家的根本地位和无可替代的领导作用，充分表达了只有中国共产党才能肩负起带领中国人民实现中华民族伟大复兴的历史使命。

一、为何中国共产党能够脱颖而出最终成为最高政治领导力量呢？

中国是一个幅员辽阔、历史悠久、文明灿烂、人口众多的大国，近代以来多个政党和政治力量在中国政治舞台轮番角逐，为何中国共产党能够脱颖而出最终成为最高政治领导力量呢？

这是由中国共产党的先进性决定的。一个政党能不能具有与其他政党相比较的先进性，始终走在时代前列，是决定这个政党前途命运的关键所在。中国共产党是在马克思列宁主义与中国工人运动相结合的过程中诞生的，先进性是党的本质属性。党的阶级基础是工人阶级，党的理论基础是马克思主义，党的根本宗旨是全心全意为人民服务，党的奋斗目标和远大理想是实现社会主义和共产主义，党的根本组织制度和领导制度是民主集中制。党集中了中国工人阶级和中国人民、中华民族数量众多的先进分子，集中了全国各个民族各个领域数量众多的优秀人才，建立了覆盖全国各个地方、各个领域、各个行业的科学严密的组织体系，具有强大的组织动员力和执行力。

党坚持一切为了群众、一切依靠群众，从群众中来、到群众中去的工作路线，始终同人民群众保持着密切联系，除了工人阶级和最广大人民的利益没有自己特殊的利益。所有这些，集中体现了中国共产党作为马克思主义政党的先进性。100 年来，中国共产党把这些先进性要求贯穿于党的理论和实践中，体现在党组织和党员的行动上，创造性地保持和发展了党的先进性。中国共产党的这种先进性，是中国共产党成立之前和成立之后中国其他任何政党和政治组织所不具备也做不到的。正因为中国共产党具有并始终保持了自身的先进性，所以才能够成为领导中国革命、建设、改革的核心力量。毫无疑问，先进性成就了中国共产党的辉煌，成就了中国共产党最高政治领导力量的地位。

这是由中国共产党的历史作用赢得的。1840 年鸦片战争以后，中华民族陷入内忧外患、苦难深重的悲惨境地。无数仁人志士为了挽救国家危亡、实现民族独立，设计过各种政治主张，成立过多种政党，提出过各式救国方案，然而都不能从根本上解决中国的前途命运问题。用毛泽东同志的话说就是："一切别的东西都试过了，都失败了。"在各种主张、各条道路的反复权衡中，在各派政治力量的反复较量中，在中国人民反抗外来侵略和封建统治的反复斗争中，中国人民最终选择了中国共产党，并在党的领导下最终选择了社会主义。中国共产党从成立时起就担负起领导人民实现民族独立、人民解放和国家富强、人民幸福的历史重担。

从建党的"开天辟地"，到新中国成立的"改天换地"，到改革开放的"翻天覆地"，再到今天又带领人民创造了举世瞩目的"中国奇迹"，不仅迎来了从站起来、富起来到强起来的伟大飞跃，更迎来了实现中华民族伟大复兴的光明前景。实践证明，正是有中国共产党领导，中国才实现了民族独立、人民解放；正是有中国共产党领导，坚持走社会主义道路，中国才能用几十年时间取得西方发达国家用了几百年取得的发展成就，得以大踏步赶上时代。中国共产党兴则国家兴，中国共产党强则国家强，这是历史的结论。中国共产党成为最高政治领导力量，不是外力扶持的，不是上天恩赐的，更不是自封的，而是历史的选择、人民的选择。

这是由中国共产党勇于自我革命的品格铸就的。在中国这样一个具有半殖民地半封建历史基础的东方大国领导革命、建设、改革，是根本改造中国、造福中国的历史伟业，是前人没有干过的崭新事业，面对的国内外敌人之强、遇到的困难和矛盾之多、经历的挑战和风险之大都是世界上任何政党所不能比拟的，因而在奋斗历程中难免有失误、有挫折、有低潮、有逆境。重要的是，中国共产党始终坚持实事求是的思想路线，始终保持自我净化、自我完善、自我革新、自我提高的思想自觉和行动自觉，勇于自我批评、敢于修正错误、精于总结经验、善于吸取教训，不断从失误和挫折中获得新的更加强大的生机活力。中国共产党 100 年来就是这样一路走过来的，《关于若干历史问题的决议》和《关于建国以来党的若干历史问题的决议》，就是对党在民主革命时期和新中国成立后正反两方面经验的集中总结。习近平总书记指出："中国共产党的伟大不在于不犯错误，而在于从不讳疾忌医，敢于直面问题，勇于自我革命，具有极强的自我修复能力。"中国共产党为什么能够团结带领人民跨过一道又一道沟坎，为什么能够一次又一次在危难之际绝处逢生、在挫折之后毅然奋起、在失误之后拨乱反正、在磨难之中百折不挠？根本原因就在于党能够始终保持自我革命精神，一次次靠自己解决自身问题，在刮骨疗毒、革故鼎新、守正出新中不断实现伟大的跨越。这样的党，理所当然成为最高政治领导力量。

归结起来看，中国共产党成为最高政治领导力量，是由我国国家性质和国体政体所决定的，是由国家宪法所确立的，是经过中国革命、建设、改革长期实践所检验的，具有深刻的历史逻辑、理论逻辑、实践逻辑。在当代中国，没有任何政党和政治组织比得上中国共产党的先进性，也没有任何政党和政治组织比得上中国共产党的坚强有力，更没有任何政党和政治组织比得上中国共产党为中国人民谋幸福、为中华民族谋复兴的历史担当。只有中国共产党，最具备素质、最有资格成为中国最高政治领导力量。中国共产党立志于中华民族千秋伟业，百年恰是风华正茂。人民的幸福、国家的前途、民族的未来、文明的赓续，寄望于中国共产党充分发挥最高政治领导作用。

二、中国共产党是最高政治领导力量

中国共产党作为最高政治领导力量，不是抽象的而是具体的，主要体现在把准政治方向、统领政治体系、主导社会治理、决策重大问题等方面。

中国共产党是中国政治方向的掌舵者。政治方向是党和国家发展的首要问题，方向决定道路，道路决定命运。毛泽东同志早就说过："革命党是群众的向导，在革命中未有革命党领错了路而革命不失败的。"习近平总书记也指出："古今中外，由于政治发展道路选择错误而导致社会动荡、国家分裂、人亡政息的例子比比皆是。"中国共产党成立以来给全国各族人民指引的政治方向，总起来说就是在马克思主义指导下，经过新民主主义社会进入社会主义社会，就是最终实现共产主义远大理想。在新时代，中国共产党引领的政治方向，就是坚持和发展中国特色社会主义、向"两个一百年"奋斗目标迈进的方向，就是党在社会主义初级阶段的基本理论、基本路线、基本方略指引的方向，就是"五位一体"总体布局、"四个全面"战略布局指引的方向。这样的政治方向已被实践证明是引领中华民族实现伟大复兴和繁荣昌盛的正确方向，必须准确把握、牢牢坚守；不仅在一般情况下要准确把握、牢牢坚守，尤其在遇到各种干扰和重大历史关头等特殊情况下更要准确把握、牢牢坚守。这是中国共产党作为最高政治领导力量的第一要务。这就要教育共产党员坚定对马克思主义的信仰、对中国特色社会主义的信念、对实现中华民族伟大复兴的信心，坚定"四个自信"，廓清思想迷雾，澄清模糊认识，排除各种干扰，在政治方向和重大政治是非问题上始终保持高度的政治清醒、政治敏锐和政治洞察力。还要推动党的各级组织和各级领导干部把坚持正确政治方向贯彻到谋划重大战略、制定重大政策、部署重大任务、推进重大工作的实践中，贯彻到党的政治建设、思想建设、组织建设、作风建设、纪律建设、制度建设和反腐倡廉建设等各方面工作中，解决纠正偏离和违背正确政治方向的行为，确保坚持正确政治方向的要求不悬空、不虚化。

中国共产党是国家政治体系的统领者。当今中国的政治体系是一个大系统，涵盖国家机关、政党组织、群团组织和各种政治主体。在这个大系统中，中国共产党处于总揽全局、协调各方的核心统领地位，用习近平总书记的话说，就像"众星捧月"，这个"月"就是中国共产党。中国共产党作为最高政治领导力量，对党和国家实行全面领导，协调、综合、代表各方面利益，推动构建系统完备、科学规范、运行高效的党和国家机构职能体系，形成总揽全局、协调各方的党的领导体系，职责明确、依法行政的政府治理体系，中国特色、世界一流的武装力量体系，联系广泛、服务群众的群团工作体系，推动人大、政府、政协、监察机关、审判机关、检察机关、人民团体、企事业单位、社会组织等在党的统一领导下协调行动、增强合力，全面提高国家治理能力和治理水平。中国共产党在国家机关、事业单位、群团组织、社会组织、企业和其他组织中设立党委（党组），通过这些党委（党组）实施领导，确保党的方针政策和决策部署在同级组织中得到贯彻落实。党在国家政治体系中发挥统领作用，能够实现党的领导、人民当家作主、依法治国有机统一，能够做到"全国一盘棋""集中力量办大事"，能够有效防止一些国家群龙无首、一盘散沙的现象，也能够防止西方政治体制中相互掣肘、内耗低效的现象。这正是中国特色社会主义最本质的特征，也是中国特色社会主义制度的最大优势。

中国共产党是社会治理的主导者。经过长期实践和发展，我国基本形成了党委领导、政府负责、社会协同、公众参与、法治保障的社会治理体制，正在努力打造共建共治共享的社会治理格局。实践证明这个治理体制是适应中国国情的好体制，这个格局是满足人民意愿的好格局。好就好在有一个居于主导地位的中国共产党，代表最广大人民的利益，不局限于局部和眼前利益，能够超然于各种治理主体和治理力量之上，既能平衡各种力量，又能主导各种力量，既避免"政府失灵"，又纠正"市场失灵"。而在西方社会，资本力量独大，即使是国家的政治力量和拥有"第四权力"之称的媒体力量都会被垄断资本控制，无法真正反映绝大多数民众的意志和愿望，垄断集团利益、党派利益凌驾于民众利益之上。《中国之治终结西方时代》一书的作者巴西学者奥利弗·施廷克尔，在《学习时报》发表新作《中国之治与世界未来》文章时说到："'中国之治'作为一个成功样板已经在全球完美树立"，称赞中国共产党"这台完美运作的政治机器，到今天更加彰显出了她的大气磅礴和组织优势"。这个外国学者一语道破了"中国之治"的奥妙所在，那就是中国的社会治理得益于中国共产党的主导作用。

中国共产党是重大决策的决断者。这是党作为最高政治领导力量的重要职责，也是党政治领导水平的集中体现。离开决策，所谓领导就是虚的、空的。中国共产党作为最高政治领导力量的决策，主要是关系党和国家方向性、全局性、战略性、根本性问题的决策，关系政治道路、政治原则、政治抉择、大政方针和重大战略、重大研判、重大人事问题的决策。邓小平同志曾指出："党委的领导，主要是政治上的领导，保证正确的政治方向，保证党的路线、方针、政策的贯彻，调动各个方面的积极性。"实践表明，在决定重大问题、制定大政方针、提出立法建议、推荐重要干部等重大决策上，党的领导的重要职责，就是确保整个过程科学、民主、依法、合规；在决策程序上，党的领导的重要职责，就是注重通过国家权力机关、行政机关、政协组织、民主党派、人民团体、基层单位等渠道，就经济社会发展重大问题和涉及群众切身利益的实际问题，广泛协商、广集民智、增进共识、增强合力。对于党中央作出的决策部署，党的领导的重要职责，就是对决策的贯彻执行进行检查监督，使决策部署得到有效落实。

这里需要指出，党是最高政治领导力量，不是说党要"包打天下"，事无巨细什么都去管；党领导一切，并不是"取代一切"，也不是从中央到地方乃至各个领域、各个行业"上下左右一般粗"。习近平总书记在讲到党的全面领导时多次指出，党的领导主要是管方向、管政策、管原则、管干部，发挥把方向、谋大局、定政策、促改革、保落实作用，而不是包办具体工作。我们要全面科学理解和把握党领导一切、党是最高政治领导力量的实践要求，善于使党的主张通过法定程序成为国家意志，善于使党组织推荐的人选成为国家政权机关的领导人员，善于通过国家政权机关的党委（党组）实施党对国家和社会的领导，支持国家政权机关依照宪法和法律独立负责、协调一致地开展工作。

三、中国共产党如何巩固和保持最高政治领导力量地位

世界社会主义历史表明，马克思主义政党夺取政权不容易，巩固政权更不容易，长期巩固政权尤其不容易。中国共产党在全国执政、成为最高政治领导力量已 70 多年。这 70 多年是中国的面貌、中国人民的面貌、中华民族的面貌发生翻天覆地、前所未有变化的 70 多年，执政成就有目共睹、有口皆碑。但是，过去辉煌并不意味着未来　定永远辉煌，以往执政并不等于今后一定长期执政。辉煌靠的是自身强大，执政有赖于高超本领。中国共产党久经考验，靠奋斗和牺牲赢得过往辉煌，成为最高政治领导力量，也能够靠奋斗和牺牲去夺取未来更大辉煌、巩固和保持最高政治领导力量地位。

基本途径是加强政治建设、提高政治能力。中国共产党是具有崇高政治理想、高尚政治追求、纯洁政治品质、严明政治纪律的马克思主义政党，讲政治是党的本质属性，加强政治建设是党的根本性建设。如果不注重从政治上管党治党，就会陷入头痛医头、脚痛医脚的被动局面，就无法从根本上解决问题。如果党在政治上的先进性丧失了，党的最高政治领导力量地位就在根本上动摇了。加强党的政治建设，一定要在坚定政治信仰、强化政治领导、严明政治纪律、规范政治生活、净化政治生态等方面着力，不断提高全党首先是各级领导层的政治能力。所谓政治能力，就是把握方向、把握大势、把握全局的能力，就是辨别政治是非、保持政治定力、驾驭政治局面、防范政治风险的能力。

习近平总书记指出："在领导干部的所有能力中，政治能力是第一位的。"要引导和帮助领导干部加强政治历练，积累政治经验，提高把握政治大局和政治方向的能力和水平，增强政治定力和政治判断力，观察分析形势把握政治因素，筹划推动工作落实政治要求，处理解决问题防范政治风险。还要提高政治执行力，面对大是大非敢于亮剑，面对矛盾敢于迎难而上，面对危机敢于挺身而出，面对失误敢于承担责任，面对歪风邪气敢于坚决斗争，永葆共产党人的政治本色。

关键举措是完善坚持党的领导的体制机制。加强党的全面领导，更好发挥党作为最高政治领导力量的作用，必须靠体制机制来保障。中国共产党在长期实践中形成了一整套科学管用的领导制度和领导体制，包括党的领导和执政制度，党同国家政权机关、人民团体、群团组织及其他组织关系的制度，党的建设各方面制度，等等。这些制度体制，是坚持和加强党的全面领导的基本制度安排，随着党的领导实践的发展将不断完善发展。其中很重要的，是要强化党的组织在同级组织中的领导地位，理顺党的组织同其他组织的关系，更好发挥党总揽全局、协调各方作用。各级党委主要是集中精力把好方向、抓好大事、出好思路、管好干部，总揽不包揽，协调不取代。要对全局工作通盘考虑、整体谋划，明确哪些是党委亲自抓的工作，哪些是党委推动的工作，哪些是党委支持的工作，哪些是党委放手的工作，形成全面的工作机制。要研究制定党领导经济社会各方面重要工作的党内法规，把党的全面领导贯彻到全面依法治国全过程和各个方面；贯彻落实宪法规定，制定和修改有关法律法规，明确规定党领导相关工作的法律地位；

把坚持党的全面领导的要求载入人大、政府、法院、检察院的组织法，载入政协、民主党派、工商联、人民团体、国有企业、高等学校、有关社会组织的章程，健全党对这些机构和组织实施领导的制度规定，确保其始终在党的领导下开展工作。

重要法宝是驰而不息进行自我革命。中国共产党领导革命、建设、改革的伟大征程必须进行自我革命，把新时代坚持和发展中国特色社会主义这场伟大革命胜利推向前进仍然必须进行自我革命，敢于刀刃向内，敢于刮骨疗毒，敢于壮士断腕，同一切影响党的先进性、弱化党的纯洁性的问题作坚决斗争。要在坚定高远理想信念中发扬自我革命精神，高扬共产党人的"心学"，自觉用习近平新时代中国特色社会主义思想武装头脑，涤荡思想上的尘埃污垢，拧紧世界观、人生观、价值观这个"总开关"，牢记党的初心使命。精神上不缺"钙"了，自我革命的骨气就会硬起来。要在顺应人民意愿中发扬自我革命精神，严厉查处各种以权谋私现象，坚决反对特权思想和特权现象，坚决防止党内出现利益集团，坚决破除利益固化藩篱，让人民有更多获得感、幸福感、安全感。要在敢于斗争、善于斗争中发扬自我革命精神，在斗争中学真本领、练真功夫，在斗争中惩恶扬善、净化队伍，在斗争中争取团结、凝聚力量。习近平总书记指出："自我监督是世界性难题，是国家治理的'哥德巴赫猜想'。"中国共产党100年来通过自我革命在自我监督上取得优异成绩，在新时代坚持自我革命、深化自我革命一定能够不断实现党的自身建设和各项事业的新发展新超越。

根本任务是坚决做到"两个维护"。中国共产党领导是中国特色社会主义最本质的特征，是中国特色社会主义制度的最大优势。这个最本质特征和最大优势在政治上、组织上一个突出体现，就是党中央集中统一领导，有一锤定音、定于一尊的权威。党中央是全党的大脑和中枢，是党的最高领导机构和决策机构。正如习近平总书记指出的，"在国家治理体系的大棋局中，党中央是坐镇中军帐的'帅'，车马炮各展其长，一盘棋大局分明"，"党政军民学，东西南北中，党是领导一切的"。坚持党的领导，最重要的是维护党中央权威和集中统一领导，维护习近平总书记党中央的核心、全党的核心地位。这是保持党和国家事业发展的根本保证，是党的领导的最高原则，任何时候任何情况下都不能含糊、不能动摇。一个14亿人口的大国，一个9100多万名党员的大党，靠什么把全党全国各族人民凝聚起来为民族复兴而奋斗？靠中国共产党的坚强领导，靠党中央的高度权威，靠核心的巨大凝聚力、号召力。这就要求我们的党员和干部增强"四个意识"，坚定"四个自信"，做到"两个维护"，对党忠诚、为党尽责，严守党的政治纪律和政治规矩，始终在思想上、政治上、行动上同以习近平同志为核心的党中央保持高度一致，自觉做到党中央提倡的坚决响应、党中央决定的坚决执行、党中央禁止的坚决不做，执行党中央决策部署不讲条件、不打折扣、不搞变通。这是保证中国共产党作为最高政治领导力量的必然要求。

坚持和加强党的全面领导

○ 欧阳淞

原中共中央党史研究室主任

◎为什么说中国共产党领导是中国特色社会主义制度的最大优势？

◎中国共产党的内在特质体现在哪里？

◎怎样理解"坚持党对一切工作的领导"？

一、中国共产党领导是中国特色社会主义最本质的特征、中国特色社会主义制度的最大优势

1. 中国特色社会主义的特征和制度优势
四大特征：道路、理论体系、制度和文化。
制度优势：鲜明的中国特色，具体表现在中国特色社会主义道路自信、理论自信、制度自信、文化自信。

2. 最本质的特征为什么是中国共产党领导？
· 中国特色社会主义是改革开放以来党的全部理论和实践的主题，是党和人民历尽千辛万苦、付出巨大代价取得的根本成就。

· 中国共产党是中国特色社会主义当之无愧的开创者、推动者、引领者，中国共产党领导决定着中国特色社会主义道路、理论体系、制度、文化的性质、面貌和发展。

· 没有中国共产党，就没有今天的中国，中华民族伟大复兴也必然是空想。

二、中国共产党领导是历史的选择、人民的选择

历史和人民选择中国共产党，可以从中国共产党的特质、形象、实力和贡献来看。
· 特质：是《中国共产党章程》所规定的党的性质、理想、宗旨和指导思想。

· 形象：党的作风是党的形象，是观察党群干群关系、人心向背的晴雨表。

· 实力：这种力量既包括已经和正在显现的力量，也包括潜在的力量；既包括硬实力，也包括软实力。

· 贡献：团结带领人民经过长期奋斗，实现了中华民族从"东亚病夫"到站起来、从站起来到富起来的伟大飞跃。

坚持和加强党的全面领导

三、深入理解"坚持党对一切工作的领导"

1. 党领导的范围是"党政军民学，东西南北中"

2. 党的领导的内容和方式主要是"把方向、谋大局、定政策、促改革"。

3. 政治坚定是根本，作风优良是关键，本领高强是保证。

逢山开路，遇水架桥。经过 40 多年风雨无阻的坚定前行，中华民族正以崭新姿态屹立于世界的东方。"今天，我们比历史上任何时期都更接近、更有信心和能力实现中华民族伟大复兴的目标。"习近平同志的这一重大判断，准确界定了当代中国的历史方位，充分表达了中国人民的自强自信。改革开放带给中国人民太多的机遇和挑战、太多的奋斗和收获、太多的感悟和思考，其中最为刻骨铭心的结论就是：必须毫不动摇坚持和完善党的领导，毫不动摇把党建设得更加坚强有力。新时代，我们必须坚持和加强党的全面领导。

一、中国共产党领导是中国特色社会主义最本质的特征、中国特色社会主义制度的最大优势

"中国特色社会主义最本质的特征是中国共产党领导，中国特色社会主义制度的最大优势是中国共产党领导，党是最高政治领导力量。"这已写入党的十九大报告概括的作为指导思想的"八个明确"，是习近平新时代中国特色社会主义思想的一项核心内容。

中国特色社会主义究竟有哪些特征？习近平同志在十八届中共中央政治局第一次集体学习时深刻指出："中国特色社会主义特就特在其道路、理论体系、制度上，特就特在其实现途径、行动指南、根本保障的内在联系上，特就特在这三者统一于中国特色社会主义伟大实践上。"这就明确指出了中国特色社会主义的三个组成部分亦即三大特征。在党的十九大报告中，习近平同志进一步论述了中国特色社会主义道路、理论体系、制度和文化，中国特色社会主义被郑重地拓展为四大组成部分，也就是四大特征。

为什么说中国共产党领导是这些特征中最本质的特征？所谓本质，是指事物本身所固有的，决定事物性质、面貌和发展的根本属性。中国共产党领导对于中国特色社会主义来说就具有这样的属性。这是因为，中国特色社会主义是改革开放以来党的全部理论和实践的主题，是党和人民历尽千辛万苦、付出巨大代价取得的根本成就。正是因为党的坚强正确领导，中国特色社会主义道路才成为实现社会主义现代化、创造人民美好生活的必由之路，中国特色社会主义理论体系才成为指导党和人民实现中华民族伟大复兴的正确理论，中国特色社会主义制度才成为当代中国发展进步的根本制度保障，中国特色社会主义文化才成为激励全党全国各族人民奋勇前进的强大精神力量。改革开放40多年的壮丽征程表明：中国共产党是中国特色社会主义当之无愧的开创者、推动者、引领者，中国共产党领导决定着中国特色社会主义道路、理论体系、制度、文化的性质、面貌和发展。因此，可以得出结论：中国共产党领导是中国特色社会主义最本质的特征。

中国特色社会主义制度有哪些优势？为什么说中国共产党领导

是最大优势？所谓社会主义制度的优势，就是指社会主义制度在同资本主义制度和其他社会制度比较、竞争中所体现出来的优越性。一般认为，相对于资本主义制度存在的各种弊端，社会主义制度的优越性主要体现在"三个更高""一个更强"上：比资本主义有更高的生产力、更高的平等、更高的文明、更强的凝聚力和整合力。除此之外，中国特色社会主义制度的优越性还具有鲜明的中国特色，具体表现为中国特色社会主义道路自信、理论自信、制度自信、文化自信。这"四个自信"从何而来？从它们本身所具有的优越性而来。而其优越性又从何而来？从实践而来，从人民而来，从真理而来，从近百年来中国共产党领导人民进行的艰苦卓绝的奋斗而来。没有中国共产党，就没有中国特色社会主义的开创和发展，当然也就没有中国特色社会主义道路、理论、制度、文化的优越性和自信，就没有今天的中国，中华民族伟大复兴也必然是空想。历史已经证明并将继续证明：中国共产党领导是中国特色社会主义制度的优势之源，是形成其他优势的优势，是中国特色社会主义制度的最大优势。

二、中国共产党领导是历史的选择、人民的选择

世界上的政党不可胜数，几乎每一个政党都希望得到历史的认可、民众的支持，但真正能实现这一愿望并长期保持这一状态的政党并不多见。中国共产党一路走来，成为执政党至今不仅稳如泰山，而且风华正茂，原因何在？历史和人民为什么会选择中国共产党？这可以从中国共产党的特质、形象、实力和贡献来看。

中国共产党的特质是什么？就是《中国共产党章程》所规定的党的性质、理想、宗旨和指导思想。党的"两个先锋队"性质体现

了阶级性、群众性和先进性的统一；共产主义远大理想和中国特色社会主义共同理想，是中国共产党人的精神支柱和政治灵魂，也是保持党的团结统一的思想基础；全心全意为人民服务，是党建立、存在、发展的唯一目的，是不惧一切艰难险阻、无往而不胜的重要法宝，是我们党区别于其他政党的显著标志；马克思列宁主义、毛泽东思想、邓小平理论、"三个代表"重要思想、科学发展观、习近平新时代中国特色社会主义思想揭示了人类社会历史发展的规律，具有科学性而占据着真理的制高点，具有人民性而占据着道义的制高点。这些都充分表明：中国共产党的性质、理想、宗旨和指导思想，代表的是中国历史前进的正确方向，体现的是中国工人阶级和最广大人民的根本利益。可见，历史和人民选择了中国共产党，最根本的原因就是党自身的"质的规定性"以及由此决定的党的先进性。

内在特质往往要通过外在形象体现出来。习近平同志指出："党的作风是党的形象，是观察党群干群关系、人心向背的晴雨表。党的作风正，人民的心气顺，党和人民就能同甘共苦。"近百年来，中国走过的历程，中国人民和中华民族走过的历程，是中国共产党和中国人民用鲜血、汗水、泪水铺就的，充满苦难和辉煌、曲折和胜利、付出和收获。一代又一代优秀中国共产党人，为祖国和人民无私奉献，生动展示了共产党人的为民情怀、高尚情操。他们为党旗增光，为党领导的伟大事业添彩，为党的领导地位的确立提供了重要条件。党的十八大以来，在以习近平同志为核心的党中央坚强领导下，全面从严治党成效卓著，人民群众对党的作风建设的成效交口称赞，党执政的基础更加巩固。

一个政党要得到历史的选择和人民的认可，还必须有强大的力量。这种力量既包括已经和正在显现的力量，也包括潜在的力量；既包括硬实力，也包括软实力。中国共产党由于其先进性和纯洁性，刚刚成立时就已显示出巨大的发展潜力，这种潜力至今仍在释放。同时，中国共产党已经显现的力量更是令人民为之自豪。比如，就硬实力而言，中国共产党有遍及城乡的460多万个基层组织，有奋战在各行各业的9100多万名党员，有坚定支持和追随的14亿人民，等等；就软实力而言，中国共产党在人民中享有崇高威望，有管党治党、治国理政的丰富经验，等等。实力是一个政党生存、发展和取得成功的基础条件，中国共产党所拥有的巨大实力使她能够经受住任何考验。

一个政党所作出的贡献事关社会发展和人民福祉，是政党必须始终高度关注的重大问题。在近百年波澜壮阔的历史进程中，中国共产党紧紧依靠人民跨过一道又一道沟坎、取得一个又一个胜利，为中华民族干出了彪炳史册的业绩、作出了伟大历史贡献。中国共产党诞生后，团结带领人民经过长期奋斗，实现了中华民族从"东亚病夫"到站起来的伟大飞跃、从站起来到富起来的伟大飞跃。经过长期努力，党的十八大以来，中国特色社会主义进入了新时代。在以习近平同志为核心的党中央坚强领导下，党和国家事业取得历史性成就、发生历史性变革，中华民族迎来了从富起来到强起来的伟大飞跃。

历史和人民坚定地选择了中国共产党，全党要更加自觉地坚持党的领导和我国社会主义制度，坚决反对一切削弱、歪曲、否定党的领导和我国社会主义制度的言行；必须坚持和加强党的全面领导，确保党始终总揽全局、协调各方。

三、深入理解"坚持党对一切工作的领导"

党的十九大报告强调："坚持党对一切工作的领导。党政军民学，东西南北中，党是领导一切的。"坚持和加强党的全面领导，必须深入学习贯彻党的十九大精神和习近平新时代中国特色社会主义思想，深入理解"坚持党对一切工作的领导"。

党领导的范围是"党政军民学，东西南北中"，"党政军民学"泛指领域，"东西南北中"泛指地域。党如何实施领导？主要是"把方向、谋大局、定政策、促改革"，这在某种程度上说就是党的领导的内容和方式。内容主要是"方向""大局""政策""改革"，方式主要是"把""谋""定""促"。通过把方向、谋大局、定政策、促改革，调动全党的积极性主动性创造性，不断增强党的政治领导力、思想引领力、群众组织力、社会号召力，把党建设成为始终走在时代前列、人民衷心拥护、勇于自我革命、经得起各种风浪考验、朝气蓬勃的马克思主义执政党。

坚持党对一切工作的领导，首要的是增强政治意识、大局意识、核心意识、看齐意识，自觉维护党中央权威和集中统一领导，自觉在思想上政治上行动上同以习近平同志为核心的党中央保持高度一致。从政治立场、政治方向、政治原则上看，党的任何组织和成员，无论处在哪个领域、哪个层级、哪个单位，都要维护党中央权威和集中统一领导；凡属部门和地方职权范围内的工作部署，都要以坚决贯彻党中央决策部署为前提，做到令行禁止，决不允许背着党中央另搞一套。从精神状态上看，全党一定要保持艰苦奋斗、戒骄戒躁的作风，以时不我待、只争朝夕的精神，奋力走好新时代的长征路。从执政能力上看，既要政治过硬，也要本领高强，具体要着力增强八个方面的本领，即学习本领、政治领导本领、改革创新本领、科学发展本领、依法执政本领、群众工作本领、狠抓落实本领、驾驭风险本领。概括起来说，政治坚定是根本，作风优良是关键，本领高强是保证，这三个方面都做到了，就能坚持说实话、谋实事、出实招、求实效，把雷厉风行和久久为功结合起来，勇于攻坚克难，以钉钉子精神做实做细做好各项工作。

只要我们在党的全面领导这个根本原则问题上始终做到在坚持中完善、在完善中坚持，"千磨万击还坚劲，任尔东西南北风"，中国共产党对中国特色社会主义伟大事业的领导就无比坚强，我们的事业就一定能无往而不胜。

牢牢把握"最本质的特征"和 "最大优势"

○ 吴德刚

中共中央党史和文献研究院原副院长

◎ 为什么说"最本质的特征"具有历史必然性?

◎ "最大优势"如何反映人民意愿?

◎ 如何始终坚持中国共产党的领导?

牢牢把握"最本质的特征"和"最大优势"

一、"最本质的特征"具有历史必然性

1. 只有坚持中国共产党领导，才能走向民族复兴。

2. 没有中国共产党领导，就没有中国特色社会主义。

3. 没有中国共产党的坚强领导，我们不可能取得全方位、开创性历史成就，就没有中华民族从富起来到强起来的伟大飞跃。

二、"最大优势"反映人民意愿、经受实践检验

1. 中国特色社会主义制度是在中国共产党领导下探索形成和不断完善的。

2. 中国共产党领导作为中国特色社会主义制度的最大优势，反映了人民群众的意愿。

3. 实践是检验真理的唯一标准。

三、始终坚持中国共产党是最高政治领导力量不动摇

1. 党政军民学，东西南北中，党是领导一切的，党是最高政治领导力量。

2. 自从有了中国共产党，中国人民谋求民族独立、人民解放和国家富强、人民有了主心骨，中国人民就从精神上由被动转为主动。

3. 办好中国的事情，关键在党。

党的十八大以来，习近平同志对党的领导的性质、地位、作用等作出一系列重要论述，其中一个最重大最鲜明的论断就是："中国特色社会主义最本质的特征是中国共产党领导，中国特色社会主义制度的最大优势是中国共产党领导。"这一重大科学论断是对改革开放以来我们党坚持和发展中国特色社会主义宝贵历史经验的深刻总结，也是我们党领导革命、建设、改革辉煌历史的理论结晶。只有牢牢把握中国共产党领导这一中国特色社会主义最本质的特征、中国特色社会主义制度的最大优势，始终坚持中国共产党是最高政治领导力量不动摇，才能不断增强"四个意识"、坚定"四个自信"、坚决做到"两个维护"，不断夺取新时代中国特色社会主义新胜利。

一、"最本质的特征"具有历史必然性

中国特色社会主义最本质的特征是中国共产党领导具有历史必然性。

从历史发展进程看，我们之所以能成功开创中国特色社会主

义，首先是因为中国共产党团结带领全党全国各族人民，经过长期浴血奋斗，完成了新民主主义革命，建立了中华人民共和国，确立了社会主义基本制度。这是成功开创中国特色社会主义的根本政治前提和制度基础。新民主主义革命的伟大胜利来之不易，是中国共产党把马克思主义基本原理同中国革命具体实际结合起来的成果，是无数中国共产党人用生命和鲜血换来的。新民主主义革命的胜利、社会主义基本制度的确立，从根本上改变了中国人民和中华民族的前途命运，以铁一般的事实证明：只有坚持中国共产党领导才能走向民族复兴。

党的十一届三中全会以来，坚持和发展中国特色社会主义成为党的全部理论和实践的主题。中国特色社会主义是中国共产党领导人民历经千辛万苦、付出各种代价取得的宝贵成果。改革开放后，我们党把马克思主义基本原理同中国改革开放的具体实际结合起来，深刻总结社会主义建设正反两方面经验，借鉴世界社会主义发展历史经验，紧紧围绕什么是社会主义、怎样建设社会主义，建设什么样的党、怎样建设党，实现什么样的发展、怎样发展等重大课题，进行建设中国特色社会主义新的伟大实践，科学回答了事关中国特色社会主义的一系列基本问题，成功开创、推进和发展了中国特色社会主义。事实很明显，没有中国共产党领导，就没有中国特色社会主义。

中国特色社会主义进入新时代后，其发展成就既举世瞩目又来之不易，是我们党以巨大的政治勇气和强烈的政治担当领导全国各族人民不断奋斗得来的。党的十八大以来，我们党把马克思主义基本原理同新时代中国具体实际结合起来，以习近平同志为核心的党中央团结带领全国各族人民进行伟大斗争、建设伟大工程、推进伟大事业、实现伟大梦想，统筹推进"五位一体"总体布局，协调推进"四个全面"战略布局，党和国家事业全面开创新局面，从而使中国特色社会主义事业不断开拓前进。没有中国共产党的坚强领导，我们不可能取得全方位、开创性历史成就，中华民族不可能迎来从富起来到强起来的伟大飞跃。

中国特色社会主义迎来从创立、发展到完善的伟大飞跃是中国共产党领导的结果，这决定了中国共产党领导是中国特色社会主义最本质的特征。

二、"最大优势"反映人民意愿、经受实践检验

中国共产党领导不仅是中国特色社会主义最本质的特征，也是中国特色社会主义制度的最大优势。中国共产党深入把握共产党执政规律、社会主义建设规律、人类社会发展规律，使自己的领导始终遵循客观规律、反映人民意愿、推动实践发展，这是中国特色社会主义制度具有旺盛生命力、巨大优越性的根本所在。

中国特色社会主义制度是在中国共产党领导下探索形成和不断完善的。不论是根本政治制度、基本政治制度、基本经济制度、中国特色社会主义法律体系，还是各方面体制机制，都是在中国共产党领导下逐步建立和完善的。特别是进入新时代，在以习近平同志为核心的党中央坚强领导下，蹄疾步稳推进全面深化改革，坚决破除各方面体制机制弊端，重要领域和关键环节改革取得突破性进展，中国特色社会主义制度更加完善，国家治理体系和治理能力现代化水平明显提高。中国特色社会主义制度在中国共产

党领导下不断完善和发展，中国特色社会主义制度又确立和保障中国共产党领导，不断发挥这一最大优势，从而有力促进了中国特色社会主义事业发展。

中国共产党领导作为中国特色社会主义制度的最大优势，反映了人民群众的意愿。我们党来自人民、扎根人民、造福人民，全心全意为人民服务是党的根本宗旨。中国共产党领导确保中国特色社会主义制度始终不偏离社会主义的正确方向，始终坚持以人民为中心，将实现好、维护好、发展好最广大人民的根本利益作为完善和发展中国特色社会主义制度的出发点和落脚点，从根本上解决了中国特色社会主义制度"为了谁"这个问题。正因为如此，中国特色社会主义制度得到广大人民群众的衷心拥护。

实践是检验真理的唯一标准。正是因为有中国共产党领导这一最大优势，中国特色社会主义制度在实践中展现出旺盛的生命力和巨大的优越性。回首改革开放以来我们走过的路，无论是战胜特大洪涝灾害，还是抗击非典、抗震救灾；无论是应对1997年亚洲金融危机、2008年国际金融危机，还是应对当前错综复杂的国际局势，在中国共产党领导下，中国特色社会主义制度充分展现出自身的优越性。如果没有中国共产党领导，中国不可能经受住那么多风风雨雨甚至惊涛骇浪，中国特色社会主义制度不可能在国际社会得到那么多有识之士的赞誉。

三、始终坚持中国共产党是最高政治领导力量不动摇

党政军民学，东西南北中，党是领导一切的，党是最高政治领导力量。牢牢把握中国共产党领导这一中国特色社会主义最本

质的特征、中国特色社会主义制度的最大优势，就要始终坚持中国共产党是最高政治领导力量不动摇。

自从有了中国共产党，中国人民谋求民族独立、人民解放和国家富强、人民幸福的斗争就有了主心骨，中国人民就从精神上由被动转为主动。近一个世纪以来，中国共产党义无反顾肩负起实现中华民族伟大复兴的历史使命，团结带领人民实现中国从几千年封建专制政治向人民民主的伟大飞跃，实现中华民族由近代不断衰落到根本扭转命运、持续走向繁荣富强的伟大飞跃。中国共产党团结带领人民进行改革开放新的伟大革命，破除阻碍国家和民族发展的一切思想和体制障碍，开辟中国特色社会主义道路，使中国大踏步赶上时代。历史充分证明，中国共产党作为最高政治领导力量，当之无愧、实至名归。中国特色社会主义最本质的特征是中国共产党领导，中国特色社会主义制度的最大优势是中国共产党领导，归结起来就是要坚持中国共产党是最高政治领导力量。我国宪法以根本大法的形式反映了党带领人民进行革命、建设、改革取得的伟大成果，确立了中国共产党在历史和人民的选择中所形成的领导地位。坚持依宪治国、依宪执政，就必须始终坚持宪法确定的中国共产党领导地位不动摇。

办好中国的事情，关键在党。这是被历史和实践反复证明的真理。统揽伟大斗争、伟大工程、伟大事业、伟大梦想，必须毫不动摇坚持和加强党的全面领导。只有确保党是最高政治领导力量，才能通过不断加强和改善党的领导，使党的主张通过法定程序成为国家意志，使党组织推荐的人选通过法定程序成为国家政权机关的领导人员，才能通过国家政权机关实施党对国家和社会的领导，运用民主集中制原则维护党和国家权威、维护全党全国团结统一，使党中央作出的决策部署得到全面贯彻和落实，进而把全党全国各族人民紧密团结起来，形成万众一心、无坚不摧的磅礴力量。

新时代，确保党是最高政治领导力量，发挥党总揽全局、协调各方的领导核心作用，必须坚持以习近平新时代中国特色社会主义思想武装头脑，坚决维护习近平总书记党中央的核心、全党的核心地位，坚决维护党中央权威和集中统一领导；必须坚持全面从严治党永远在路上，把党建设成为始终走在时代前列、人民衷心拥护、勇于自我革命、经得起各种风浪考验、朝气蓬勃的马克思主义执政党。只有始终坚持中国共产党是最高政治领导力量不动摇，才能把我们党建设好、建设强，确保中国共产党领导是中国特色社会主义最本质的特征、中国特色社会主义制度的最大优势。

中国共产党的领导是当代中国的最大国情、最本质特征

○ 王香平

中共中央党史和文献研究院

◎ 什么是共产党人的本?

◎ 如何理解"领导核心"作用?

◎ 中国社会稳定的最大压舱石是什么?

一、中国共产党的领导是中国特色社会主义最本质的特征

1. 中国特色社会主义是党领导的伟大事业，也是我们理想的旗帜。

2. 中国特色社会主义是党的最高纲领和基本纲领的统一。

3. 党的共产主义理想和社会主义理想是确立中国特色社会主义道路、理论体系和制度的逻辑前提和根本基础。

二、中国共产党在当代中国的领导地位是历史的选择、人民的选择

1. 作为中国特色社会主义事业的领导核心，中国共产党既处在总揽全局、协调各方的领导地位，也发挥着总揽全局、协调各方的根本作用。

2. 从政治体制和政治架构看，党是各项事业的决策核心和指挥中枢。

3. 从实际领导力、凝聚力、执行力来看，中国共产党是当代中国最高的政治领导力量。

中国共产党的领导是当代中国的最大国情、最本质特征

三、中国共产党的领导是中国社会稳定的最大压舱石

1. 改革、发展、稳定是我国社会主义现代化建设的三个重要支点。

2. 全面深化改革，最核心的是坚持和改善党的领导。

3. 党的领导是中国特色社会主义最本质的特征，全面深化改革，最核心最关键的自然是坚持和改善党的领导。

四、坚持党的领导，首先是坚持党中央的集中统一领导

1. 坚持党的领导，首先是要坚持党中央的集中统一领导，这是一条根本的政治规矩。

2. 坚持党中央的集中统一领导，最关键的是要强化核心意识。

3. 坚持和完善党的领导，是党和国家的根本所在、命脉所在，是全国各族人民的利益所在、幸福所在。

习近平总书记指出：我们中国共产党人能不能打仗，新中国的成立已经说明了；我们中国共产党人能不能搞建设搞发展，改革开放的推进也已经说明了；但是，我们中国共产党人能不能在日益复杂的国际国内环境下坚持住党的领导、坚持和发展中国特色社会主义，这个还需要我们一代一代共产党人继续作出回答。党的十八大以来，习近平总书记围绕毫不动摇坚持党的领导，发表了一系列新思想新观点新论断，为我们党领导开展具有许多新的历史特点的伟大斗争廓清了思想迷雾，提供了根本遵循，指明了前进方向。

一、中国共产党的领导是中国特色社会主义最本质的特征

改革开放 40 多年来，中国特色社会主义取得了巨大成就，我们对社会主义的认识，对中国特色社会主义规律的把握，已经达到了一个前所未有的新的高度，这一点不容置疑；同时，对社会主义这个我们只搞了几十年的东西，我们的认识和把握也还是非常有限的，还需要在实践中不断深化和发展，这一点也不容置疑。

党的十八大以来，我们党以续写中国特色社会主义大文章的历史使命感和责任担当，不断推进理论创新，不断深化对中国特色社会主义规律的认识。作为党的理论创新成果的集中体现，习近平总书记的系列重要讲话，不论是谈经济建设、政治建设、党的建设，还是谈人大工作、政协工作，"中国共产党的领导是中国特色社会主义最本质的特征"，始终是最为强调的理论基础和逻辑前提。这一认识和判断，是新时期以来我们党首次对中国特色社会主义本质特征作出的理论提炼和重大概括，体现了习近平总书记立足新的历史条件对社会主义建设规律的深入思考和透彻把握。

为什么说党的领导是中国特色社会主义最本质的特征？中国特色社会主义是党领导的伟大事业，也是我们理想的旗帜。我们党以马克思主义为立党之本，以实现共产主义为最高理想，以全心全意为人民服务为根本宗旨。这就是共产党人的本。改革开放以来，我们党带领全国各族人民开创和发展中国特色社会主义道路、中国特色社会主义理论体系、中国特色社会主义制度、中国特色社会主义文化，都源于这个理想信念。中国特色社会主义是党的最高纲领和基本纲领的统一。中国特色社会主义的基本纲领，概言之，就是建立富强民主文明和谐美丽的社会主义现代化国家。这既是从我国正处于并将长期处于社会主义初级阶段的基本国情出发的，也是始终朝着党的最高理想和最终目标即实现共产主义前进的。因此，党的共产主义理想和社会主义理想是确立中国特色社会主义道路、理论体系、制度、文化的逻辑前提和根本基础。正是从这个意义上，习近平总书记深刻指出："一定要认清，中国最大的国情就是中国共产党的领导。什么是中国特色？这就是中国特色。"

站在历史与现实、国际与国内的时空交汇点，把中国共产党的领导，定性为当代中国的最大国情、最大特色和最本质特征，这是对任何怀疑、动摇、削弱或企图否定党的领导的思想言论的发声亮剑和理论回应，不仅从根本上廓清了一些人思想上存在的认识迷雾，也为当代"中国号"巨轮的行稳致远点亮了前进道路上的指路明灯。

二、中国共产党在当代中国的领导地位是历史的选择、人民的选择

中国共产党在当代中国的领导地位是在中国革命、建设和改革的斗争实践中形成的，是历史和人民的选择。对此，不论是新中国成立后制定的第一部人民宪法"五四宪法"，还是改革开放新时期修订的"八二宪法"，都以根本大法的形式予以了确认。因此，在领导推进改革开放和社会主义现代化事业的征程中，我们始终强调，中国共产党是中国特色社会主义事业的领导核心，处在总揽全局、协调各方的地位。

如何理解这种"领导核心"作用？

首先，从政治体制和政治架构看，党是各项事业的决策核心和指挥中枢。经过长期发展，我们党已经形成一个庞大严密的组织系统和制度体系。在这个系统中必须坚持党员个人服从党的组织，少数服从多数，下级组织服从上级组织，全党各个组织和全体党员服从党的全国代表大会和中央委员会，核心是全党各个组织和全体党员服从党的全国代表大会和中央委员会。事关党和国

家发展的理论路线、大政方针，都是在党的领导核心的统筹谋划下作出部署和安排。对党的领导核心也就是党中央作出的决策部署，党的组织、宣传、统战、政法等部门要贯彻落实，人大、政府、政协、法院、检察院的党组织要贯彻落实，事业单位、人民团体等的党组织也要贯彻落实。各方面党组织都要对党委负责、向党委报告工作。习近平总书记明确指出："我国社会主义政治制度优越性的一个突出特点是党总揽全局、协调各方的领导核心作用，形象地说是'众星捧月'，这个'月'就是中国共产党。在国家治理体系的大棋局中，党中央是坐镇中军帐的'帅'，车马炮各展其长，一盘棋大局分明。如果中国出现了各自为政、一盘散沙的局面，不仅我们确定的目标不能实现，而且必定会产生灾难性后果。"

其次，从实际领导力、凝聚力、执行力来看，中国共产党是当代中国最高的政治领导力量。在当代中国，中国共产党得到了中国最广大人民群众的支持和拥护，得到了中国各党派、各团体、各民族、各阶层、各界别、各宗教人士的支持和拥护，也得到了国际社会各方面和有识之士的高度肯定和积极评价。作为一个拥有 9100 多万名党员的政治团体和政党组织，中国共产党所具有的强大凝聚力、战斗力、创造力，不仅在中国几千年的历史进程中前所未有，在世界政党史和政治史上也是前所未有的。毋庸讳言，在当今中国，没有大于中国共产党的政治力量或其他什么力量，没有一种政治势力或政党组织能够同中国共产党相提并论。正是基于这种经得起实践检验的组织能力、治理能力和执政能力，才可以说党的领导是做好党和国家各项工作的根本保证，是我国政治稳定、经济发展、民族团结、社会稳定的根本点，绝对不能有丝毫动摇。

作为中国特色社会主义事业的领导核心，中国共产党既处在总揽全局、协调各方的领导地位，也发挥着总揽全局、协调各方的根本作用。历史和实践证明，坚持党的领导，是当代中国取得一切发展成就的成功经验，也是我们开拓中国特色社会主义事业须臾不可动摇的根基和原则。

三、中国共产党的领导是中国社会稳定的最大压舱石

改革、发展、稳定是我国社会主义现代化建设的三个重要支点。改革是经济社会发展的强大动力，发展是解决一切经济社会问题的关键，稳定是实现改革发展的根本前提。改革开放 40 多年来，我国社会发生的深刻变革前所未有，同时又保持了安定团结、和谐有序。这充分证明，只有社会和谐稳定，改革发展才能不断向前推进；只有改革发展不断推进，社会稳定才具有坚实基础。现在，我国处于发展的战略机遇期、社会矛盾的凸显期，同时也进入改革的攻坚期，如何在保持稳定中推进改革、实现发展尤为重要。要处理好改革、发展、稳定的关系，坚持和改善党的领导是关键。

中国共产党的领导是中国社会稳定的最大压舱石。早在 20 世纪 80 年代，邓小平同志就说："共产党的领导，这个丢不得，一丢就是动乱局面，或者是不稳定状态。一旦不稳定甚至动乱，什么建设也搞不成。"党的十八大以来，习近平总书记多次强调，没有稳定的社会政治环境，一切改革发展都无从谈起，再好的规划和方案都难以实现，已经取得的成果也会失去。针对社会上有

人把党的领导同依法治国对立起来，甚至用依法治国来动摇和否定党的领导的模糊立场或错误认识，习近平总书记明确指出，走中国特色社会主义法治道路，最根本的是坚持中国共产党的领导，党的领导是中国特色社会主义法治之魂。联系到当今世界一些国家和地区因政局动荡、政权更迭而导致社会动乱、经济凋敝、老百姓生活陷入深重灾难的客观事实，习近平总书记郑重强调，中国社会稳定的最大压舱石就是中国共产党的领导，在坚持党的领导这个重大原则问题上，我们脑子要特别清醒、眼睛要特别明亮、立场要特别坚定，绝不能有任何含糊和动摇。

全面深化改革，最核心的是坚持和改善党的领导。党的十八大以来，面对党中央行将开启的新一轮改革，社会上出现了各种不同意见和声音，一些别有用心者趁机制造舆论、混淆视听，把改革定义为往西方"普世价值"、西方政治制度的方向改，否则就是不改革。对此，习近平总书记掷地有声地予以回答：我们推进改革，关键问题是改什么、不改什么，有些不能改的，再过多长时间也是不改，不能把这说成是不改革；我们不断推进改革，不是为了迎合某些人的"掌声"，不能把西方的理论、观点生搬硬套在自己身上。他强调，我们推进改革的目的是要不断推进我国社会主义制度自我完善和发展，赋予社会主义新的生机活力，这里面最核心的是坚持和改善党的领导、坚持和完善中国特色社会主义制度，偏离了这一条，那就南辕北辙了。党的领导是中国特色社会主义最本质的特征，全面深化改革，最核心最关键的自然是坚持和改善党的领导。

四、坚持党的领导，首先是坚持党中央的集中统一领导

党的十八大以来，着眼于实现"两个一百年"奋斗目标和中华民族伟大复兴中国梦，着眼于世情国情党情的深刻复杂变化，习近平总书记反复强调，我们这么大一个党、一个国家，没有集中统一，没有党中央坚强领导，没有强有力的中央权威，是不可想象的。维护党中央权威，维护党的团结统一，是方向性、原则性问题，关系党、民族和国家的前途命运。

坚持党的领导，首先是要坚持党中央的集中统一领导，这是一条根本的政治规矩。实现"两个一百年"奋斗目标、实现中华民族伟大复兴的中国梦，统筹全面建成小康社会、全面深化改革、全面依法治国、全面从严治党，是前无古人的伟大事业，是艰巨繁重的系统工程，必须加强党中央的集中统一领导，以保证正确方向、形成强大合力。

坚持党中央的集中统一领导，最关键的是要强化核心意识。一个国家、一个政党，领导核心至关重要。邓小平曾指出，任何一个领导集体都要有一个核心，没有核心的领导是靠不住的。党的十八大以来，以习近平同志为核心的党中央坚定推进全面从严治党，坚持思想建党和制度治党相统一，集中整饬党风，严厉惩治腐败，从党的群众路线教育实践活动到"三严三实"专题教育再到"两学一做"学习教育，党中央抓铁有痕、踏石留印，全面推进管党、治党、建设党，党风政风为之一新，党心民心为之一振，在具有许多新的历史特点的伟大斗争中开创了党的建设新局面。从这个意义上说，党的十八届六中全会确立习近平总书记为

党的领导核心，是水到渠成、众望所归，既是新时期推进全面从严治党的迫切要求，也是坚持和加强党的集中统一领导的根本保证，更是我们党事业发展和伟大实践的郑重选择，完全符合全党、全国各族人民的共同意愿心声，对我们党在新的历史条件下牢记使命、开拓前进，为崇高理想信念而矢志奋斗，不断把中国特色社会主义伟大事业推向新的阶段意义深远。

"治国者，圆不失规，方不失矩，本不失末，为政不失其道，万事可成，其功可保。"面对深刻变化的国际政治经济形势和艰巨繁重的国内改革发展稳定任务，习近平总书记多次借用唐太宗"治国犹如栽树，本根不摇则枝叶茂荣"的古训强调指出："我们治国理政的本根，就是中国共产党领导和社会主义制度。我们思想上必须十分明确，推进国家治理体系和治理能力现代化，绝不是西方化、资本主义化！"因此，坚持和巩固党的领导地位和执政地位，确保党总揽全局、协调各方的领导核心地位，在这个根本大局问题上，在这个重大政治原则问题上，我们一定要明辨是非，旗帜鲜明宣示政治立场、表明政治态度，在政治立场上不能遮遮掩掩，在发挥党的领导核心作用、维护党的领导核心地位上不能差差答答。坚持和完善党的领导，是党和国家的根本所在、命脉所在，是全国各族人民的利益所在、幸福所在。对这一点，要理直气壮讲、大张旗鼓讲。

中国共产党永远与人民心连心

○ 臧安民
中共中央组织部原秘书长

◎ 中国共产党的奋斗目标是什么？

◎ 如何推动以人民为中心的发展思想落地落实？

◎ 什么是每名党员干部必须坚守的政治使命？

中国共产党永远与人民心连心

一、以人民为中心的发展思想深刻昭示着我们党为人民而生、因人民而兴

1. 全心全意为人民服务是我们党的根本宗旨。

2. 一切依靠人民是我们党创造历史伟业的力量之源。

3. 让全体中国人都过上更好的日子是我们党的奋斗目标。

二、以严密的组织体系推动以人民为中心的发展思想落地落实

1. 人民领袖掌舵领航。

2. 加强党的全面领导。

3. 提高各级党组织的政治领导力、思想引领力、群众组织力、社会号召力。

三、每名党员干部都要做以人民为中心的发展思想的坚定践行者

1. 在学思践悟中树牢人民至上的理念。

2. 在用心用情用力解决实际问题中践行为民宗旨。

3. 在力戒形式主义、官僚主义中求实求效。

习近平总书记强调："我们要坚持以人民为中心的发展思想，抓住人民最关心最直接最现实的利益问题，不断实现好、维护好、发展好最广大人民根本利益。"习近平总书记在安徽考察时指出，人民是我们党的执政基础。抗击新冠肺炎疫情、抗洪抢险斗争再次表明，只要我们党始终为人民执政、依靠人民执政，就能无往而不胜。各级领导班子和领导干部要践行党的宗旨，树牢群众观点。以人民为中心的发展思想，是习近平新时代中国特色社会主义思想的重要内容，贯穿着"人民是我们党执政的最大底气"的坚定人民立场，贯穿着"让全体中国人都过上更好的日子"的为民深情，贯穿着"我将无我、不负人民"的崇高境界。

一、以人民为中心的发展思想深刻昭示着我们党为人民而生、因人民而兴

以人民为中心的发展思想，是马克思主义人民主体思想的创新发展、时代表达。

全心全意为人民服务是我们党的根本宗旨。为什么人、靠什

么人的问题，是检验一个政党、一个政权性质的试金石。马克思、恩格斯指出："无产阶级的运动是绝大多数人的、为绝大多数人谋利益的独立的运动"，在未来社会"生产将以所有的人富裕为目的"。马克思主义以科学的世界观和方法论，为中国共产党人提供了认识世界、改造世界的真理，以鲜明的人民性激发了中国工人阶级和中华民族的觉醒。中国共产党从诞生之日起，就把人民立场作为根本政治立场，这种立场是中国共产党与生俱来的特质。《中国共产党章程》明确规定："党除了工人阶级和最广大人民群众的利益，没有自己特殊的利益。党在任何时候都把群众利益放在第一位。"

从嘉兴南湖上的一条小船，到承载着 14 亿人民希望的巍巍巨轮，在近百年波澜壮阔的征程中，中国共产党之所以能历经挫折而不断奋起、历经磨难而淬火成钢，根本原因就在于党始终与中国人民、中华民族的命运紧紧联系在一起，与人民心心相印、和人民同甘共苦、同人民团结奋斗。以人民为中心的发展思想，丰富和发展了马克思主义人民主体思想，生动体现我们党全心全意为人民服务的根本宗旨，深刻回答了发展为了人民、发展依靠人民、发展成果由人民共享的根本问题，高度概括了党与人民的鱼水关系。其中，人民群众是美好生活的价值需求者和党领导下的实践创造者，党是团结带领人民创造更加幸福美好生活的价值追求者和不懈奋斗者，二者同心同德、水乳交融。

一切依靠人民是我们党创造历史伟业的力量之源。历史唯物主义告诉我们，人民群众是推动人类社会历史发展的最终决定性力量，是历史的创造者和书写者。马克思、恩格斯指出："历史什么事情也没有做，它'不拥有任何惊人的丰富性'，它'没有进行任何战斗'！""现实的、活生生的人在创造这一切，拥有这一切并且进行战斗。"毛泽东同志指出："真正的铜墙铁壁是什么？是群众，是千百万真心实意地拥护革命的群众。这是真正的铜墙铁壁，什么力量也打不破的，完全打不破的。"

习近平总书记指出："人民是历史的创造者，人民是真正的英雄。""中华民族迎来了从站起来、富起来到强起来的伟大飞跃是中国人民奋斗出来的！"面对新冠肺炎疫情的严峻挑战，习近平总书记强调："战胜这次疫情，给我们力量和信心的是中国人民。""做好统筹疫情防控和经济社会发展工作，要紧紧依靠人民。"以人民为中心的发展思想，深刻揭示了我国国家制度和国家治理体系"坚持人民当家作主，发展人民民主，密切联系群众，紧紧依靠人民推动国家发展的显著优势"；有力昭示了无论遇到任何困难和挑战，只要有人民支持和参与，就没有克服不了的困难，就没有越不过去的坎；鲜明指出了中国共产党人的制度安排、政策制定、发展目标，都是为着实现人民当家作主，不断激发人民群众的积极性、主动性、创造性。

让全体中国人都过上更好的日子是我们党的奋斗目标。习近平总书记指出："我们的目标很宏伟，但也很朴素，归根结底就是让全体中国人都过上更好的日子。"党团结带领人民进行革命、建设、改革，根本目的是为人民谋幸福，无论面临多大挑战和压力，无论付出多大牺牲和代价，都始终不渝、毫不动摇。党的十八大以来，"人民有所呼、改革有所应"的全面深化改革，较短时间实现超大规模人口脱贫的中国奇迹，生态环境保护发生历史性、转折性、全局性变化，建立世界上规模最大的基本医疗保障网，坚持"老虎""苍蝇"一起打、严厉整治发生在群众身边的腐败问题，着力解决群众的急事、难事、操心事、揪心事……都是兼顾人民群众长远利益和现实利益，都是着眼解决人民群众最关心最直接最现实的利益问题。

在抗击新冠肺炎疫情中，习近平总书记强调："人民至上、生命至上，保护人民生命安全和身体健康可以不惜一切代价。"世卫组织总干事谭德塞感叹："我一生中从未见过这样的动员。"习近平总书记对人民念兹在兹，一个个重大决策，关乎着人民群众的获得感、幸福感、安全感；一个个感人细节，诠释着人民至上的执政理念；一件件生动事实，彰显着人民领袖对人民的无尽牵挂。以人民为中心的发展思想，是理论的，也是实践的，是现实的，也是长远的。"时代是出卷人，我们是答卷人，人民是阅卷人""为了实现中华民族伟大复兴的中国梦，我们必须同时间赛跑、同历史并进"，当代中国共产党人投身民族复兴、造福人民群众的初心使命就这样坚如磐石，中国共产党的前途命运和中华民族、中国人民的前途命运就这样紧密相连。

二、以严密的组织体系推动以人民为中心的发展思想落地落实

习近平总书记指出："严密的组织体系，是马克思主义政党的优势所在、力量所在。"贯彻落实以人民为中心的发展思想，要靠党的严密组织体系来推进。

人民领袖掌舵领航。恩格斯在《论权威》一书中指出，"能最清楚地说明需要权威","要算是在汪洋大海上航行的船了。那里，在危险关头，要拯救大家的生命，所有的人就得立即绝对服从一个人的意志"。我国革命、建设、改革的实践证明，一个国家、一个政党，领导核心至关重要。

党的十八大以来，习近平总书记统揽伟大斗争、伟大工程、伟大事业、伟大梦想，对中华民族伟大复兴战略全局、世界百年未有之大变局作出精辟论断，对坚持和完善中国特色社会主义制度、推进国家治理体系和治理能力现代化指明战略路径，对实现人民幸福、民族复兴擘画宏伟蓝图，对推动党和国家事业长远发展标注逻辑起点、前进方向，对以党的伟大自我革命引领伟大社会革命提出重大举措、作出重大部署，集中体现了对共产党执政规律、社会主义建设规律、人类社会发展规律的深邃洞察，对国内国际两个大局的深刻把握，对历史、现实和未来的深远考量，对人民福祉的深情关注。其中，坚持人民至上是出发点、落脚点。党员干部贯彻落实以人民为中心的发展思想，必须切实增强"四个意识"、坚定"四个自信"、做到"两个维护"，坚守对党忠诚的政治品格，增强经常看齐的政治自觉，坚决在思想上政治上行动上同以习近平同志为核心的党中央保持高度一致，真心尊重人民、真诚相信人民、真正依靠人民，凝聚起夺取新时代中国特色社会主义伟大胜利的磅礴力量。

加强党的全面领导。中国共产党的领导地位不是自封的，是中国历史发展的必然，是中国人民自觉而理性的选择，是党和国家的根本所在、命脉所在，是全国各族人民的利益所在、幸福所在。从领导体制上讲，党是中国特色社会主义事业的领导核心，党始终把保障人民的主人翁地位、实现人民根本利益作为制定方针政策的根本价值取向，坚持党的全面领导，才能为践行以人民为中心的发展思想提供坚强政治保证。从凝聚共识讲，思想是实践的灯塔，习近平新时代中国特色社会主义思想是新时代中国共产党的思想旗帜和精神旗帜，坚持党和国家指导思想的科学指引，才能为践行以人民为中心的发展思想构筑坚实的政治认同、思想认同、理论认同、情感认同。从组织层面讲，健全总揽全局、协调各方的党的领导制度体系，建立不忘初心、牢记使命的制度，完善坚定维护党中央权威和集中统一领导的各项制度，健全为人民执政、靠人民执政的各项制度，健全提高党的执政能力和领导水平的制度，完善全面从严治党制度，才能为践行以人民为中心的发展思想提供组织、纪律、作风保障和科学有效的运行机制。

提高各级党组织的政治领导力、思想引领力、群众组织力、社会号召力。党的十八大以来，党和国家事业之所以取得历史性成就、发生历史性变革，在脱贫攻坚、生态保护、民生改善、统筹疫情防控和经济社会发展中创造了震撼世界的中国奇迹、书写了温暖人心的中国故事，一个重要原因是充分发挥党组织体系严密的强大优势。

在新冠肺炎疫情防控中，全国3900多万名党员、干部战斗在抗疫一线，1300多万名党员参加志愿服务，近400名党员、干部为保卫人民生命安全献出了宝贵生命，鲜艳的党旗凝聚起坚不可摧的力量。贯彻落实以人民为中心的发展思想，必须切实加强党的组织体系建设，坚持问题导向、强化系统思维，着力推进各层级各领域党组织建设，既抓好组织设置、组织覆盖，又完善运行机制、严格组织管理、发挥组织作用；坚持大抓基层、夯实基层，推动基层党组织全面进步、全面过硬，把广大人民群众紧紧团结在党的周围；坚持守正创新、与时俱进，适应社会群体结构和社会组织架构的变化，推进基层党的工作体制机制创新、方式方法创新；坚持明责守责、责随职走，形成上下贯通、层层负责、服务群众、为民造福的主体责任链条，紧紧依靠人民把党的政治优势、组织优势、密切联系群众优势进一步发挥出来。

三、每名党员干部都要做以人民为中心的发展思想的坚定践行者

习近平总书记指出："任何时候我们都要不忘初心、牢记使命，都不能忘了人民这个根，永远做忠诚的人民服务员。"始终把人民放在心中最高位置，是每名党员干部必须坚守的政治使命、政治责任、政治担当。

在学思践悟中树牢人民至上的理念。习近平新时代中国特色社会主义思想坚持人民至上，是真正的"人民的理论"。只有学深悟透、融会贯通、自觉践行习近平新时代中国特色社会主义思想，才能增强贯彻落实以人民为中心的发展思想的自觉性、坚定性，把党的初心和使命铭刻于心，使人生奋斗有更高的思想起点、不竭的精神动力，任何时候都不忘我们党来自人民、植根人民，都不忘我是谁、为了谁、依靠谁，都不忘自己永远是劳动人民的普通一员。

在用心用情用力解决实际问题中践行为民宗旨。保持对群众的深厚感情，真心拜群众为师、真诚对群众负责、真正为群众服务。

保持对基层的了解理解，接地气、识民情、解民意，以人民愿望为基、以人民疾苦为念、以人民利益为重。保持解决问题的实劲韧劲，着力解决好群众关心的就业、教育、社保、医疗、住房、养老、食品安全、社会治安等问题，一件一件抓落实，一年一年接着干。保持勇于担当、奋发有为的志气勇气，把全部精力和心思用在履职尽责、攻克难关、破解难题上，用在解决人民群众反映强烈的突出问题上，用在促进社会公平正义、促进人的全面发展上。

在力戒形式主义、官僚主义中求实求效。习近平总书记强调，要"教育引导各级领导干部树立正确的权力观、政绩观、事业观，力戒形式主义、官僚主义"。力戒形式主义、官僚主义，要从讲政治的高度来审视、从思想作风上来解决，深刻认识到形式主义、官僚主义使党的路线方针政策难以贯彻，使群众热切期待落空，使党的执政基础受到侵蚀，是党性不强的大问题；从工作流程、工作环节上来解决，不定不切实际的目标，不做只求轰动效应的事情，不开不解决问题的会，不发不解决问题的文，不把说了当做了、把做了当做好了，一切工作都往实里做、做到位、做出实效；从干部选用导向上来解决，使那些密切联系群众、躬身服务群众、想干事、真干事、干成事的有平台、受褒奖，使那些漠视群众、作风飘浮的受警醒、受惩戒，推动干部把工作想在实处、干在实处、落到实处、见到实效。

第三篇

中国共产党的领导是中国特色社会主义制度的最大优势

制度优势反映制度属性，中国制度之所以"行"，是因为党的领导在中国特色社会主义制度中是最具统领性决定性创造性的因素。在我国国家制度和国家治理体系 13 个方面显著优势中，第一位就是坚持党的集中统一领导，坚持党的科学理论，保持政治稳定，确保国家始终沿着社会主义方向前进的显著优势。

深刻认识党的领导制度
在国家制度中的统领地位

○ 甄占民

中共中央党校（国家行政学院）副校（院）长

◎ 国家治理的关键和根本是什么？

◎ 为什么要始终坚持党的集中统一领导？

◎ 如何坚持和完善党的领导制度体系？

深刻认识党的领导制度
在国家制度中的统领地位

一、坚持和完善党的领导制度是国家治理的关键和根本

1. 党政军民学,东西南北中,党是领导一切的,是最高的政治领导力量。

2. 党的十九届四中全会从坚持和完善我国国家制度和国家治理体系全局出发,就坚持党的领导制度的统领地位作出系统深入的阐述。
·第一位是坚持党的集中统一领导。
·首要强调坚持和完善党的领导制度体系,提高党科学执政、民主执政、依法执政水平。
·必须坚持党的领导制度的统领地位。

3. 以党的领导制度为统领的我国国家制度和国家治理体系,是创造和理解"中国奇迹""中国之治"

二、始终坚持党的集中统一领导

1. 始终坚持党的集中统一领导,是确保中国始终沿着正确方向前进的关键所在。

2. 始终坚持党的集中统一领导,是我国社会主义政治制度优越性的一个突出特点。

三、坚持和完善党的领导制度体系

任何一种政治制度都是动态发展的,中国共产党的领导制度也有一个与时俱进、不断完善的问题。

党的十九届四中全会审议通过的《中共中央关于坚持和完善中国特色社会主义制度、推进国家治理体系和治理能力现代化若干重大问题的决定》（以下简称《决定》）突出坚持和完善党的领导制度，抓住了国家治理的关键和根本，体现了我们党对中国特色社会主义制度的坚定自信，对我国国家制度和国家治理体系演进方向和规律的深刻把握。我们必须深刻认识党的领导制度在国家制度中的统领地位，在增强中国特色社会主义制度自信中推进国家治理体系和治理能力现代化，把我国制度优势更好转化为国家治理效能。

一、坚持和完善党的领导制度是国家治理的关键和根本

习近平同志指出："中国共产党领导是中国特色社会主义最本质的特征，是中国特色社会主义制度的最大优势。""党政军民学，东西南北中，党是领导一切的，是最高的政治领导力量。"

同习近平同志有关重要论述相贯通、相一致，党的十九届四中全会从坚持和完善我国国家制度和国家治理体系全局出发，就

坚持党的领导制度的统领地位作出系统深入的阐述。这次全会回顾总结我国建立和完善社会主义制度、加强和完善国家治理的历史性成就，反映了我们党团结带领人民进行不懈探索实践的非凡历史过程和重大历史成果；系统阐释我国国家制度和国家治理体系13个方面的显著优势，第一位的就是坚持党的集中统一领导，坚持党的科学理论，保持政治稳定，确保国家始终沿着社会主义方向前进的显著优势；部署坚持和完善中国特色社会主义制度、推进国家治理体系和治理能力现代化的重大任务，首要的也是强调坚持和完善党的领导制度体系，提高党科学执政、民主执政、依法执政水平。可以看出，坚持和加强党的全面领导、坚持和完善党的领导制度体系，是我们推进各方面制度建设、推动各项事业发展、加强和改进各方面工作的根本要求；坚持和完善我国国家制度和国家治理体系，必须坚持党的领导制度的统领地位。

以党的领导制度为统领的我国国家制度和国家治理体系，是创造和理解"中国奇迹""中国之治"的"制度密钥"。新中国成立以来，我们之所以能够创造经济快速发展奇迹和社会长期稳定奇迹，关键在于党的领导和党的领导制度的巩固和发展。正是因为始终在党的领导下，集中力量办大事，国家统一有效组织各项事业、开展各项工作，才能成功应对一系列重大风险挑战、克服无数艰难险阻，创造"中国奇迹"、形成"中国之治"。突出坚持和完善党的领导制度，就能抓住我国国家治理的关键和根本。

二、始终坚持党的集中统一领导

始终坚持党的集中统一领导，是中国特色社会主义事业发展的必然要求。党的领导和中国特色社会主义发展是不可分割的，党的领导制度的完善同中国特色社会主义制度的完善是相辅相成的。没有中国共产党领导，中国特色社会主义事业就会失去政治、思想和组织保障；离开中国特色社会主义事业的发展，中国共产党就无法践行自己的初心和使命。新中国成立以来，从完成社会主义革命、确立社会主义基本制度，到进行改革开放新的伟大革命、开辟中国特色社会主义道路，再到进行具有许多新的历史特点的伟大斗争、中国特色社会主义进入新时代、中华民族迎来了从站起来、富起来到强起来的伟大飞跃，都是中国共产党带领中国人民一步步走过来的，都是在不断坚持和完善党的领导制度体系、提高党治国理政水平中实现的。《决定》深入分析我国国家制度和国家治理体系的发展历程和发展成就，也是与党领导人民建立和完善中国特色社会主义制度、开辟和拓展中国特色社会主义道路的历程和成就紧密联系在一起的。

始终坚持党的集中统一领导，是确保中国始终沿着正确方向前进的关键所在。《决定》提出"坚持党的集中统一领导，坚持党的科学理论，保持政治稳定，确保国家始终沿着社会主义方向前进的显著优势"，是有着深刻理论逻辑和实践支撑的重要结论。作为一个肩负着崇高使命的马克思主义执政党，作为最高政治领导力量，中国共产党无论是处于顺境还是逆境，都始终坚守马克思主义的政治信仰，坚守自己的初心使命，并与时俱进推进理论创新、实践创新、制度创新，团结带领中国人民不断取得中国革命、建设、改革的伟大成就。这反映在党带领人民建设新中国的整个历史进程中，反映在党领导人民治国理政的各方面具体实践中，也反映在顺应时代大势的"历史抉择"上。

党的十八大以来，面对世界百年未有之大变局，以习近平同志为核心的党中央领导人民正本清源、开拓创新、攻坚克难，坚定道路自信、理论自信、制度自信、文化自信，勇于进行具有许多新的历史特点的伟大斗争，推动党和国家事业取得历史性成就、发生历史性变革，使科学社会主义在 21 世纪焕发新的生机活力。这充分表明，中国共产党在引领国家发展中有效发挥了政治主心骨和政治领航者作用；坚持和完善中国特色社会主义制度、推进国家治理体系和治理能力现代化，必须坚持党的领导，自觉贯彻党总揽全局、协调各方的根本要求。

始终坚持党的集中统一领导，是我国社会主义政治制度优越性的一个突出特点。习近平同志指出："中国最大的国情就是中国共产党的领导。什么是中国特色？这就是中国特色。""坚持和完善党的领导，是党和国家的根本所在、命脉所在，是全国各族人民的利益所在、幸福所在。"《决定》系统阐述我国国家制度和国家治理体系 13 个方面的显著优势，这些显著优势都同党的领导这一根本领导制度密切相关，也都离不开这一根本领导制度的支撑。中国共产党以为人民谋幸福、为民族谋复兴、为世界谋大同为己任，代表中国最广大人民根本利益，为各方面制度的确立、发展和完善提供了崇高的思想引领和价值追求，也使各方面的国家制度在体现人民共同意愿、妥善处理各种利益关系、保持社会创造活力、维护社会和谐稳定等方面形成统一意志和制度合力；中国共产党把推进理论创新、实践创新同推进制度创新作为一个统一的历史进程，不断为各方面制度的发展与完善提供"源头活水"，避免制度建设出现停滞和僵化，为国家制度和国家治理体系的创新发展提供了不竭动力；中国共产党坚持以总揽全局、协调各方的领导核心作用和上下贯通、执行有力的组织领导体系，实现了社会各方面力量和资源的有效整合，保证了我国国家制度和国家治理体系的实际效果；等等。因此，《决定》指出："必须坚持党政军民学、东西南北中，党是领导一切的，坚决维护党中央权威，健全总揽全局、协调各方的党的领导制度体系，把党的领导落实到国家治理各领域各方面各环节。"

三、坚持和完善党的领导制度体系

任何一种政治制度都是动态发展的，中国共产党的领导制度也有一个与时俱进、不断完善的问题。坚持党的领导制度的统领地位，目的在于坚持发挥党总揽全局、协调各方的领导核心作用，提高党科学执政、民主执政、依法执政水平，保证党领导人民有效治理国家。为此，党的十九届四中全会就坚持和完善党的领导制度体系作出科学部署，提出建立不忘初心、牢记使命的制度，完善坚定维护党中央权威和集中统一领导的各项制度，健全党的全面领导制度，健全为人民执政、靠人民执政各项制度，健全提高党的执政能力和领导水平制度，完善全面从严治党制度六个方面的重要工作部署。

这六个方面的工作部署，既是历史经验特别是党的十八大以来实践经验的重要体现，也是顺应时代要求、实践发展和人民群众期待的新的制度安排；既有强化党的集中统一领导的工作要求，也有提高党的领导能力和领导水平的重要举措；既有维护民主集中制方面的制度规范，也有完善党领导人大、政府、政协、监察机关、审判机关、检察机关、武装力量、人民团体、企事业单位、基层群众自治组织、社会组织等制度，健全各级党委（党组）工作制度，确保党在各种组织中发挥领导作用，体现了党领导人民进行社会革命同进行自我革命的有机统一，为坚持和完善党的领导制度体系提供了基本遵循。可以预见，随着党的领导制度体系不断发展，党的领导制度在我国国家制度中的统领地位将得到更好体现，我国国家制度和国家治理体系的优势将得到更好发挥。

集中力量办大事的显著优势成就 "中国之治"

○ 中共中央党校（国家行政学院）习近平新时代中国特色社会主义思想研究中心

◎ 我国国家制度和国家治理体系的显著优势是什么？

◎ 怎么理解举世瞩目的"中国之治"？

◎ 新时代如何进一步发挥集中力量办大事的显著优势？

一、集中力量办大事是我国国家制度和国家治理体系的显著优势

1. 集中力量办大事的显著优势是在实践中形成并不断完善和发展的。在 5000 多年文明发展史中，中国人民团结一心、同舟共济，集中力量办成过许多大事。

2. 我国国家制度和国家治理体系有利于形成集中力量办大事的显著优势。

3. 我们党的性质宗旨、初心使命推动形成集中力量办大事的显著优势。

二、"中国之治" 彰显集中力量办大事的显著优势

1. 集中力量办大事使我国在落后条件下实现赶超发展。

2. 集中力量办大事使我们不断战胜前进道路上的各种风险挑战。

3. 集中力量办大事使我们有效实现好维护好发展好人民群众的根本利益。

集中力量办大事的显著优势成就"中国之治"

三、新时代进一步发挥集中力量办大事的显著优势

1. 坚持和完善中国特色社会主义制度，必须长期保持并不断增强我国国家制度和国家治理体系的显著优势。

2. 坚持和加强党的全面领导。

3. 坚持全国一盘棋，调动各方面积极性。

4. 适应治理现代化要求更好完善体制机制。

我国国家制度和国家治理体系具有多方面的显著优势，其中，"坚持全国一盘棋，调动各方面积极性，集中力量办大事"这一显著优势对于推动党和国家事业发展具有独特作用，是实现"中国之治"的重要原因。面向未来、面对挑战，我们需要进一步发挥好集中力量办大事这一显著优势，努力实现"两个一百年"奋斗目标、实现中华民族伟大复兴的中国梦。

一、集中力量办大事是我国国家制度和国家治理体系的显著优势

习近平总书记指出："我们最大的优势是我国社会主义制度能够集中力量办大事。这是我们成就事业的重要法宝。"新中国成立 70 多年来，随着我国国家制度和国家治理体系不断完善和发展，集中力量办大事的显著优势日益彰显。

集中力量办大事的显著优势是在实践中形成并不断完善和发展的。在 5000 多年文明发展史中，中国人民团结一心、同舟共济，集中力量办成过许多大事。新中国成立后，随着社会主义基本制

度的确立，集中力量办大事在体制机制上有了保障，有力促进了我国社会主义建设。比如，为了尽快增强国防实力、保卫和平，我国作出研制"两弹一星"的重大决策。在党的集中统一领导下，全国一盘棋，26个部委、20多个省区市、1000多家单位的精兵强将和优势力量大力协同、集中攻关，展现了社会主义中国攻克尖端科技难关的伟大创造力量。改革开放以来，集中力量办大事的显著优势得到进一步发挥，推动中国特色社会主义事业不断开创新局面。中国特色社会主义进入新时代，集中力量办大事的体制机制不断完善和发展，推动党和国家事业取得历史性成就、发生历史性变革。

我国国家制度和国家治理体系有利于形成集中力量办大事的显著优势。我国国家制度和国家治理体系有利于坚持全国一盘棋，调动各方面积极性，集中力量办大事。党的领导制度是我国的根本领导制度，确保党始终发挥总揽全局、协调各方的领导核心作用，避免各自为政、各行其是。民主集中制是我们党的根本组织原则和领导制度，强调民主基础上的集中和集中指导下的民主相结合，有利于在充分发扬民主的基础上集中各方面力量，调动各方面积极性。人民代表大会制度、中国共产党领导的多党合作和政治协商制度等，有利于在顺应民心、汲取民智中进行科学民主决策，有利于统筹兼顾不同利益群体的合理诉求，避免党派纷争掣肘，防止特殊利益集团干扰。社会主义基本经济制度有利于调节市场与政府、效率与公平、活力与秩序的关系，从而实现集中力量办大事。

我们党的性质宗旨、初心使命推动形成集中力量办大事的显著优势。我国国家制度和国家治理体系之所以能形成集中力量办大事的显著优势，根本还在于我们党的性质宗旨、初心使命。我们党作为中国工人阶级的先锋队，同时是中国人民和中华民族的先锋队，始终代表中国最广大人民的根本利益，能够在妥善处理人民当前利益与长远利益的关系中制定大政方针，能够在统筹兼顾局部利益与整体利益的关系中作出战略部署，因此能够坚持全国一盘棋、调动各方面积极性。我们党把为中国人民谋幸福、为中华民族谋复兴作为初心和使命，坚持以马克思主义为指导，能够准确把握时代脉搏，正确认识社会发展规律，立足我国国情提出奋斗目标，始终保持战略定力，一张蓝图绘到底。我们党组织严密、纪律严明，具有强大的执行力，能够为自己确立的奋斗目标不懈努力。我们党的一系列特质，决定了在党的领导下能够集中力量办大事。

二、"中国之治"彰显集中力量办大事的显著优势

习近平总书记指出："正是因为始终在党的领导下，集中力量办大事，国家统一有效组织各项事业、开展各项工作，才能成功应对一系列重大风险挑战、克服无数艰难险阻，始终沿着正确方向稳步前进。"新中国成立以来，我国能够创造经济快速发展奇迹和社会长期稳定奇迹，形成举世瞩目的"中国之治"，一个重要原因就是充分发挥集中力量办大事的显著优势。

集中力量办大事使我国在落后条件下实现赶超发展。新中国成立后，我们在十分落后的条件下开启现代化进程，只有付出更大努力、实现更快发展，才能体现社会主义优越性。为此，在工

业发展方面，我国集中力量发展重工业、国防工业等，在不太长时间里就建立起独立的比较完整的工业体系和国民经济体系，为我国此后成为制造业第一大国打下了坚实基础。在基础设施建设方面，坚持全国动员、全民动手，通过修建水利设施、治理淮河、建设铁路等，改善了社会生产条件和人民群众生活条件。在社会建设方面，集中实施扫盲、义务教育、防治血吸虫病等措施，迅速提高了人民群众的文化水平与健康素质。

改革开放以来，我们党领导人民在大踏步赶上时代的历史进程中，既充分发挥市场在资源配置中的决定性作用，又更好发挥政府作用，集中力量建设了一个个重大工程、重点项目，极大提升了我国综合国力与国际地位，也极大提高了人民生活水平。中国特色社会主义进入新时代，我们党进一步发挥集中力量办大事的显著优势，办成了许多过去想办而没有办成的大事，推动我国实现了从"赶上时代"到"引领时代"的伟大跨越。

集中力量办大事使我们不断战胜前进道路上的各种风险挑战。任何国家的发展都不是一帆风顺的，对于中国这样的大国来说，前进道路上面临的风险挑战更多更复杂。回顾新中国成立70多年的历史，我们之所以能够战胜前进道路上的各种风险挑战，与集中力量办大事这一显著优势紧密相关。改革开放以来，我国能够有力应变局、平风波、战洪水、防非典、抗地震、化危机，离不开集中力量办大事这一显著优势。当前，全党全军全国各族人民正在以习近平同志为核心的党中央坚强领导下抗击新冠肺炎疫情。在党中央集中统一领导下，中央应对疫情工作领导小组及时研究部署工作，国务院联防联控机制加大政策协调和物资调配力度，全国各地坚持一方有难、八方支援，各地区和军队的大量医务工作者火速驰援武汉和湖北其他地区……这些都体现了集中力量办大事的显著优势。充分发挥集中力量办大事的显著优势，我们必定能战胜一切风险挑战。

集中力量办大事使我们有效实现好维护好发展好人民群众的根本利益。我国国家制度和国家治理体系始终坚持以人民为中心，深得人民拥护。这决定了集中力量办大事与实现好维护好发展好人民群众根本利益是高度一致的。我们集中力量所要办的大事，是体现人民整体意志、符合人民根本要求、代表人民长远利益的大事，是有利于改善人民群众生产生活条件、保障人民群众权利、让发展成果更多更公平惠及全体人民的大事。比如，打好三大攻坚战是我们集中力量要办的大事，与人民群众的利益息息相关。就脱贫攻坚战而言，从 2012 年年底到 2019 年年底，我国贫困人口累计减少 9348 万人，也就是说在 2012—2019 年期间，平均每年脱贫人数都超过 1000 万。2020 年，全面打赢脱贫攻坚战收官之年。这无疑是我们集中力量办成的与人民群众利益息息相关的大事，具有重要历史意义。

三、新时代进一步发挥集中力量办大事的显著优势

坚持和完善中国特色社会主义制度，必须长期保持并不断增强我国国家制度和国家治理体系的显著优势。中国特色社会主义进入新时代，我们要创造新的更大的奇迹，必须进一步发挥集中力量办大事的显著优势。

坚持和加强党的全面领导。我们党能够始终把握时代脉搏，

顺应时代潮流，走在时代前列，在历史前进的逻辑中前进，在时代发展的潮流中发展，不断彰显自己的先进性。坚持和加强党的全面领导是中国特色社会主义事业不断开创新局面的根本保证，也是发挥集中力量办大事这一显著优势的根本保证。在前进道路上，我们面临的风险挑战只会越来越复杂，甚至会遇到难以想象的惊涛骇浪。面对这些风险挑战，知难而进、迎难而上并取得胜利，离不开进一步发挥集中力量办大事的显著优势。这就要求我们坚持和加强党的全面领导，全面提高党把方向、谋大局、定政策、促改革的定力和能力，全面增强全党思想上的统一、政治上的团结、行动上的一致，更好保障集中力量办大事。

坚持全国一盘棋，调动各方面积极性。在我国，各地区各部门的工作都是党和国家事业的重要组成部分，人民群众在根本利益上是一致的。这是能够坚持全国一盘棋、调动各方面积极性的原因所在，也是能够集中力量办大事的原因所在。新时代，更好发挥集中力量办大事的显著优势，必须进一步坚持全国一盘棋，强化大局意识，克服地方保护主义和本位主义等错误倾向；有效化解社会矛盾，广泛凝聚社会共识，全力画好同心圆，调动各方面积极性。特别需要指出的是，坚持全国一盘棋，调动各方面积极性，必须增强"四个意识"，坚定"四个自信"，做到"两个维护"，认真贯彻落实党中央决策部署，切实做到令行禁止。

适应治理现代化要求更好完善体制机制。新时代发挥集中力量办大事的显著优势，应当具有新时代特征、用好新时代条件。要适应推进国家治理体系和治理能力现代化的要求，更加注重制度之间的协同性、耦合性，形成集中力量办大事的最优实现路径。

充分发挥中国特色社会主义民主政治优势，坚持和完善民主集中制，在决策、执行、监督等方面完善集中力量办大事的体制机制，提高集中力量办大事的民主化、科学化水平。按照社会主义市场经济要求发挥集中力量办大事的显著优势，既用好政府这只"看得见的手"，也用好市场这只"看不见的手"，让"两只手"有机配合、协同发力。（执笔：郝永平　黄相怀）

创造"中国之治"的根本所在

○ 郭庆松
上海市习近平新时代中国特色社会主义思想研究中心副主任

◎ "中国之治"的核心密码是什么？

◎ 为什么说党的领导具有统领地位？

◎ 如何坚持和完善党的领导制度体系？

一、中国共产党领导是中国特色社会主义制度的最大优势

1. 在国家治理体系的大棋局中，党中央是坐镇中军帐的"帅"，车马炮各展其长，一盘棋大局分明。

2. 根据事实看优势。

3. 在党的集中统一领导下，我们建立和完善社会主义制度，形成和发展党的领导和经济、政治、文化、社会、生态文明、军事、外事等各方面制度，加强和完善国家治理，为党和国家事业发展提供了有力保障。

创造"中国之治"的根本所在

二、党的领导具有统领地位

1. 党的领导制度是我国的根本领导制度。

2. 党的领导的统领地位是全过程的。
· 我国国家制度和国家治理体系 13 个方面的显著优势，正是在党的领导下形成的，体现了党的性质和宗旨、初心和使命，体现了党的基本理论、基本路线、基本方略。
· 没有党的集中统一领导，没有党的科学理论指导，我国国家制度和国家治理体系就不可能形成多方面显著优势。

3. 党的领导的统领地位是全方位的。
· 全方位是指我国国家制度和国家治理体系的显著优势在各领域各方面充分发挥作用，都离不开党的领导。
· 实践充分证明，无论哪一方面显著优势的发挥，无论哪一方面事业的发展，都必须坚持党的领导。离开党的领导，各方面显著优势就难以充分发挥。

三、坚持和完善党的领导制度体系

1. 制度稳则国家稳，制度强则国家强。

2. 全面建设好、始终坚持好、不断完善和发展好 6 个方面内容。

3. 制度更加成熟更加定型是一个动态过程，国家治理体系和治理能力现代化也是一个动态过程，不可能一蹴而就，也不可能一劳永逸。

新中国成立 70 多年来，我们党领导人民创造了世所罕见的经济快速发展奇迹和社会长期稳定奇迹，中华民族迎来了从站起来、富起来到强起来的伟大飞跃，"中国之治"令世界惊叹。"中国之治"的核心密码在于"中国之制"，在于我国国家制度和国家治理体系的显著优势。党的十九届四中全会《决定》阐明了我国国家制度和国家治理体系 13 个方面的显著优势，其中第一个显著优势就是"坚持党的集中统一领导，坚持党的科学理论，保持政治稳定，确保国家始终沿着社会主义方向前进的显著优势"。这一显著优势深刻体现了"中国共产党领导是中国特色社会主义最本质的特征，是中国特色社会主义制度的最大优势，党是最高政治领导力量"，是我们能够创造"中国之治"的根本所在。

一、中国共产党领导是中国特色社会主义制度的最大优势

党政军民学，东西南北中，党是领导一切的。习近平同志指出："我国社会主义政治制度优越性的一个突出特点是党总揽全局、协调各方的领导核心作用，形象地说是'众星捧月'，这个'月'

就是中国共产党。在国家治理体系的大棋局中，党中央是坐镇中军帐的'帅'，车马炮各展其长，一盘棋大局分明。如果中国出现了各自为政、一盘散沙的局面，不仅我们确定的目标不能实现，而且必定会产生灾难性后果。"这一重要论述深刻阐明了党的领导在我国国家制度和国家治理体系中的统领性地位，深刻阐明了坚持党的领导的极端重要性，深刻阐明了为什么在第一个显著优势中特别强调"坚持党的集中统一领导"。

是不是优势要看事实。新中国成立70多年来，我们党不断解放和发展社会生产力，带领全国人民创造了世所罕见的经济快速发展奇迹和社会长期稳定奇迹：我国1952年GDP仅为679亿元、人均GDP仅为119元，2019年GDP则为99.0865万亿元、人均GDP达到10276美元，首次站上1万美元的新台阶。同时，在党的领导下，我国始终坚持中国特色社会主义政治发展道路、发展社会主义民主政治，始终坚持在发展中保障和改善民生、在共建共治共享中加强社会治理，我国长期保持社会和谐稳定、人民安居乐业，成为世界上最有安全感的国家之一。

历史和现实一再表明，党的领导是中国特色社会主义制度的最大优势，是党和国家的根本所在、命脉所在，是全国各族人民的利益所在、幸福所在，是其他各方面制度发挥作用的关键，是其他各方面显著优势充分发挥的保证。新中国成立70多年来，正是在党的集中统一领导下，我们建立和完善社会主义制度，形成和发展党的领导和经济、政治、文化、社会、生态文明、军事、外事等各方面制度，加强和完善国家治理，为党和国家事业发展提供了有力保障。我们党是以科学理论为指导的马克思主义政党，坚持党的集中统一领导与坚持党的科学理论是有机统一的。我们始终坚持党的科学理论，以党的创新理论凝心聚力、培根铸魂，指引党和人民团结奋斗。实践证明，坚持党的集中统一领导，坚持党的科学理论，才能既不走封闭僵化的老路也不走改旗易帜的邪路，而是坚定不移走中国特色社会主义道路，最终实现中华民族伟大复兴的中国梦。

二、党的领导具有统领地位

我国国家制度和国家治理体系的显著优势涵盖广泛、内容宏富，是一个逻辑清晰、内在统一的科学体系，各方面显著优势各有侧重又相互支撑，而坚持党的领导居于统领地位，对其他方面显著优势具有强大支撑作用。党的领导制度是我国的根本领导制度。我们推进各方面制度建设、推动各项事业发展、加强和改进各方面工作，都必须坚持党的领导，自觉贯彻党总揽全局、协调各方的根本要求。只有深刻认识党的领导的统领地位，始终坚持党的集中统一领导，才能保证我国国家制度和国家治理体系始终坚持正确方向、科学高效运转，才能充分发挥我国国家制度和国家治理体系各方面的显著优势。

党的领导的统领地位是全过程的。全过程是指我国国家制度和国家治理体系显著优势的形成、发展和进一步完善都离不开党的领导，坚持党的领导必须一以贯之。新中国成立以来，我们党团结带领人民，坚持把马克思主义基本原理同中国具体实际相结合，不断探索、不断实践，建立和完善我国国家制度和国家治理体系。我国国家制度和国家治理体系13个方面的显著优势，正是在党的领导下形成的，体现了党的性质和宗旨、初心和使命，体现了党的基本理论、基本路线、基本方略。比如，"坚持人民当家作主，发展人民民主，密切联系群众，紧紧依靠人民推动国家发展的显著优势""坚持以人民为中心的发展思想，不断保障和改善民生、增进人民福祉，走共同富裕道路的显著优势"，都彰显了党的性质和宗旨、初心和使命，是党的根本政治立场、群众路线等在制度建设中的集中体现。没有党的集中统一领导，没有党的科学理论指导，我国国家制度和国家治理体系就不可能形成多方面显著优势。新时代，充分发挥多方面显著优势，必须一以贯之坚持党的领导。

党的领导的统领地位是全方位的。全方位是指我国国家制度和国家治理体系的显著优势在各领域各方面充分发挥作用，都离不开党的领导。新中国成立以来，正是在党的领导下，我们在经济、政治、法治、科技、文化、教育、民生、民族、宗教、社会、生态文明、国家安全、国防和军队、"一国两制"和祖国统一、统一战线、外交、党的建设等各领域各方面形成了科学制度。党的十八大以来，我们党领导人民统筹推进"五位一体"总体布局、协调推进"四个全面"战略布局，推动中国特色社会主义制度更加完善、国家治理体系和治理能力现代化水平明显提高，为政治稳定、经济发展、文化繁荣、民族团结、人民幸福、社会安宁、国家统一提供了有力保障，我国国家制度和国家治理体系具有的多方面显著优势得到充分发挥。实践充分证明，无论哪一方面显著优势的发挥，无论哪一方面事业的发展，都必须坚持党的领导。离开党的领导，各方面显著优势就难以充分发挥。

三、坚持和完善党的领导制度体系

制度稳则国家稳，制度强则国家强。制度优势是一个国家的最大优势，制度竞争是国家间最根本的竞争。长期以来，在党的坚强领导下，我国国家制度和国家治理体系已经形成多方面显著优势。新时代，我们必须始终保持并不断增强中国共产党领导这一中国特色社会主义制度的最大优势，把我国制度优势更好转化为国家治理效能。这是党和国家事业发展的根本保障。

习近平同志指出："要顺利推进新时代中国特色社会主义各项事业，必须完善坚持党的领导的体制机制，更好发挥党的领导这一最大优势，担负好进行伟大斗争、建设伟大工程、推进伟大事业、实现伟大梦想的重大职责。"更好发挥党的领导这一最大优势，就要推动党的领导制度体系更加科学严密、更加成熟定型、更有效率活力，不断提高党科学执政、民主执政、依法执政水平。党的十九届四中全会《决定》强调，必须坚持党政军民学、东西南北中，党是领导一切的，坚决维护党中央权威，健全总揽全局、协调各方的党的领导制度体系，把党的领导落实到国家治理各领域各方面各环节。为此，《决定》提出了坚持和完善党的领导制度体系6个方面的主要内容：一是建立不忘初心、牢记使命的制度；二是完善坚定维护党中央权威和集中统一领导的各项制度；三是健全党的全面领导制度；四是健全为人民执政、靠人民执政各项制度；五是健全提高党的执政能力和领导水平制度；六是完善全面从严治党制度。这6个方面制度是构成党的领导制度体系的基本要素，是加强党的领导制度体系建设的着力点，也是充分发挥我国国家制度和国家治理体系多方面显著优势的客观需要。我们必须按照《决定》的要求，全面建设好、始终坚持好、不断完善和发展好这6个方面内容。

制度更加成熟更加定型是一个动态过程，国家治理体系和治理能力现代化也是一个动态过程，不可能一蹴而就，也不可能一劳永逸。在前进征程上，我们还会遇到不少困难和阻力、风险和挑战。无论在任何时候、任何情况下，我们都要始终坚持党的领导，在这一点上不能有丝毫动摇。牢牢把握和充分发挥"坚持党的集中统一领导，坚持党的科学理论，保持政治稳定，确保国家始终沿着社会主义方向前进的显著优势"，其他方面显著优势的发挥就有了根本保证，坚持和完善中国特色社会主义制度、推进国家治理体系和治理能力现代化的总体目标就能如期实现，我国制度优势就能更好转化为国家治理效能，新时代中国特色社会主义就能不断从胜利走向胜利。

建立健全党对重大工作的领导体制机制

○ 穆　虹

　中央全面深化改革委员会办公室分管日常工作的副主任

◎ 如何加强党的全面领导？

◎ 党对重大工作领导的改革要求是什么？

◎ 如何进一步深刻领悟党中央的部署？

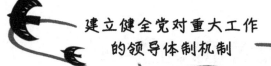

建立健全党对重大工作的领导体制机制

一、加强党的全面领导，首先要加强党对涉及党和国家事业全局的重大工作的集中统一领导

全面深化改革的总目标是完善和发展中国特色社会主义制度、推进国家治理体系和治理能力现代化。

三、全面落实加强优化党对重大工作领导的改革要求

1. 认真学习领会习近平新时代中国特色社会主义思想，特别是其中关于坚持和加强党的全面领导、建立健全党对重大工作领导体制机制的论述。

2. 要对照党中央对重大工作领导体制机制改革的部署及工作要求，对本地区本部门原设置的议事协调机构及职能进行必要调整，理顺主从关系。

3. 经过优化调整的议事协调机构应及时健全工作职责、议事协调规则、工作流程、监督落实机制等工作制度，明确领导分工和办事机构，厘清与职能部门的工作关系。

二、建立健全党对重大工作的领导体制机制，为统筹推进"五位一体"总体布局、协调推进"四个全面"战略布局提供强有力的制度保障

1. 党的十九大作出决胜全面建成小康社会、开启全面建设社会主义现代化国家新征程的战略部署，实施这一系列战略部署将在统筹推进"五位一体"总体布局、协调推进"四个全面"战略布局的大格局中展开。

2.《决定》有针对性地提出，优化党中央决策议事协调机构，负责重大工作的顶层设计、总体布局、统筹协调、整体推进。这一改革要求在深化党和国家机构改革方案中得到体现。

3. 将中央全面深化改革领导小组、中央网络安全和信息化领导小组、中央财经领导小组、中央外事工作领导小组分别改为委员会，负责相关领域重大工作的顶层设计、总体布局、统筹协调、整体推进、督促落实。

党的十九届二中全会通过的《中共中央关于深化党和国家机构改革的决定》（以下简称《决定》）明确提出，深化党和国家机构改革要以加强党的全面领导为统领，形成总揽全局、协调各方的党的领导体系，完善保证党的全面领导的制度安排，改进党的领导方式和执政方式，提高党把方向、谋大局、定政策、促改革的能力和定力。《决定》把完善坚持党的全面领导的制度作为这次深化党和国家机构改革的首要制度安排，相应提出建立健全党对重大工作的领导体制机制、强化党的组织在同级组织中的领导地位、更好发挥党的职能部门作用、统筹设置党政机构、推进党的纪律检查体制和国家监察体制改革5个方面改革要求，其中"建立健全党对重大工作的领导体制机制"列在首位。对此，我们必须全面领会、准确把握，坚决贯彻落实。

一、加强党的全面领导，首先要加强党对涉及党和国家事业全局的重大工作的集中统一领导

中国共产党的领导是中国特色社会主义最本质的特征。党政军民学，东西南北中，党是领导一切的。党和国家事业发展涉及的工作千头万绪，加强党的全面领导，发挥好党总揽全局、协调各方的作用，不是空洞的、抽象的，需要一整套制度安排。其中，建立健全党对重大工作的领导体制机制是一个事关全局的环节。要努力从机构职能设置上解决党对一切工作领导的体制机制问题，解决党长期执政条件下党政军群的机构职能关系问题，为有效发挥中国共产党领导这一中国特色社会主义制度的最大优势提供完善有力的体制机制保障、坚实的组织基础和有效的工作体系，确保党对国家和社会实施领导的制度得到加强和完善，更好担负起进行伟大斗争、建设伟大工程、推进伟大事业、实现伟大梦想的重大职责。

党中央历来高度重视加强对涉及全局重大工作的集中统一领导，在革命、建设、改革的不同历史时期，为军事斗争、经济建设、改革开放等重大工作都曾专门设立过决策议事协调机构，发挥了重要作用，成为党加强集中统一领导、推动重大工作落实的一条成功经验。

党的十八大以来，以习近平同志为核心的党中央明确提出，全面深化改革的总目标是完善和发展中国特色社会主义制度、推进国家治理体系和治理能力现代化。适应统筹推进"五位一体"总体布局、协调推进"四个全面"战略布局的需要，在党中央已

设立的决策议事协调机构基础上，新成立了中央全面深化改革领导小组、中央国家安全委员会、中央网络安全和信息化领导小组、中央军民融合发展委员会等，进一步加强党的集中统一领导，推动这些重要领域工作取得重大进展，为党和国家事业取得历史性成就、发生历史性变革提供了有力保障。

例如，党的十八届三中全会通过的《中共中央关于全面深化改革若干重大问题的决定》，对全面深化改革作出总体部署，共提出了336项重要改革举措，涉及经济、政治、文化、社会、生态文明、党的建设、国防军队等多个领域，改革领域之全面、触及矛盾之深刻、影响范围之广泛前所未有。为领导推动这项艰巨繁重的系统工程，党中央迅速成立中央全面深化改革领导小组，由习近平同志亲自担任组长，负责改革总体设计、统筹协调、整体推进、督促落实。随后召开的党的十八届四中、五中、六中全会陆续提出的280项重要改革举措，也在中央全面深化改革领导小组统领下一体部署、一体推进、一体落实。

5年来，习近平同志主持召开了40次中央全面深化改革领导小组会议，审议了近400个重要改革文件，推动各方面共出台1500多项改革实施举措。全面深化改革主体框架基本确立，一些重点领域、关键环节改革取得突破性进展，各方面改革成效正在逐步显现，为党和国家事业发展提供了强大的动力和活力。这是党中央通过建立党对重大工作领导体制机制推动重大任务落实的又一次成功实践。

二、建立健全党对重大工作的领导体制机制，为统筹推进"五位一体"总体布局、协调推进"四个全面"战略布局提供强有力的制度保障

党的十九大作出决胜全面建成小康社会、开启全面建设社会主义现代化国家新征程的战略部署，实施这一系列战略部署将在统筹推进"五位一体"总体布局、协调推进"四个全面"战略布局的大格局中展开。为全面贯彻落实党的十九大精神，不论是加强党的长期执政能力建设、推进国家治理体系和治理能力现代化，还是促进保障各项战略部署和阶段性目标任务的完成，都需要继续加强和完善党的全面领导，并在体制机制上得到落实。

《决定》指出，当前，面对新时代新任务提出的新要求，党和国家机构设置和职能配置同统筹推进"五位一体"总体布局、协调推进"四个全面"战略布局的要求还不完全适应，同实现国家治理体系和治理能力现代化的要求还不完全适应。一些领域党的机构设置和职能配置还不够健全有力，这其中包括党对重大工作的领导体制覆盖还不够全面，机构和职能设置不够规范，其他方面的议事协调机构同党中央决策议事协调机构衔接不够等。

《决定》有针对性地提出，优化党中央决策议事协调机构，负责重大工作的顶层设计、总体布局、统筹协调、整体推进。这一改革要求在深化党和国家机构改革方案中得到体现。例如：组建中央全面依法治国委员会，就是为加强党中央对法治中国建设的集中统一领导，健全党领导全面依法治国的制度和工作机制，更好落实全面依法治国基本方略，为全面依法治国提供重要保障。

组建中央审计委员会，就是为加强党中央对审计工作的领导，构建集中统一、全面覆盖、权威高效的审计监督体系，更好发挥审计监督作用。组建中央教育工作领导小组，就是为加强党中央对教育工作的集中统一领导，全面贯彻党的教育方针，加强教育领域党的建设，做好学校思想政治工作，落实立德树人根本任务，深化教育改革，加快教育现代化，办好人民满意的教育。再如，为加强党中央对涉及全局的重大工作的集中统一领导，强化决策和统筹协调职责，将中央全面深化改革领导小组、中央网络安全和信息化领导小组、中央财经领导小组、中央外事工作领导小组分别改为委员会，负责相关领域重大工作的顶层设计、总体布局、统筹协调、整体推进、督促落实。

这次深化党和国家机构改革，把建立健全党对重大工作的领导体制机制摆在突出位置，在党中央已建立的决策议事协调机构基础上，按照统筹推进"五位一体"总体布局、协调推进"四个全面"战略布局的需要，针对突出矛盾和短板，着眼长远制度安排，该增设的增设、该优化的优化、该调整的调整，形成在中央政治局及其常委会领导下党中央决策议事协调机构的崭新格局，实现了党对重大工作领导的更全面覆盖，进一步打通了党的领导与各方面工作的关系，进一步理顺、规范、优化了相应机构和职能设置，进一步增强了党的领导体制的系统性、整体性、协同性，必将对党和国家事业发展产生重大现实影响和深远历史影响。

三、全面落实加强优化党对重大工作领导的改革要求

这次党和国家机构改革方案，对中央层面党对重大工作领导体制机制作出了加强优化的安排，同时要求其他方面的议事协调机构要同党中央决策议事协调机构的设立调整相衔接，保证党中央令行禁止和工作高效。各地区各部门党委（党组）要坚持依规治党，完善相应体制机制，提升协调能力，把党中央各项决策部署落到实处。

各地区各部门党委（党组）应带头学习领会《决定》精神，吃透工作要求，提高政治站位，增强"四个意识"，坚定"四个自信"，坚决维护党中央权威和集中统一领导，把思想和行动统一到党中央关于深化党和国家机构改革的决策部署上来。

一是认真学习领会习近平新时代中国特色社会主义思想，特别是其中关于坚持和加强党的全面领导、建立健全党对重大工作领导体制机制的论述。党的十八大以来，习近平同志对加强和改进党对全面建成小康社会、全面深化改革、全面依法治国、全面从严治党的领导，健全完善党对经济、"三农"、政法、金融、教育、科技、民族宗教、新闻舆论、群团、军民融合等工作的领导体制机制有一系列精辟的论述。学习领会好这些重要思想，对我们正确理解党中央的改革意图，提高贯彻落实的自觉性、坚定性至关重要。

二是要对照党中央对重大工作领导体制机制改革的部署及工作要求，对本地区本部门原设置的议事协调机构及职能进行必要调整，理顺主从关系，提高各级党委把握全局和重大工作的能力，

确保党的领导得到落实，保证党中央令行禁止。

三是经过优化调整的议事协调机构应及时健全工作职责、议事协调规则、工作流程、监督落实机制等工作制度，明确领导分工和办事机构，厘清与职能部门的工作关系，确保工作高效有序，确保党中央决策部署及时传导、不折不扣得到落实。

毫不动摇坚持和加强党对一切工作的领导

○ 闻　言

◎ 坚持党对一切工作领导的重大意义主要体现在哪里？

◎ 如何进一步坚持和加强党的全面领导？

◎ 如何充分发挥党总揽全局、协调各方的领导核心作用？

1. 党的领导制度是我国的根本领导制度。

2. 中国共产党的领导是中国特色社会主义最本质的特征,是历史、人民的选择。

3. 没有中国共产党领导,我们的国家、民族不可能取得今天的成就,也不可能具有今天的国际地位。

4. 实践是检验真理的唯一标准。

5. 中国共产党的领导是中国特色社会主义制度的最大优势,是做好党和国家各项工作的根本保证。

6. 党的领导的优势,体现在党的科学理论和正确路线方针政策、党的执政能力和执政水平、党的严密组织体系和强大组织能力等各方面。

7. 党的领导是我国政治稳定、经济发展、民族团结、社会稳定的根本点。

8. 中国共产党的领导是中国人民和中华民族应对国内外各种风险考验的主心骨。

1. 全党要切实增强"四个意识",做到"两个维护"。

2. 维护党中央权威和集中统一领导,首先要维护习近平总书记核心地位。

3. 坚持党中央集中统一领导,确立和维护党的领导核心,是推进全面从严治党,提高党的创造力、凝聚力、战斗力的迫切要求,是我国革命、建设、改革的重要经验,是一个成熟的马克思主义执政党的重大建党原则。

二、坚持和加强党的全面领导,首先要维护习近平总书记党中央的核心、全党的核心地位,维护党中央权威和集中统一领导

毫不动摇坚持和加强党对一切工作的领导

一、深刻认识坚持党对一切工作领导的重大意义

三、充分发挥党总揽全局、协调各方的领导核心作用

1. 把重点放在把方向、谋全局、抓大事上。

2. 党的领导必须是全面的、系统的、整体的。

3. 正确处理好各种重大关系。党政关系既是重大理论问题,也是重大实践问题。

4. 党的领导和社会主义法治是一致的。

四、坚持和完善党的领导制度体系,提高党科学执政、民主执政、依法执政水平

1. 建立不忘初心、牢记使命的制度。

2. 完善坚定维护党中央权威和集中统一领导的各项制度。

3. 健全党的全面领导制度。

4. 健全为人民执政、靠人民执政各项制度。

5. 健全提高党的执政能力和领导水平制度。

6. 完善全面从严治党制度。

在全党全国深入贯彻落实党的十九届四中全会精神之际，习近平《论坚持党对一切工作的领导》出版发行。这部专题文集收入习近平总书记有关重要文稿七十篇，有许多文稿是首次公开发表。习近平总书记围绕坚持党对一切工作领导的重大意义、方向原则、体制机制、方式方法等重大问题所作的深刻阐述，集中反映了新时代坚持党对一切工作领导在实践中的新探索和在理论上的新发展，极大深化了我们党对共产党执政规律、社会主义建设规律、人类社会发展规律的认识。

　　党的十九届四中全会鲜明指出了我国国家制度和国家治理体系的显著优势，第一个就是"坚持党的集中统一领导，坚持党的科学理论，保持政治稳定，确保国家始终沿着社会主义方向前进的显著优势"，全会把坚持和完善党的领导制度体系放在首要位置写进决定，突出党的领导制度在中国特色社会主义制度和国家治理体系中的统领地位。认真学习习近平总书记关于坚持党对一切工作领导的重要论述，对于贯彻落实党的十九届四中全会精神，毫不动摇坚持和加强党对一切工作的领导，坚持和完善中国特色社会主义制度、推进国家治理体系和治理能力现代化，实现"两个一百年"奋斗目标、实现中华民族伟大复兴的中国梦，具有重大而深远的意义。

一、深刻认识坚持党对一切工作领导的重大意义

党的领导制度是我国的根本领导制度。党政军民学，东西南北中，党是领导一切的，是最高的政治领导力量。我们的全部事业都建立在这个基础之上，都根植于这个最本质特征和最大优势。坚持和加强党的全面领导，关系党和国家前途命运，在这个问题上犯错误往往是灾难性的、颠覆性的。这部专题文集的开卷篇，习近平总书记就鲜明地提出要"确保党始终成为中国特色社会主义事业的坚强领导核心"。全书都贯穿了习近平总书记关于这个问题的思考和论述。

中国共产党的领导是中国特色社会主义最本质的特征，是历史的选择、人民的选择。2013 年 12 月，习近平总书记在中央经济工作会议上的讲话中提出"中国特色社会主义有很多特点和特征，但最本质的特征是坚持中国共产党领导"。此后，习近平总书记多次对这一论断进行深刻阐述。2018 年 3 月十三届全国人大一次会议通过宪法修正案，在宪法序言确定党的领导地位的基础上，又在总纲中明确规定中国共产党领导是中国特色社会主义最本质的特征，强化了党总揽全局、协调各方的领导地位。宪法以根本法的形式确立党的领导地位，反映的是中国最大的国情，是党带领人民进行革命、建设、改革取得的成果，是历史和人民的选择。

只要深入了解中国近代史、中国现代史、中国革命史，就不难发现，如果没有中国共产党领导，我们的国家、我们的民族不可能取得今天这样的成就，也不可能具有今天这样的国际地位。党的十八大以来，我们坚持和加强党对一切工作的领导，战胜一系列重大挑战，解决了许多长期想解决而没有解决的难题，办成了许多过去想办而没有办成的大事，中国特色社会主义建设取得了历史性成就，我们党、国家、人民、军队的面貌发生了历史性变化。这些事实充分证明，只有中国共产党才能领导中国。坚持和完善党的领导，是党和国家的根本所在、命脉所在，是全国各族人民的利益所在、幸福所在。

实践是检验真理的唯一标准。习近平总书记指出，建党九十多年，新中国成立七十多年，改革开放四十多年，从一个胜利走向另一个胜利，从一个成功走向另一个成功，还有什么可以动摇我们的信念呢？

中国共产党的领导是中国特色社会主义制度的最大优势，是做好党和国家各项工作的根本保证。党的十八大以来，在提出"中国共产党的领导是中国特色社会主义最本质的特征"的同时，习近平总书记提出并深刻阐述了中国共产党的领导是中国特色社会主义制度的最大优势、是做好党和国家各项工作根本保证的重大论断。

党的领导的优势，体现在党的科学理论和正确路线方针政策、党的执政能力和执政水平、党的严密组织体系和强大组织能力等各方面。具体的就突出体现在促进政治稳定、经济发展、民族团结、社会稳定上。习近平总书记指出：党的领导是做好党和国家各项工作的根本保证，是我国政治稳定、经济发展、民族团结、社会稳定的根本点，绝对不能有丝毫动摇。

从政治稳定看。冷战结束以来，在西方价值观念鼓捣下，一些国家被折腾得不成样子了，有的四分五裂，有的战火纷飞。如果中国出现了各自为政、一盘散沙的局面，不仅我们确定的目标不能实现，而且必定会产生灾难性后果。习近平总书记强调：我国社会主义政治制度优越性的一个突出特点是党总揽全局、协调各方的领导核心作用，形象地说是"众星捧月"，这个"月"就是中国共产党。在国家治理体系的大棋局中，党中央是坐镇中军帐的"帅"，车马炮各展其长，一盘棋大局分明。这就保证党领导人民有效治理国家，切实防止了出现群龙无首、一盘散沙的现象。

从经济发展看。改革开放以来，我们党坚持以经济建设为中心，坚持把社会主义制度和市场经济有机结合起来，始终从全局和战略高度，着眼于最广大人民根本利益，牢牢把握发展方向，统筹谋划、通盘考虑各方面因素，兼顾各方面利益，协调各方面关系，使各项工作取得最大综合效益，充分体现了集中力量办大事的优势，有效促进了社会生产力解放和发展，促进了人民生活质量和水平不断提高。习近平总书记强调：坚持党的领导，发挥党总揽全局、协调各方的领导核心作用，是我国社会主义市场经济体制的一个重要特征。我国经济社会发展之所以能够取得世所罕见的巨大成就，我国人民生活水平之所以能够大幅度提升，都同我们坚定不移坚持党的领导、充分发挥各级党组织和全体党员作用是分不开的。

从民族团结看。没有坚强有力的政治领导，一个多民族国家要实现团结统一是不可想象的。历史和现实中一些国家和地区发生战乱，很重要的一个起因就是民族矛盾。在中国共产党领导下，中国走出了一条中国特色解决民族问题的正确道路，呈现出各民族人民共同团结奋斗、共同繁荣发展的良好局面。习近平总书记指出：中国共产党的领导是民族工作成功的根本保证，也是各民族大团结的根本保证。只要我们牢牢坚持中国共产党的领导，就没有任何人任何政治势力可以挑拨我们的民族关系，我们的民族团结统一在政治上就有充分保障。

从社会稳定看。历史和现实都告诉我们，没有安全稳定的社会环境，什么事情也办不成。我国社会主义现代化建设能够取得举世瞩目的伟大成就，同我国社会保持长期稳定是密不可分的。习近平总书记指出：为什么我国能保持长期稳定，没有乱？根本的一条就是我们始终坚持共产党领导。党的领导是党和国家事业不断发展的"定海神针"。正是在党的领导下，全国人民围绕共同理想、共同目标、共同价值观凝聚起最广泛的共识，团结起一切可以团结的力量，调动一切可以调动的积极因素，确保社会既充满活力又和谐有序。

中国共产党的领导是中国人民和中华民族应对国内外各种风险考验的主心骨。在前进的道路上，我们已经取得了巨大的成就，但也面临着前所未有的困难和挑战。当前，我国处于近代以来最好的发展时期，世界处于百年未有之大变局，两者同步交织、相互激荡。我国发展面临难得的机遇，同时，各方面风险也在不断积累甚至集中显露。我们面临的重大风险，既包括国内的经济、政治、意识形态、社会风险以及来自自然界的风险，也包括国际经济、政治、军事风险等。如果发生重大风险又扛不住，国家安全就可能面临重大威胁，中华民族伟大复兴进程就可能被迫中断。

习近平总书记强调：中国共产党在内忧外患中诞生，在磨难挫折中成长，在战胜风险挑战中壮大，始终有着强烈的忧患意识、风险意识。改革开放以来，我们就是在有力应变局、平风波、战洪水、防非典、抗地震、化危机的过程中，成功应对一系列重大风险挑战，开创和发展中国特色社会主义道路的。有了中国共产党的坚强领导，有在长期实践中形成的稳中求进的历史经验，在应对和战胜前进道路上的各种风险和挑战中，全国人民就有了主心骨，我们就一定能够"图之于未萌，虑之于未有"，力争不出现重大风险，在出现重大风险时也能扛得住、过得去。

二、坚持和加强党的全面领导，首先要维护习近平总书记党中央的核心、全党的核心地位，维护党中央权威和集中统一领导

党的十八届六中全会正式提出"以习近平同志为核心的党中央"，党的十九大把"坚定维护以习近平同志为核心的党中央权威和集中统一领导"写入党章，这是全党全国各族人民的共同愿望，是推进全面从严治党，提高党的创造力、凝聚力、战斗力的迫切要求，是保持党和国家事业发展正确方向的根本保证。这部专题文集，集中反映了习近平总书记创造性提出的坚持党的领导首先就要坚决维护党中央权威和集中统一领导，增强"四个意识"，做到"两个维护"等重要论断。

全党要切实增强"四个意识"，做到"两个维护"。坚持党

的全面领导首先就要维护党中央权威和集中统一领导，最重要的就是要牢固树立"四个意识"。习近平总书记强调："四个意识"不是空洞的口号，不能只停留在口头表态上，要切实落实到行动上。要严守党的政治纪律和政治规矩，始终在政治立场、政治方向、政治原则、政治道路上同党中央保持高度一致。要多从人类发展大潮流、世界变化大格局、中国发展大历史来认识和把握党的基本路线。党和国家大政方针的决定权在党中央，必须确保党中央一锤定音、定于一尊的权威。增强政治意识、大局意识、核心意识、看齐意识，最终要落脚在看齐上。要自觉经常同党中央对表，校准自己的思想和行动，在思想上高度认同，政治上坚决维护，组织上自觉服从，行动上紧紧跟随。

维护党中央权威和集中统一领导，首先要维护习近平总书记核心地位；维护习近平总书记核心地位，就是维护党中央权威和集中统一领导，"两个维护"在本质上是一体的。关于做到"两个维护"，习近平总书记强调："党中央的核心、全党的核心，对我来说就是责任，我要用毕生精力和全部生命来回报党和人民的信任，鞠躬尽瘁、死而后已，赴汤蹈火、万死不辞。""两个维护"要体现在坚决贯彻党中央决策部署的行动上，体现在履职尽责、做好本职工作的实效上，体现在党员、干部的日常言行上。做到"两个维护"，从根本上讲就是要做到对党忠诚，必须体现到对党的信仰的忠诚上，体现到对党组织的忠诚上，体现到对党的理论和路线方针政策的忠诚上。"两个维护"的内涵是特定的、统一的，全党只有党中央权威、只有向党中央看齐，各地区各部门各方面都必须维护党中央权威、向党中央看齐。这个逻辑不能层层推下去。层层提权威、要看齐，这在政治上是错误的，甚至是有害的。

坚持党中央集中统一领导，确立和维护党的领导核心，是推进全面从严治党，提高党的创造力、凝聚力、战斗力的迫切要求。党的十八届六中全会通过的《关于新形势下党内政治生活的若干准则》提出："坚持党的领导，首先是坚持党中央的集中统一领导。一个国家、一个政党，领导核心至关重要。"为什么《准则》如此强调这个问题？习近平总书记指出：就是因为一段时间内，无视党中央权威的现象广泛存在，有些还很严重。有的立场不稳、丧失原则，在重大原则问题和大是大非面前立场摇摆、态度暧昧，没有同党中央保持高度一致；有的自以为是、胡言乱语，在重大政治问题上公开发表同党中央精神相违背的意见，对党中央大政方针说三道四；有的有令不行、有禁不止，在贯彻党的决议和党中央决策部署上搞上有政策下有对策，有的明明知道有问题，不但不抵制不报告，反而跻身其中、推波助澜，对党中央搞小动作；有的弄虚作假、欺上瞒下，事前不请示，事后不报告，或者只报成绩不报问题和缺点，向党中央打埋伏；有的自作主张、瞒天过海，对党中央决策部署打折扣、做选择、搞变通，致使党中央决策部署在贯彻执行中变形走样、落不了地；有的狂妄自大、阳奉阴违，把自己凌驾于党组织之上，把自己主政或分管的地方和部门当成"独立王国""私人领地"，拥护党中央的口号喊得震天响，实际上却是公开或者变相贩卖私货，背着党中央另搞一套；有的野心膨胀、权欲熏心，在党内培植个人势力，搞各种非组织派别活动，甚至公开搞分裂党的政治勾当，同党中央对着干。这说明，一些人目无政治纪律、无视党中央权威已经到了何种程度。如不坚决克服，就会对党和人民事业造成严重损害。

从党的十八届四中全会开始，习近平总书记就反复强调要警惕"七个有之"。2016 年初，习近平总书记就明确提出要在各级党组织和广大党员、干部中强化政治意识、大局意识、核心意识、看齐意识，后来又进一步强调要做到"两个维护"，就是要确保全党在思想上政治上行动上同党中央保持高度一致，进一步提高党的创造力、凝聚力、战斗力。

维护党中央权威和集中统一领导，是我国革命、建设、改革的重要经验，是一个成熟的马克思主义执政党的重大建党原则。古往今来，世界上的大国、大党崩溃或者衰败，其中一个普遍的原因就是中央权威丧失、国家无法集中统一。党的历史、新中国的历史都告诉我们：要治理好我们这个大党、治理好我们这个大国，保证党的团结和集中统一至关重要，维护党中央权威至关重要。回顾历史，我们党内也有过很多教训。长征路上，张国焘搞分裂，公然另立"中央"。延安时期，王明从苏联回国后在党内拉帮结派，后来在长江局工作我行我素、不听中央指挥。林彪、"四人帮"也是要篡党夺权。这些都给党的事业造成了极大损失和危害。习近平总书记深刻指出：思想上的统一、政治上的团结、行动上的一致是党的事业不断发展壮大的根本所在。坚持党的领导，首先是坚持党中央权威和集中统一领导，这是党的领导的最高原则，任何时候任何情况下都不能含糊、不能动摇。

三、充分发挥党总揽全局、协调各方的领导核心作用

坚持党对一切工作的领导，最关键的就是要坚持党总揽全局、协调各方的领导核心地位。这部专题文集第二篇《发挥党总揽全局、协调各方的领导核心作用》，集纳了 2012 年 11 月至 2018 年 4 月习近平总书记关于这个问题的 12 段论述。此外，《全面深化改革必须加强和改善党的领导》《坚持高度自觉的大局意识》《坚定不移全面从严治党，不断提高党的执政能力和领导水平》《坚持和加强党的全面领导，是贯穿深化党和国家机构改革全过程的政治主题》等重要文稿也从不同角度对这个问题作了深刻阐述。

把重点放在把方向、谋全局、抓大事上。习近平总书记指出：总揽，不是事无巨细都抓在手上。要统筹抓好，但不能陷入事务主义，不是包办具体事务，不要越俎代庖。要善于议大事、抓大事、谋全局。

政治方向是党生存发展第一位的问题，事关党的前途命运和事业兴衰成败。如果在方向问题上出现偏离，就会犯颠覆性错误。习近平总书记指出：我们所要坚守的政治方向，就是共产主义远大理想和中国特色社会主义共同理想、"两个一百年"奋斗目标，就是党的基本理论、基本路线、基本方略。把方向，就是要自觉在思想上政治上行动上同党中央保持高度一致，坚决贯彻党的理论和路线方针政策，确保改革发展正确方向。

谋全局，就是要坚持在大局下行动。什么是大局呢？习近平总书记指出：从国内看，就是坚持中国特色社会主义，全面深化改革，实现"两个一百年"奋斗目标，实现中华民族伟大复兴的

中国梦。从国际看，就是为我国发展争取良好外部条件，维护国家主权、安全、发展利益，维护世界和平、促进共同发展。从党的建设看，就是坚持和巩固党的领导地位和执政地位，确保党总揽全局、协调各方的领导核心地位。

习近平总书记强调：抓大事，就是要注重抓主要矛盾和矛盾的主要方面，注重抓重要领域和关键环节，特别是一些战略性、全局性重大问题，通过解决突出问题，做好重点工作推进全局工作。

党的领导必须是全面的、系统的、整体的。加强党对一切工作的领导不是空洞的、抽象的，要在各方面各环节落实和体现。习近平总书记强调：党总揽全局、协调各方的领导地位必须落到实处，必须体现到经济建设、政治建设、文化建设、社会建设、生态文明建设和国防军队、祖国统一、外交工作、党的建设等各方面。哪个领域、哪个方面、哪个环节缺失了弱化了，都会削弱党的力量，损害党和国家事业。在这部专题文集中，习近平总书记对于统筹推进"五位一体"总体布局、协调推进"四个全面"战略布局，对于加强党对统一战线、民族宗教、国防和军队建设、国家安全、外交工作的领导，加强党对农村工作、城市工作、金融工作、国有企业、教育工作，对党校、群团组织、高校等各方面工作的领导都有专门论述。

正确处理好各种重大关系。充分发挥党总揽全局、协调各方的领导核心作用必须处理好一些重大关系。党政关系既是重大理论问题，也是重大实践问题。习近平总书记强调：处理好党政关系，首先要坚持党的领导，在这个大前提下才是各有分工，而且无论怎么分工，出发点和落脚点都是坚持和完善党的领导。中国共产党是执政党，党的领导地位和执政地位是紧密联系在一起的。党的集中统一领导权力是不可分割的。不能简单讲党政分开或党政合一，而是要适应不同领域特点和基础条件，不断改进和完善党的领导方式和执政方式。

关于党的领导和法治的关系，习近平总书记指出：党的领导和社会主义法治是一致的，只有坚持党的领导，人民当家作主才能充分实现，国家和社会生活制度化、法治化才能有序推进。全面依法治国决不是要削弱党的领导，而是要加强和改善党的领导，不断提高党领导依法治国的能力和水平，巩固党的执政地位。必须坚持实现党领导立法、保证执法、支持司法、带头守法，健全党领导全面依法治国的制度和工作机制，通过法定程序使党的主张成为国家意志、形成法律，通过法律保障党的政策有效实施，确保全面依法治国正确方向。

对于正确处理中央和地方、全局和局部、长远和当前的关系，正确处理集中统一领导和分工负责、保证中央政令畅通和立足实际创造性开展工作的关系等，习近平总书记也有许多精彩论述。

四、坚持和完善党的领导制度体系，提高党科学执政、民主执政、依法执政水平

要切实把党的领导落实到改革发展稳定、内政外交国防、治党治国治军等各领域各方面各环节，就必须建立健全坚持和加强党的全面领导的制度体系。党的十九届四中全会及其通过的决定，贯彻落实习近平总书记这方面的一系列重要论述，从六个方面对坚持和完善党的领导制度体系作出部署。这部专题文集收入的习近平总书记在党的十八届三中、四中、五中、六中全会上的讲话，党的十九大报告，在党的十九届三中全会上的讲话和在深化党和国家机构改革总结会议上的讲话等，从不同侧面体现了总书记对这些问题所作的深刻阐述。比如：

关于建立不忘初心、牢记使命的制度。习近平总书记强调：我们干事业不能忘本忘祖、忘记初心。我们共产党人的本，就是对马克思主义的信仰，对中国特色社会主义和共产主义的信念，对党和人民的忠诚。要旗帜鲜明、大张旗鼓讲党的性质、讲党的宗旨、讲党的传统、讲党的作风。党章是我们党的总章程、总规矩。每一个共产党员特别是领导干部都要牢固树立党章意识，把党章党规党纪刻印在心上，形成尊崇党章、遵守党纪的良好习惯，自觉用党章规范自己的一言一行，不断掸去思想上的灰尘，永葆政治本色。

关于完善坚定维护党中央权威和集中统一领导的各项制度。习近平总书记着重阐述了健全党中央对重大工作的领导体制，强化党中央决策议事协调机构职能作用，完善推动党中央重大决策落实机制，严格执行向党中央请示报告制度，健全维护党的集中统一的组织制度，形成党的中央组织、地方组织、基层组织上下贯通、执行有力的严密体系，实现党的组织和党的工作全覆盖等重大问题。

关于健全党的全面领导制度。习近平总书记强调：国家治理体系是由众多子系统构成的复杂系统。这个系统的核心是中国共产党，党是领导一切的，人大、政府、政协、法院、检察院、军队，各民主党派和无党派人士，各企事业单位，工会、共青团、妇联等群团组织，既各负其责，又相互配合，一个都不能少。要完善党领导各项事业的具体制度，把党的领导落实到统筹推进"五位一体"总体布局、协调推进"四个全面"战略布局各方面，完善党和国家机构职能体系，把党的领导贯彻到党和国家所有机构履行职责全过程。

关于健全为人民执政、靠人民执政各项制度。着眼于巩固党执政的阶级基础，厚植党执政的群众基础，保证人民在国家治理中的主体地位，着力防范脱离群众的危险，习近平总书记深入阐述了贯彻党的群众路线，完善党员、干部联系群众制度，创新互联网时代群众工作机制，健全联系广泛、服务群众的群团工作体系等问题。

关于健全提高党的执政能力和领导水平制度。习近平总书记强调：民主集中制是中国国家组织形式和活动方式的基本原则。要坚持民主基础上的集中和集中指导下的民主相结合，在充分发扬民主的基础上进行集中，不断提高党把方向、谋大局、定政策、促改革的能力和定力；要完善决策机制和程序，健全依法决策的体制机制，把公众参与、专家论证、风险评估等确定为重大决策的法定程序；党的力量来自组织，必须更加注重党的组织体系建设，不断增强党的政治领导力、思想引领力、群众组织力、社会号召力；要完善担当作为的激励机制，促进各级领导干部增强学习本领、政治领导本领、改革创新本领、科学发展本领、依法执政本领、群众工作本领、狠抓落实本领、驾驭风险本领，发扬斗争精神，增强斗争本领。

关于完善全面从严治党制度。此前出版的《习近平关于全面从严治党论述摘编》作了系统阐述。这部专题文集进一步阐述了贯彻新时代党的建设总要求，深化党的建设制度改革，坚持依规治党，建立健全以党的政治建设为统领，全面推进党的各方面建设的体制机制问题。着重阐述了健全党管干部、选贤任能制度，规范党内政治生活，严明政治纪律和政治规矩，完善和落实全面从严治党责任制度，对问题突出的要启动问责机制，追究责任等问题。

习近平总书记关于坚持党对一切工作领导的重要论述，内涵丰富，思想深刻，纠正了一个时期以来的模糊和错误认识，扭转了一些地方和部门存在的党的领导弱化、党的建设缺失现象，使党的领导得到全面加强，为坚持党对一切工作的领导提供了根本遵循。我们一定要结合学习习近平总书记关于加强党对一切工作领导的重要论述，深入学习习近平新时代中国特色社会主义思想，深刻领会和把握党总揽全局、协调各方的领导制度体系在国家治理体系中的统领地位，贯彻落实党的十九届四中全会精神，坚持和完善中国特色社会主义制度、推进国家治理体系和治理能力现代化，使中国特色社会主义制度更加巩固、优越性充分展现。

健全总揽全局协调各方的党的领导制度体系

○ 沈传亮

中共中央党校（国家行政学院）研究室副主任

◎ 党的领导制度体系的重大意义体现在哪里？

◎ 党的领导制度体系的科学内涵是什么？

◎ 如何完善党的领导制度体系的执行机制？

健全总揽全局协调各方的党的领导制度体系

一、牢牢坚持党总揽全局、协调各方的领导核心地位

1. 坚持党总揽全局、协调各方的领导核心地位，是我们党在长期革命、建设、改革实践中积累的宝贵经验。

2. 中国共产党领导是中国特色社会主义最本质的特征，是中国特色社会主义制度的最大优势。无论任何时候，都要牢牢坚持党的领导。

二、不断健全总揽全局、协调各方的党的领导制度体系

1. 高度重视党的领导制度建设，是我们党的优良传统和巨大优势。

2. 党的领导制度体系由6个方面的制度组成。党的领导制度是我国的根本领导制度，在国家制度和国家治理体系中居于统领地位。

三、努力完善党的领导制度体系的执行机制

1. 制度的生命力在于执行。

2. 深入学习习近平总书记关于坚持党对一切工作的领导的重要论述，切实增强坚持党的领导的自觉性、坚定性。

3. 不断提高广大党员、干部做制度执行表率的能力和水平。
一是在做好制度理论宣传中练"内功"。
二是在深化制度理论研究中增"内力"。
三是在提高治理能力中强"内劲"。

4. 加强对党的领导制度体系执行的监督。

党的十九届四中全会在深刻总结我国国家治理经验、准确把握我国制度优势基础上，针对新时代新要求，提出健全总揽全局、协调各方的党的领导制度体系。深入理解健全总揽全局、协调各方的党的领导制度体系的重大意义、科学内涵和实践要求，对于更好坚持党的全面领导、把我国制度优势更好转化为国家治理效能具有重要意义。

一、牢牢坚持党总揽全局、协调各方的领导核心地位

坚持党总揽全局、协调各方的领导核心地位，是我们党在长期革命、建设、改革实践中积累的宝贵经验。革命战争年代，毛泽东同志提出在根据地党领导一切。1942年9月，党中央在《关于统一抗日根据地党的领导及调整各组织间关系的决定》中提出党的领导的一元化要求，这对于在革命斗争中加强党的集中统一领导起到了十分重要作用。新中国成立后，我们一直强调坚持党的领导。改革开放以来，在总结以往实践经验的基础上，我们不仅强调要坚持党的领导，也注重加强和改善党的领导。党的十三

大提出，党要"总揽全局，真正发挥协调各方的作用"。党的十六大通过的党章修正案强调"党必须按照总揽全局、协调各方的原则，在同级各种组织中发挥领导核心作用"。总揽全局、协调各方这一表述，准确概括了党的领导的基本定位。党的十八大以来，习近平总书记多次强调，党政军民学、东西南北中，党是领导一切的，要"提高党把方向、谋大局、定政策、促改革的能力和定力，确保党始终总揽全局、协调各方"。党的十九届四中全会《决定》明确提出，坚决维护党中央权威，健全总揽全局、协调各方的党的领导制度体系，把党的领导落实到国家治理各领域各方面各环节。

中国共产党领导是中国特色社会主义最本质的特征，是中国特色社会主义制度的最大优势。党的领导制度是我国的根本领导制度，在各类制度中居于统领地位。无论任何时候，都要牢牢坚持党的领导。如果没有党的集中统一领导，就会造成软弱涣散、各自为政的局面，不仅我们确定的目标不能实现，而且必定会产生灾难性后果。党的集中统一领导，保证了党领导人民有效治理国家，切实防止出现群龙无首、一盘散沙的现象。新时代坚持和完善中国特色社会主义制度、推进国家治理体系和治理能力现代化，必须始终坚持党对一切工作的领导，坚决维护习近平总书记党中央的核心、全党的核心地位，坚决维护党中央权威和集中统一领导。

二、不断健全总揽全局、协调各方的党的领导制度体系

高度重视党的领导制度建设，是我们党的优良传统和巨大优

势。党的十八大以来，以习近平同志为核心的党中央把党的领导制度建设摆在更加突出的位置。党的十九届四中全会《决定》着眼党和国家事业发展全局，聚焦制度建设，专门就坚持和完善党的领导制度体系作出安排，提出6个方面要求，为牢牢坚持党总揽全局、协调各方的领导核心地位提供坚强制度保障。

党的领导制度是我国的根本领导制度，在国家制度和国家治理体系中居于统领地位，这是由我们党的领导地位决定的。党的领导制度在确保我国国家治理沿着正确方向前进中起着根本性作用。党的十九届四中全会《决定》系统阐述了我国国家制度和国家治理体系13个方面的显著优势，这些显著优势都同党的领导制度这一根本领导制度密切相关。党的领导制度的统领地位，既体现在治国理政各领域各方面各环节，又贯穿于推进国家治理体系和治理能力现代化全过程。

党的领导制度体系由6个方面的制度组成。一是建立不忘初心、牢记使命的制度。为中国人民谋幸福、为中华民族谋复兴的初心和使命，集中体现了党的性质宗旨、理想信念、奋斗目标，将其制度化是确保我们党在新时代新征程始终充满蓬勃生机和旺盛活力的战略之举、长远之计。二是完善坚定维护党中央权威和集中统一领导的各项制度。坚定维护党中央权威和集中统一领导是党的领导的最高原则，贯穿全党的一切工作和活动中，任何时候任何情况下都不能含糊、不能动摇。建立健全相关制度能为贯彻落实这一最高原则提供有力制度保障。三是健全党的全面领导制度。全面领导是对党"总揽全局、协调各方"领导核心地位的准确界定。健全党的全面领导制度，事关坚持和完善中国特色社会主义制度、推进国家治理体系和治理能力现代化的根本方向和根本保证。四是健全为人民执政、靠人民执政各项制度。党的根本宗旨是全心全意为人民服务，人民对美好生活的向往是党的奋斗目标。健全为人民执政、靠人民执政的各项制度，是树立群众观点、站稳人民立场的必然要求，也是时刻保持党同人民群众血肉联系、厚植党的群众基础的必然选择。五是健全提高党的执政能力和领导水平制度。落实党的全面领导，提高党的执政能力和领导水平是关键。

健全党的全面领导制度，必然要健全提高党的执政能力和领导水平制度。六是完善全面从严治党制度。

打铁必须自身硬。全面从严治党是坚持和加强党的全面领导的必然要求。全面从严治党永远在路上，这就需要依靠制度机制的保障。这6个方面的制度，构成党的领导制度体系的"四梁八柱"，为确保党总揽全局、协调各方的领导核心地位提供坚强制度保障。

习近平总书记指出："要顺利推进新时代中国特色社会主义各项事业，必须完善坚持党的领导的体制机制，更好发挥党的领导这一最大优势，担负好进行伟大斗争、建设伟大工程、推进伟大事业、实现伟大梦想的重大职责。"这6个方面的制度是党的领导制度体系的基本内容，是加强党的领导制度体系建设的着力点，对于充分发挥我国国家制度和国家治理体系多方面的显著优势具有重要意义。我们必须按照《决定》要求，全面建设好、始终坚持好、不断完善和发展好党的领导制度体系。

三、努力完善党的领导制度体系的执行机制

制度的生命力在于执行。习近平总书记强调："要强化制度

执行力，加强制度执行的监督，切实把我国制度优势转化为治理效能。"健全总揽全局、协调各方的党的领导制度体系，必须狠抓制度执行力建设，确保各项制度落地生根。

深入学习习近平总书记关于坚持党对一切工作的领导的重要论述，切实增强坚持党的领导的自觉性坚定性。习近平总书记关于坚持党对一切工作的领导的重要论述，深刻指出党的领导地位来自历史的选择、人民的选择，阐明了坚持党的全面领导的战略意义，是全党上下坚持党的全面领导的根本遵循。

党的十九届四中全会《决定》对健全总揽全局、协调各方的党的领导制度体系的设计安排，充分体现了以习近平同志为核心的党中央对坚持党对一切工作的领导历史逻辑、理论逻辑、实践逻辑的准确把握，对党的领导这一最本质特征和最大优势的深刻揭示。我们要认真学习习近平总书记关于坚持党对一切工作的领导的重要论述，深刻理解健全总揽全局、协调各方的党的领导制度体系的科学内涵和实践要求，并将其落实到各项工作全过程。

不断提高广大党员、干部做制度执行表率的能力和水平。习近平总书记指出："各级党委和政府以及各级领导干部要切实强化制度意识，带头维护制度权威，做制度执行的表率。"为此，一是在做好制度理论宣传中练"内功"。广大党员、干部特别是领导干部要自觉做好制度理论宣传工作，尤其是做好关于健全总揽全局、协调各方的党的领导制度体系的宣传，让广大干部群众深刻认识坚持党的领导制度体系的极端重要性，带动全党全社会自觉尊崇制度、严格执行制度、坚决维护制度。二是在深化制度理论研究中增"内力"。党的领导制度体系随着实践发展不断丰富完善。广大党员、干部要认真学习党史国史，不断深化对制度理论的思考和研究。三是在提高治理能力中强"内劲"。把提高治理能力作为新时代干部队伍建设的重要任务。通过加强思想淬炼、政治历练、实践锻炼、专业训练，推动广大党员、干部牢固树立制度意识，提高执行制度的能力和水平。

加强对党的领导制度体系执行的监督。完善权威高效的制度执行机制，监督不能缺位。制度的生命力在于执行，制度的权威性要依靠监督。要坚决杜绝各种做选择、搞变通、打折扣的现象。坚持问题导向，增强监督的针对性，针对个人主义、分散主义、自由主义、本位主义等问题，针对阳奉阴违、弄虚作假等现象着力加强监督，做到精准监督、精准施策。把落实总揽全局、协调各方的党的领导制度情况，作为巡视巡察的重要内容、考察干部政治能力的重要方面、全面从严治党的重要标尺，对破坏总揽全局、协调各方的党的领导制度的行为，严肃追责问责，坚决维护制度权威。

第四篇

中国共产党的领导是实现社会主义现代化和民族复兴的最根本保证

全面建成社会主义现代化强国，实现中华民族伟大复兴，是中华民族的最高利益和根本利益。我们党领导中国人民进行的一切奋斗，归根到底都是为了实现这一伟大目标。回望来时路，正是在党的领导下，我们才取得了举世瞩目的发展成就，民族复兴展现出越来越光明的前景。远眺前行路，我们不知还要爬多少坡、过多少坎、经历多少风风雨雨、克服多少艰难险阻，夺取新时代中国特色社会主义新胜利，从根本上讲还是要靠党的领导这个"定海神针"。只有坚持和加强党的领导，才能凝聚起实现民族复兴的磅礴伟力，万众一心朝着宏伟目标坚定前行。

党中央、全党必须有一个核心

○ 杨胜群

  原中共中央文献研究室常务副主任

◎为什么要确立和维护党的领导核心？

◎中国共产党的领导核心是怎样形成的？

◎如何维护党的领导核心？

1.确立和维护无产阶级政党的领导核心，始终是马克思主义建党学说的一个基本观点。

2.列宁特别强调党的意志的高度统一和铁的纪律。

3.中国共产党是按照马克思列宁主义学说建立起来的党，在90多年的发展中，形成了确立和维护党的领导核心的优良历史传统和独特的政治优势。

1.在中国特色社会主义事业和民族复兴大业关键的历史节点，我们党更加迫切地需要确立和维护自己的领导核心，需要明确一个思想上、政治上的"主心骨"，需要有一种强大的政治定力。

2.确立党的领导核心，就是为了更好地解决问题，更好地推进党的各方面建设，保证我们党始终成为坚强有力的马克思主义执政党，始终成为中国特色社会主义伟大事业的坚强领导力量。

一

确立和维护党的领导核心，是中国共产党的优良历史传统和独特政治优势

二

确立党的领导核心，是推进中国特色社会主义伟大事业的迫切需要，是坚持和加强党的领导的根本保证

党中央、全党必须有一个核心

三

习近平总书记的领导核心地位，是在新的伟大斗争实践中形成的

党的十八大以来：

1.习近平总书记带领全党全国各族人民共同奋斗，在改革发展稳定、内政外交国防、治党治国治军等方面取得了一系列具有重大现实意义和深远历史意义的成就。

2.习近平总书记身体力行、率先垂范，坚定推进全面从严治党，坚持思想建党和制度治党紧密结合，集中整饬党风，严厉惩治腐败，净化党内政治生态，党内政治生活展现新气象，赢得了党心民心。

3.习近平总书记发表了一系列重要讲话，紧紧围绕坚持和发展中国特色社会主义，提出一系列新观点、新思想、新论断，成为中国特色社会主义理论体系的最新成果、当代中国马克思主义的最新发展。

党的十八届六中全会根据马克思主义建党学说，提出"一个国家、一个政党，领导核心至关重要"的重要论断，并明确习近平同志为党中央、全党的核心，正式提出"以习近平同志为核心的党中央"。这对于维护党中央权威、维护党的团结和集中统一，对更好地凝聚党和人民的力量推进中国特色社会主义伟大事业和民族复兴大业，对保证党和国家兴旺发达、长治久安，具有十分重大而深远的意义。

一、确立和维护党的领导核心，是中国共产党的优良历史传统和独特政治优势

确立和维护无产阶级政党的领导核心，始终是马克思主义建党学说的一个基本观点。无产阶级政党是无产阶级的先锋队，其代表之广泛、队伍之庞大，是任何别的政党所不能比的；它所担负的领导人民推翻资产阶级统治、建立无产阶级专政、建设社会主义的历史使命，也是任何别的政党所不能比的。因此，无产阶级政党特别要有全党高度的意志统一、高度的思想一致和高度的

行动一致。要实现这样的统一和一致，必须要形成和确立党的领导核心，并且维护领导核心的权威。

列宁按照马克思主义建立起了苏联共产党，在领导建党和党的斗争实践中，丰富发展了马克思主义建党学说。列宁特别强调党的意志的高度统一和铁的纪律。进而，他还强调了党的杰出领袖对党实现意志高度统一的决定性作用，指出："造就一批有经验、有极高威望的党的领袖是一件长期的艰难的事情。但是做不到这一点，无产阶级专政、无产阶级的'意志统一'就只能是一句空话。"

中国共产党是按照马克思列宁主义学说建立起来的党，在100年的发展中，形成了确立和维护党的领导核心的优良历史传统和独特的政治优势。100年来，我们党之所以能够团结带领人民接续奋斗，取得革命、建设和改革的伟大成就；党之所以自身也由小到大，由弱到强，发展成为当今世界上最大的执政党；党和党的事业之所以能够克服数不清的困难和挑战，而长久地立于不败之地，最重要的原因，就在于这一优良历史传统和独特的政治优势。

二、确立党的领导核心，是推进中国特色社会主义伟大事业的迫切需要，是坚持和加强党的领导的根本保证

党的十八大以来，习近平总书记重申我们党提出的"两个一百年"奋斗目标，对近代以来中国人民实现中华民族伟大复兴的中国梦做了深刻而生动的阐述。当今中国，除了中国共产党，没有其他任何政治力量能够成为中国特色社会主义事业和民族复兴大业的领导力量。人民只能靠中国共产党把好"方向盘"，带领着爬坡过坎，奔向既定的宏伟目标。

当前，我国已进入全面建成小康社会的决胜阶段，困难和挑战越来越突出，不可预测的因素越来越多。国际上，在世界格局深刻调整和日趋激烈的竞争中，西方势力遏华制华态势不减；国内，随着改革全面深化、发展全面推进，一些深层次矛盾更多地显现出来，新情况、新问题层出不穷。现在我们不仅要全面扎实地贯彻落实已制定的各项战略措施，确保在2020年全面建立小康社会目标的实现，还要谋划提出在2020年以后向第三步战略目标即到2050年基本实现现代化的目标迈进的发展战略。中国特色社会主义事业和民族复兴大业已到了一个关键的历史节点，我们党更加迫切地需要确立和维护自己的领导核心，更加迫切地需要明确一个思想上、政治上的"主心骨"，更加迫切地需要有一种强大的政治定力。

坚持和发展中国特色社会主义，必须坚持和加强党的领导，而确立和维护党的领导核心则是坚持和加强党的领导的根本保证。一个时期以来，一些地方和部门党的领导弱化、党的建设主体责任缺失，一些党员、干部党的观念淡薄、组织涣散、纪律松弛，一些党组织和党员、干部不严格遵守党章，漠视政治纪律、无视组织原则。特别是，极少数人政治野心膨胀，搞结党营私、拉帮结派等政治阴谋活动。这些问题，严重破坏了党的团结和集中统一，也严重影响了党的各方面的建设。今天，确立党的领导核心，就是为了更好地解决这些问题，更好地推进党的各方面建设，保证我们党始终成为坚强有力的马克思主义执政党，始终成为中国特色社会主义伟大事业的坚强领导力量。

三、习近平总书记的领导核心地位，是在新的伟大斗争实践中形成的

习近平总书记在党中央、全党的核心地位，是在坚持和发展中国特色社会主义新的伟大斗争实践中形成的。党的十八大以来，习近平总书记带领全党全国各族人民共同奋斗，在改革发展稳定、内政外交国防、治党治国治军等方面取得了一系列具有重大现实意义和深远历史意义的成就。我国社会主义现代化建设形成经济建设、政治建设、文化建设、社会建设、生态文明建设"五位一体"的总体布局，党和国家的工作形成全面建成小康社会、全面深化改革、全面依法治国、全面从严治党"四个全面"的战略布局。在以习近平同志为核心的党中央领导下，党的十八届三中全会对全面深化改革进行整体部署，推动兴起新一轮改革大潮，在政治、经济、文化、军事、外交等各个领域提出并实施一系列有效的改革举措，改革发展全面发力。党的十八届四中全会作出党的历史上第一个加强法治建设的专门决定，明确提出依法治国的基本方略，为全面建成小康社会提供了有力法制保障。党的十八届五中全会对全面建成小康社会决胜阶段作出全面战略部署，坚持以人民为中心的发展思想，鲜明地提出了创新、协调、绿色、开放、共享五大新的发展理念，为推动经济、社会持续健康发展，全面建成小康社会提供了新的重要遵循。

党的十八大以来，习近平总书记身体力行、率先垂范，坚定推进全面从严治党，坚持思想建党和制度治党紧密结合，集中整

饬党风，严厉惩治腐败，净化党内政治生态，党内政治生活展现新气象，赢得了党心民心。在以习近平同志为核心的党中央领导下，在全面推进党的建设基础上，不断深入开展党风廉政建设和反腐败斗争，有效遏制了"四风"和腐败蔓延势头，严肃查处了周永康、令计划、徐才厚、苏荣等严重违纪违法案件，党风政风明显好转。党的十八届六中全会把全面从严治党作为主题，审议通过《关于新形势下党内政治生活的若干准则》和《中国共产党党内监督条例》，为全面从严治党提供了有力的制度遵循和制度保障。

党的十八大以来，习近平总书记发表了一系列重要讲话，紧紧围绕坚持和发展中国特色社会主义，提出一系列新观点、新思想、新论断，成为中国特色社会主义理论体系的最新成果、当代中国马克思主义的最新发展。党的十八大以来，党和国家事业之所以能开新局、谱新篇，最根本的就在于以习近平同志为核心的党中央的坚强领导，在于习近平总书记系列重要讲话精神的科学指导。

有了这个核心，就要维护好这个核心。我们要增强"四个意识"，尤其是核心意识和看齐意识，以高度的自觉，更加紧密地团结在以习近平同志为核心的党中央周围，更加坚定地维护以习近平同志为核心的党中央权威，努力做到在思想上政治上行动上同以习近平同志为核心的党中央保持高度一致。

中国共产党从胜利走向胜利的重要法宝

○ 李景田

全国党建研究会会长

◎ 如何加强党的建设？

◎ 如何进一步确保党的生机和活力？

◎ 如何推动中华民族伟大复兴的目标奋勇前进？

中国共产党从胜利走向胜利的重要法宝

一、加强党的建设，确保党始终坚定马克思主义信仰、坚持以科学理论为指导

1. 注重思想建党、理论强党。

2. 坚持以马克思主义为指导。

3. 坚持用习近平新时代中国特色社会主义思想武装头脑、指导实践、推动工作。

二、加强党的建设，确保党不断实现自我革命、始终充满生机活力

1. 始终保持勇于自我革命的朝气和锐气，以伟大自我革命引领伟大社会革命。

2. 新中国成立后，在全国范围开展"三反"运动，我们党经受住了执政的新考验。

3. 实践证明，勇于自我革命，坚持真理、修正错误，敢于刮骨疗毒、去腐生肌，是我们党始终充满生机的关键所在。

五、加强党的建设，确保党始终牢记使命、带领全国人民朝着中华民族伟大复兴的目标奋勇前进

1. 我们党从成立之日起就围绕自己的历史使命不断加强党的建设。

2. 新时代加强党的建设，必须站在新的历史高度深刻认识党的建设新的伟大工程的战略定位，让伟大工程真正"起决定性作用"。

二、加强党的建设，确保党始终坚持全心全意为人民服务的根本宗旨、保持同人民群众的血肉联系

1. 全心全意为人民服务是我们党的根本宗旨，群众路线是我们党的生命线和根本工作路线。

2. "两个务必"，"群众利益无小事"，充分彰显我们党同人民群众的血肉联系。

3. 不断加强马克思主义群众观教育，引导广大党员、干部始终站稳人民立场、践行党的根本宗旨。

四、加强党的建设，确保党不断增强战胜各种艰难险阻和风险挑战的能力、始终立于不败之地

1. 以不屈不挠的顽强意志、勇往直前的战斗精神，战胜各种艰难险阻和风险挑战，是镌刻在我们党奋斗历程中的深深印记。

2. 实践证明，通过持之以恒加强党的建设，不断提高党的创造力、凝聚力、战斗力，我们党才能以大无畏的英雄气概应对风险挑战、战胜艰难险阻。

3. 新时代加强党的建设，必须居安思危，增强防范化解重大风险的政治自觉和能力本领。

习近平总书记指出："实现中华民族伟大复兴，关键在党。"重视加强党的建设是中国共产党的优良传统和宝贵经验。我们党成立以来，之所以能够从小到大、由弱到强，带领中国人民不懈奋斗，取得民族独立、人民解放，实现国家富强、人民幸福，一个重要原因就在于不断加强党的建设，充分发挥党的领导核心作用、基层党组织的战斗堡垒作用和广大党员的先锋模范作用。实践证明，不断加强党的建设是我们党从胜利走向胜利的重要法宝。

一、加强党的建设，确保党始终坚定马克思主义信仰、坚持以科学理论为指导

习近平总书记指出："马克思主义是我们立党立国的根本指导思想。背离或放弃马克思主义，我们党就会失去灵魂、迷失方向。"马克思主义是中国共产党始终高举的理论旗帜。我们党作为一个先进思想孕育催生、用科学理论武装起来的马克思主义政党，高度重视科学理论对党的建设和党的事业发展的引领作用。注重思想建党、理论强党，是我们党的鲜明特色和光荣传统。1921 年，

我们党诞生时就把马克思列宁主义确立为指导思想。此后，我们党根据我国国情和时代条件的变化，不断推进马克思主义中国化，形成了毛泽东思想、邓小平理论、"三个代表"重要思想、科学发展观。

党的十八大以来，以习近平同志为核心的党中央深刻回答新时代坚持和发展什么样的中国特色社会主义、怎样坚持和发展中国特色社会主义这个重大时代课题，形成了习近平新时代中国特色社会主义思想，实现了党的指导思想又一次与时俱进。长期以来，我们党坚持理论创新每前进一步，理论武装就跟进一步。从延安整风到真理标准大讨论，再到改革开放以来我们党开展的多次党内集中教育，都是坚持以理论学习为先导，确保全党统一思想、统一步调，团结一致向前进。我们党实践证明，对马克思主义的坚定信仰，成为一代代中国共产党人的政治灵魂、精神支柱和最鲜明的身份标识。坚持以马克思主义为指导，党的建设就有正确方向，党的事业就蓬勃发展。

新时代加强党的建设，必须坚持用习近平新时代中国特色社会主义思想这一马克思主义中国化最新成果武装头脑、指导实践、推动工作。学习贯彻习近平新时代中国特色社会主义思想，最基本的学习方法是坚持读原著、学原文、悟原理。要把理论学习的收获转化为坚定的政治立场，坚决做到"两个维护"，坚决做到对党绝对忠诚；转化为坚强的党性修养、坚定的理想信念，始终坚守共产党人的精神追求，确保信仰之基一时一刻也不松动、思想之舵一丝一毫也不偏离；转化为干事创业的奋勇担当，越是在困难面前、危急时刻，越是发扬冲锋在前、敢打硬仗的战斗精神，越是展现压倒一切困难而不为任何困难所压倒的英雄气概。通过加强理论武装，提高全党的理论水平，领导全国人民共同为党领导的伟大事业团结奋斗。

二、加强党的建设，确保党始终坚持全心全意为人民服务的根本宗旨、保持同人民群众的血肉联系

习近平总书记指出："中国共产党根基在人民、血脉在人民。"全心全意为人民服务是我们党的根本宗旨，群众路线是我们党的生命线和根本工作路线。我们党披荆斩棘、笃定前行的奋斗历程中，始终坚持为了群众、相信群众、依靠群众；始终与人民群众风雨同舟、生死与共，保持同人民群众的血肉联系。长征路上，3名红军女战士将仅有的一条被子剪下一半送给老乡；解放战争中，沂蒙人民"最后一碗米送去做军粮，最后一尺布送去做军装，最后一件老棉袄盖在担架上，最后一个亲骨肉送去上战场"。无论是"两个务必"，还是"群众利益无小事"，都充分彰显我们党同人民群众的血肉联系。党的十八大以来，以习近平同志为核心的党中央将人民放在心中最高位置，努力实现好、维护好、发展好人民群众的根本利益，切实改善民生，人民群众有了更多获得感幸福感安全感。对于脱贫攻坚这项最艰巨的民生工程，习近平总书记亲自谋划、亲自部署，取得决定性成就。我们党的实践证明，只有始终牢记初心使命，始终坚持党的根本宗旨，始终同人民群众同呼吸、共命运、心连心，我们党才能赢得广大人民群众的衷心拥护和支持，不断从人民群众中获得继续前进的不竭动力。

新时代加强党的建设，必须不断加强马克思主义群众观教育，

引导广大党员、干部始终站稳人民立场、践行党的根本宗旨。要坚持以人民为中心，把实现最广大人民的根本利益作为一切工作的出发点和落脚点；着力解决人民群众最关心最直接最现实的利益问题，坚决打好防范化解重大风险、精准脱贫、污染防治攻坚战，不断实现人民对美好生活的向往；走好党的群众路线，充分调动人民群众的积极性主动性创造性，充分激发人民群众中蕴藏的巨大创造力，汇聚起推动党领导的伟大事业和党的建设新的伟大工程的磅礴力量。

三、加强党的建设，确保党不断实现自我革命、始终充满生机活力

习近平总书记指出："勇于自我革命，从严管党治党，是我们党最鲜明的品格。"在奋斗历程中，我们党始终保持勇于自我革命的朝气和锐气，以伟大自我革命引领伟大社会革命。1927年大革命失败，党中央紧急召开八七会议，纠正右倾机会主义错误，走上了独立自主、武装反抗国民党反动派的斗争之路。在延安整风中，党深刻总结历史教训，反对主观主义以整顿学风、反对宗派主义以整顿党风、反对党八股以整顿文风，提高了全党的马克思主义理论水平，全党达到空前的团结和统一，为夺取抗日战争和解放战争的胜利奠定了思想基础。新中国成立后，面对一些党员、干部中出现的贪腐问题，党果断处理贪污腐败分子刘青山、张子善，在全国范围开展"三反"运动，我们党经受住了执政的新考验。党的十一届三中全会后，我们党以极大的政治勇气纠正"文化大革命"的错误，重新确立实事求是的思想路线。党的十八大以来，面对党内存在的

思想不纯、政治不纯、组织不纯、作风不纯等突出问题，以习近平同志为核心的党中央坚持全面从严治党，坚持思想从严、监督从严、执纪从严、治吏从严、作风从严、反腐从严，以零容忍态度惩治腐败，取得反腐败斗争压倒性胜利，推动全面从严治党向纵深发展。我们党的实践证明，勇于自我革命，坚持真理、修正错误，敢于刮骨疗毒、去腐生肌，是我们党始终充满生机的关键所在。

新时代加强党的建设，必须发扬自我革命精神，勇于直面问题，敢于刀刃向内，坚决清除一切侵蚀党的肌体的病毒，消除一切损害党的先进性和纯洁性的因素，确保党经受住"四大考验"、克服"四种危险"。要把党的政治建设摆在首位，注重提高党员、干部的思想政治素质，将政治标准作为选人用人的首要标准，进一步解决部分党员、干部在政治方向、政治立场、政治原则、政治纪律和政治规矩等方面存在的突出问题；严肃党内政治生活，用好批评和自我批评这一锐利武器，坚决防止和克服形式主义、官僚主义；继续保持艰苦奋斗、戒骄戒躁的作风，发扬时不我待、只争朝夕的精神，履职尽责、担当作为，做新时代的实践者奋进者搏击者，奋力走好新时代的长征路。

四、加强党的建设，确保党不断增强战胜各种艰难险阻和风险挑战的能力、始终立于不败之地

习近平总书记指出："应对和战胜前进道路上的各种风险和挑战，关键在党。"以不屈不挠的顽强意志、勇往直前的战斗精神，战胜各种艰难险阻和风险挑战，是镌刻在我们党奋斗历程中的深深印记。1927 年大革命失败后，以毛泽东同志为主要代表的中国共产党人，创造性地开辟农村包围城市、武装夺取政权的革命道路，实现了从大革命失败到土地革命战争兴起的重大转变。"文化大革命"结束后，在党和国家面临向何处去的重大历史关头，党的十一届三中全会作出把党和国家工作中心转移到经济建设上来、实行改革开放的历史性决策。面对1998年的特大洪水、2003年的非典疫情、2008年的汶川特大地震等重大灾害，党中央迅速作出决策部署，全国上下团结奋斗、攻坚克难，夺取了抗灾救灾的伟大胜利。

2020年以来，面对突如其来的新冠肺炎疫情，在习近平总书记亲自指挥、亲自部署下，全党全军全国各族人民众志成城、团结一心，用3个月左右的时间取得了武汉保卫战、湖北保卫战的决定性成果，疫情防控阻击战取得重大战略成果，复工复产有序展开，充分显示了我国国家制度和国家治理体系的显著优势。我们党的实践证明，通过持之以恒加强党的建设，不断提高党的创造力、凝聚力、战斗力，我们党才能以大无畏的英雄气概应对风险挑战、战胜艰难险阻。在危机中崛起、在困难中前行，是我们党先进性的重要体现，让我们党更加坚强有力。

新时代加强党的建设，必须居安思危，增强防范化解重大风险的政治自觉和能力本领。要强化忧患意识，深入观大局、察大势，科学预见形势发展变化和潜在的风险挑战，做到未雨绸缪、防患于未然；努力提高战略思维、历史思维、辩证思维、创新思维、法治思维、底线思维能力，善于从纷繁复杂的矛盾中把握规律；着力提高风险化解能力，善于透过复杂现象抓住本质，找准原因果断施策，整合各方力量有效应对；不断健全风险研判机制，完善风险防控体制机制，深入思考来自国内外的各种风险挑战并做好分析研判、预防应对。我们党有习近平新时代中国特色社会主义思想这一强大思想武器，有中国特色社会主义制度和国家治理体系的显著优势，一定能够战胜前进道路上的各种风险挑战，在复杂多变的国际国内形势中始终立于不败之地。

五、加强党的建设，确保党始终牢记使命、带领全国人民朝着中华民族伟大复兴的目标奋勇前进

习近平总书记指出："中国共产党一经成立，就把实现共产主义作为党的最高理想和最终目标，义无反顾肩负起实现中华民族伟大复兴的历史使命。"中国共产党是抱有崇高理想、担负光荣使命的马克思主义政党。我们党从成立之日起就围绕自己的历史使命不断加强党的建设。革命战争时期，党的建设紧紧围绕完成新民主主义革命，实现民族独立、人民解放的历史任务来展开。新中国成立后，党的建设紧紧围绕执掌全国政权、适应社会主义建设的需要来加强。改革开放以来，我们党把坚持以经济建设为中心同坚持四项基本原则和改革开放两个基本点统一于发展中国特色社会主义的伟大实践，贯穿于党的建设各方面和全过程。党的十八大以来，以习近平同志为核心的党中央站在党和国家事业发展全局高度谋划党的建设，努力把党建优势、党建资源、党建成果转化为推进中国特色社会主义事业的强大动力。我们党的实践证明，党的建设始终同党的政治路线和中心任务紧密联系在一起，是为党领导的伟大事业服务的。越是事业发展，越要坚持和加强党的领导，越要重视和加强党的建设，越需要党的建设为党领导的伟大事业提供坚强

保证。

新时代加强党的建设，必须站在新的历史高度深刻认识党的建设新的伟大工程的战略定位，明确伟大工程是引领伟大斗争、伟大事业，最终实现伟大梦想的根本保证，让伟大工程真正"起决定性作用"。要把不忘初心、牢记使命作为加强党的建设的永恒课题和全体党员、干部的终身课题，不断增强"四个意识"、坚定"四个自信"、做到"两个维护"；坚持不懈锤炼党员、干部忠诚干净担当的政治品格，以"踏平坎坷成大道，斗罢艰险又出发"的顽强意志，围绕中心、服务大局，切实把改革发展稳定各项工作做实做好；一以贯之坚持党要管党、全面从严治党，不断提高党的创造力、凝聚力、战斗力，确保我们党永葆先进性和纯洁性，永远走在时代前列，始终成为中国特色社会主义事业的坚强领导核心。

肩负历史责任　感受时代荣光

○ 孙业礼

　中共中央宣传部副部长

◎ 怎么理解中华民族伟大复兴光明前景？

◎ 如何开辟人类走向现代化的新路？

◎ 如何开拓社会主义发展新境界？

一、展现中华民族伟大复兴光明前景

1. 以史为镜，可以知兴替。

2. 全面建成小康社会，实现了小康富裕。

3. 中国历史上的政治清明和"大一统"都是相对而言的，无法与中国共产党领导、人民当家作主的新中国相比。

4. 就文化发展而言，我们坚持为人民服务、为社会主义服务，坚持百花齐放、百家争鸣，坚持创造性转化、创新性发展，不断铸就中华文化新辉煌。

5. 今天的中国，社会和谐稳定，人民安居乐业。

6. 历史不能简单类比，但历史演进的规律可以把握。

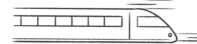

三、开拓社会主义发展新境界

1. 马克思、恩格斯创立了唯物史观和剩余价值学说，使社会主义实现了从空想到科学的伟大飞跃。

2. 创造性地提出社会主义的本质是解放生产力，发展生产力，消灭剥削，消除两极分化，最终达到共同富裕。

3. 我们还将在今年从整体上彻底解决绝对贫困问题，实现更高的社会公平。

肩负历史责任感受时代荣光

二、开辟人类走向现代化的新路

1. 在全面建成小康社会过程中，我国在一些主要方面都取得了巨大成就。

2. 工业革命是人类开启现代化进程的强大动力，工业化是现代化的核心内容。

3. 全面建成小康社会的重要体现：基础设施建设取得巨大成就。

4. 我国在全面建成小康社会进程中，坚持党的领导、人民当家作主和依法治国有机统一，不断改进党的领导方式和执政方式，保证党领导人民有效治理国家。

5. 我国现代化的推进，正全方位改善人民生活质量、提高人的发展能力、激发人的创造力，促进人的全面发展和社会全面进步。

6. 中国已经牢固树立起绿色发展理念，走上可持续发展道路。

7. 中国人民的成功实践，开辟了人类走向现代化的新路，让广大发展中国家看到了实现现代化的希望。

习近平总书记强调："到 2020 年全面建成小康社会，实现第一个百年奋斗目标，是我们党向人民、向历史作出的庄严承诺。"实现全面建成小康社会的宏伟目标，是我们的历史责任，也是我们的最大光荣。经过几代人一以贯之的接续奋斗，特别是党的十八大以来的攻坚克难、开拓进取，我们即将实现全面建成小康社会的宏伟目标。这个历史性成就，无论在中华民族发展史上，还是在人类发展史、社会主义发展史上，都具有重大意义。

一、展现中华民族伟大复兴光明前景

100 年前，孙中山先生这样描述中国社会状况："中国今日民穷财尽，所患在贫。"一生致力于振兴中华的孙中山先生，虽然领导辛亥革命结束了统治中国几千年的君主专制制度，却始终没有找到一条使国家走向富强、民族实现振兴的道路。中国共产党肩负起这一历史使命，带领中国人民不懈奋斗，中华民族迎来了从站起来、富起来到强起来的伟大飞跃。

以史为镜，可以知兴替。在中华民族 5000 多年文明史上，最为人们称道的盛世景象是由"文景之治"和"贞观之治"开启的汉、唐盛世。历代文人、史家对这两个历史时期的描述，概括起来主要是：经济繁荣，物阜民丰；政治清明，国家一统；文化昌盛，远近悦服；国泰民安，安居乐业。所谓经济繁荣和物阜民丰，从相关描述看，也就是温饱有余、国库充实。政治清明和"大一统"形成，是"文景之治"和"贞观之治"开启汉、唐盛世的重要原因、重要体现。当时的统治者能够居安思危、敬终如始，严以治吏、防腐戒奢，并能形成"大一统"的局面和一整套稳定的制度体系。文化的繁荣及其影响力的扩大使近者悦、远者来，在对内文化滋养和对外文化传播方面，都光大了中华文明的精神内核。

全面建成小康社会，使中国人民的生活实现了小康富裕，已不是历史上其他时期能够相比。我国粮食产量连续多年保持在1.3万亿斤以上，人均粮食占有量达到470公斤左右，远高于世界平均水平，目前全国稻谷、小麦库存水平大体相当于城乡居民一年的消费量。除粮食之外，肉类、蛋类、奶制品等在百姓餐桌上已司空见惯。2019年，全国居民恩格尔系数为28.2%，人们的绝大部分收入已经不是花在吃上了。忍饥挨饿、缺吃少穿、生活困顿这些几千年来困扰中国人民的问题总体上一去不复返了。

中国历史上的政治清明和"大一统"都是相对而言的，无法与中国共产党领导、人民当家作主的新中国相比。中国共产党以全心全意为人民服务为根本宗旨，始终保持同人民群众的血肉联系。党的十八大以来，以习近平同志为核心的党中央以刀刃向内的自我革命精神，整饬作风、严明纪律、匡正选人用人导向、严厉惩治腐败。在全面建成小康社会过程中，中国共产党的领导得到全面加强，党政军民学，东西南北中，党是领导一切的，是最高政治领导力量，在集中统一领导和政令畅通方面真正实现了"六合同风，九州共贯"。党的十八大以来，我们党把制度建设摆到更加突出的位置，坚持和完善中国特色社会主义制度，推进国家治理体系和治理能力现代化，一整套更加成熟更加定型的制度为全面建成小康社会提供了有力保障。

就文化发展而言，我们坚持为人民服务、为社会主义服务，坚持百花齐放、百家争鸣，坚持创造性转化、创新性发展，不断铸就中华文化新辉煌。我国公共文化服务水平不断提高，文艺创作持续繁荣，文化事业和文化产业蓬勃发展，全民健身和竞技体育全面发展。国家文化软实力和中华文化影响力大幅提升，与世界各国的文化交流日益频繁，我国在世界各国的留学生和其他国家在我国的留学生数量都超过了任何历史时期。

今天的中国，社会和谐稳定，人民安居乐业。党的十八大以来减税降费力度进一步加大，2019年一年减税降费达2.36万亿元。古人对安居乐业最高的追求是："不独亲其亲，不独子其子，使老有所终，壮有所用，幼有所长，矜寡孤独废疾者，皆有所养。"今天的中国在幼有所育、学有所教、劳有所得、病有所医、老有所养、住有所居、弱有所扶方面取得长足进展。2019年我国九年义务教育巩固率达94.8%，建成了包括养老、医疗、低保、住房在内的世界最大的社会保障体系，基本养老保险覆盖超过9.68亿人，医疗保险覆盖超过13.5亿人。我国社会大局保持长期稳定，成为世界上最有安全感的国家之一。

历史不能简单类比，但历史演进的规律可以把握。考察中国几千年历史发展状况，认清中国今天的历史方位，我们完全有理由相信，全面建成小康社会正展现出中华民族伟大复兴的光明前景。

二、开辟人类走向现代化的新路

现代化是近代以来世界历史发展的潮流和方向。要实现中华民族伟大复兴，就必须实现社会主义现代化、建设社会主义现代化国家。全面建成小康社会正是实现这个战略目标的重要一步。

什么是现代化？实现现代化的标准是什么？综合来看，现代化的主要内容是：以工业化为中心的经济现代化；城镇化和社会结构现代化；以民主和法治为标志的政治现代化；人的现代化；生活方式现代化。在全面建成小康社会过程中，我国在这些主要方面都取得了巨大成就。

工业革命是人类开启现代化进程的强大动力，工业化是现代化的核心内容。新中国成立后不久，我国就把工业化作为"一五"计划和大规模经济建设的核心内容强力推进。改革开放后，我国抓住科技革命和经济全球化的机遇，加速推进工业化进程。党的十八大以来，党中央深化对工业化规律的认识，强调推动新型工业化、信息化、城镇化、农业现代化同步发展。党的十九大报告进一步提出，加快发展先进制造业，推动互联网、大数据、人工智能和实体经济深度融合。这一战略举措主动顺应和引领信息革命浪潮，让工业化插上科技创新的翅膀。目前，我国是世界上唯一拥有联合国产业分类目录中所有工业门类的国家，220多种工业品产量居世界第一。我国用几十年时间走完了发达国家几百年走过的工业化历程，成为名副其实的制造业大国。

城镇化不足、城乡差距过大，或者基础设施、公共服务等不能适应现代化发展的需要，就会阻碍现代化进程。我国在全面建成小康社会进程中，坚持以人民为中心的发展思想，积极推进以人为核心的新型城镇化，不断保障和改善民生、增进人民福祉，坚持走共同富裕道路。2019年末，我国常住人口城镇化率达60.60%，户籍人口城镇化率达44.38%。基础设施建设取得巨大成就，信息畅通、公路成网、铁路密布、高坝矗立、西气东输、南水北调、高铁飞驰、巨轮远航、飞机翱翔，这些都成为全面建成小康社会的重要体现。

我国在全面建成小康社会进程中，坚持党的领导、人民当家作主和依法治国有机统一，不断改进党的领导方式和执政方式，保证党领导人民有效治理国家。不断扩大人民有序政治参与，保证人民依法实行民主选举、民主协商、民主决策、民主管理、民主监督。坚持维护国家法制统一、尊严、权威，加强人权法治保障，保证人民依法享有广泛权利和自由。我国的民主和法治化进程沿着中国特色社会主义政治发展道路不断推进。党的十九届四中全会《决定》为我国国家治理体系和治理能力现代化指明了方向，为国家现代化提供了坚实制度保障。

在全面建成小康社会过程中，我们不断增加人民收入，注意让全体人民享有更好更公平的教育，努力让每个人都有人生出彩的机会，获得发展自身、奉献社会、造福人民的能力。党的十八大以来，我们努力办好人民满意的教育，义务教育普及率已超过高收入国家平均水平，高中阶段教育和高等教育毛入学率均超过中高收入国家平均水平。加快推进健康中国建设，居民健康水平总体上处于中高收入国家行列。深入实施就业优先战略和更加积极的就业政策，实现城镇新增就业连续 7 年超过 1300 万人。我国现代化的推进，正全方位改善人民生活质量、提高人的发展能力、激发人的创造力，促进人的全面发展和社会全面进步。

在全面建成小康社会过程中，我们确立了可持续发展战略，倡导简约适度、绿色低碳的生活方式。党的十九大进一步明确，我们要建设的现代化是人与自然和谐共生的现代化，既要创造更多物质财富和精神财富以满足人民日益增长的美好生活需要，也要提供更多优质生态产品以满足人民日益增长的优美生态环境需要。中国已经牢固树立起绿色发展理念，走上可持续发展道路。

当今世界，大多数国家都还属于发展中国家。中国全面建成小康社会，进而开启全面建设社会主义现代化国家新征程，意味着比现在所有发达国家人口总和还要多的 14 亿中国人民将进入现代化行列，这是人类历史上前所未有的大变革，其影响将是世界性的。中国人民的成功实践，开辟了人类走向现代化的新路，让广大发展中国家看到了实现现代化的希望。

三、开拓社会主义发展新境界

马克思、恩格斯创立了唯物史观和剩余价值学说，使社会主义实现了从空想到科学的伟大飞跃。中国共产党坚持把马克思主义基本原理同中国实际和时代特征相结合，围绕全面建成小康社会的奋斗目标，采取把坚持社会主义基本原则同坚持改革开放结合起来、把坚持社会主义基本制度同发展市场经济结合起来、把提高效率同促进社会公平结合起来、把独立自主同参与经济全球化结合起来等一系列创造性举措，破解社会主义建设中遇到的一系列重大课题，进一步深化了对什么是社会主义、怎样建设社会主义的认识。

在什么是社会主义的问题上，创造性地提出社会主义的本质是解放生产力，发展生产力，消灭剥削，消除两极分化，最终达到共同富裕。在怎样建设社会主义的问题上，走出一条在中国共产党领导下，立足基本国情，以经济建设为中心，坚持四项基本原则，坚持改革开放，解放和发展社会生产力，建设社会主义市场经济、社会主义民主政治、社会主义先进文化、社会主义和谐社会、社会主义生态文明，促进人的全面发展，逐步实现全体人民共同富裕，建设富强民主文明和谐美丽的社会主义现代化强国的中国特色社会主义道路。在坚持和发展中国特色社会主义过程中，我们形成了中国特色社会主义理论体系，建立了中国特色社会主义制度，发展了中国特色社会主义文化。党的十八大以来，在全面建成小康社会过程中，以习近平同志为核心的党中央从理论和实践结合上系统回答了新时代坚持和发展什么样的中国特色社会主义、怎样坚持和发展中国特色社会主义这一重大时代课题，形成了习近平新时代中国特色社会主义思想，推动中国特色社会主义进入新时代，使中国特色社会主义道路越走越宽广，开辟了 21 世纪社会主义发展的新境界。

在中国特色社会主义道路上，我们只用了 40 多年的时间，就使国内生产总值由 3679 亿元增长到 100 万亿元，年均实际增长 9% 以上，远高于同期世界经济不到 3% 的年均增速。我国国内生产总值占世界生产总值的比重由改革开放之初的 1.8% 上升到 15% 以上，对世界经济增长的贡献率连续多年超过 30%。我们还将在 2020 年从整体上彻底解决绝对贫困问题，实现更高的社会公平。抗击新冠肺炎疫情斗争取得重大战略成果，充分展现了中国共产党领导和我国社会主义制度的显著优势，使科学社会主义在 21 世纪的中国焕发出强大生机活力。

一代人有一代人的责任，一代人有一代人的荣光。身处实现"两个一百年"奋斗目标的历史交汇期，当代中国共产党人的责任，就是要在以习近平同志为核心的党中央坚强领导下，一鼓作气，如期全面打赢脱贫攻坚战、如期全面建成小康社会，并乘势而上开启全面建设社会主义现代化国家新征程，为中华民族伟大复兴、为人类文明发展进步作出更大贡献。

中国共产党能够解决重大时代课题

○ 颜晓峰

天津大学马克思主义学院院长

◎ 如何更好地把握解决重大时代课题？

◎ 中国共产党的创新能力主要体现在哪里？

◎ 中国共产党为什么能？

一、善于在把握社会主要矛盾中解决重大时代课题

1. 我们党在历史进程中，坚持以马克思主义为指导，运用辩证唯物主义和历史唯物主义准确把握中国社会主要矛盾，解决重大时代课题，不断推进伟大社会革命。

2. 我国社会主义基本制度建立后，人民当家作主，党的八大作出了我们国内的主要矛盾已经发生重大变化的正确判断。

3. 党的十九大报告指出，中国特色社会主义进入新时代，我国社会主要矛盾已经转化为人民日益增长的美好生活需要和不平衡不充分的发展之间的矛盾。

中国共产党能够解决重大时代课题

二、善于通过提高党的领导能力解决重大时代课题

1. 我们党具有强大的领导能力。

2. 我们党具有强大的理论创新能力。

3. 我们党具有强大的实践创新能力。

三、在解决新的重大时代课题中诠释中国共产党为什么能

1. 只要始终坚持和加强党的全面领导，我们党必定能在解决新的重大时代课题中完成新的历史使命。

2. 习近平新时代中国特色社会主义思想，明确坚持和发展中国特色社会主义，总任务是实现社会主义现代化和中华民族伟大复兴，在全面建成小康社会的基础上，分两步走在本世纪中叶建成富强民主文明和谐美丽的社会主义现代化强国。

3. 解决新的重大时代课题，需要深刻认识新时代坚持和发展中国特色社会主义与全面建设社会主义现代化国家是一体化的过程。

4. 党的十八大以来，着眼于解决新的重大时代课题的伟大实践不断向前推进。

5. 解决新的重大时代课题的过程，也是我们党推进自我革命的过程。

6. 只要始终发扬勇于自我革命精神，我们党就能在解决新的重大时代课题中变得更加强大、更有能力、更加卓越，进一步诠释"中国共产党为什么能"。

中国共产党成立以来，推动中华民族实现了从东亚病夫到站起来、从站起来到富起来的伟大飞跃，迎来了从富起来到强起来的伟大飞跃。我们党之所以能作出如此巨大的历史贡献，就在于党能够在不同历史时期解决重大时代课题。把握重大时代课题，解决重大时代课题，才能找到引领时代进步的路标，才能创造一个新的伟大时代。我们党在不同历史时期依据社会主要矛盾的变化，提出、回答和解决重大时代课题，从而准确把握中国社会发展大势，顺应广大人民群众意愿，与时俱进推动中华民族伟大复兴。

一、善于在把握社会主要矛盾中解决重大时代课题

每个时代都有属于自己的问题，每个时代的主要问题构成重大时代课题。时代的主要问题就是多样问题中的总问题、多层问题中的元问题。时代的主要问题是社会主要矛盾的集中体现，每一时代都有与社会基本矛盾性质和状况相对应的社会主要矛盾。准确把握和正确处理社会主要矛盾，就能促进生产关系和生产力、上层建筑和经济基础的关系从不相适应走向相适应，从而解决重

大时代课题，推动社会发展进步。

我们党的历史进程中，坚持以马克思主义为指导，运用辩证唯物主义和历史唯物主义准确把握中国社会主要矛盾，解决重大时代课题，不断推进伟大社会革命。新民主主义革命时期，以毛泽东同志为主要代表的中国共产党人，正确认识和把握当时中国社会的主要矛盾和矛盾的主要方面，制定了党的新民主主义革命总路线，取得了新民主主义革命的胜利。新中国成立后特别是我国社会主义基本制度建立后，人民开始当家作主，党的八大作出了我们国内的主要矛盾已经发生重大变化的正确判断。改革开放后，党的十一届六中全会在党的八大正确判断的基础上，将我国社会主要矛盾进一步表述为"人民日益增长的物质文化需要同落后的社会生产之间的矛盾"。中华民族之所以能站起来，就是因为我们党能正确把握新民主主义革命时期的社会主要矛盾；中华民族之所以能富起来，就是因为我们党能正确把握社会主义制度建立后的我国社会主要矛盾。

党的十九大报告指出，中国特色社会主义进入新时代，我国社会主要矛盾已经转化为人民日益增长的美好生活需要和不平衡不充分的发展之间的矛盾。我国社会主要矛盾的变化是关系全局的历史性变化，是中国特色社会主义进入新时代的基本依据。准确把握新时代我国社会主要矛盾，是以习近平同志为核心的党中央从理论和实践结合上系统回答新时代坚持和发展什么样的中国特色社会主义、怎样坚持和发展中国特色社会主义这一重大时代课题的立足点。在解决新时代社会主要矛盾的基础上解决新的重大时代课题，就能全面建成社会主义现代化强国。

二、善于通过提高党的领导能力解决重大时代课题

把握重大时代课题、解决重大时代课题绝非易事，需要政党具有强大的领导能力。中国共产党之所以能，根本一点就在于具有强大的领导能力。党的领导能力不是与生俱来的，而是在长期奋斗中砥砺磨炼、增强提高的。解决重大时代课题需要各个方面的领导能力，重中之重是理论创新能力和实践创新能力，并以此为基础不断增强党的政治领导力、思想引领力、群众组织力、社会号召力。

我们党具有强大的理论创新能力。一个政党如果没有理论创新能力，就不可能有强大的领导能力。理论发展的动力是回答问题，理论创新的逻辑是解决问题。解决重大时代课题需要重大理论创新，同时又催生重大理论创新。我们党在敏锐把握、深入解决重大时代课题中，把马克思主义基本原理同中国具体实际相结合，不断推进马克思主义中国化时代化，形成了毛泽东思想、邓小平理论、"三个代表"重要思想、科学发展观、习近平新时代中国特色社会主义思想。这些马克思主义中国化的重大成果，都是正确提出和回答重大时代课题的理论结晶，为解决重大时代课题提供了科学指引。

我们党具有强大的实践创新能力。重大时代课题都是以一种集中、凝练、深刻的形式反映了人心所向、体现了实践要求。一个政党只有善于推进实践创新、解决实际问题，才能最终解决重大时代课题。我们党不断推进理论创新，最终的落脚点也是为了有效解决实践中的重大问题。实践创新并不仅仅是认识问题，更重要的是要

有实践的勇气、魄力和担当。一步行动胜过一打纲领。我们党一直强调"空谈误国，实干兴邦"。中国共产党人在实现中华民族伟大复兴的征程中前赴后继、接续奋斗，发扬斗争精神、提高斗争本领，推动矛盾转化、解决实际问题，体现出强大的战斗力。而且，我们党始终坚持以人民为中心，使党的思想和人民的愿望高度统一、党的战略和人民的利益高度统一，不断引领人民为解决重大时代课题而奋斗，体现出强大的领导能力。

三、在解决新的重大时代课题中诠释中国共产党为什么能

党的十八大以来，国内外形势变化和我国各项事业发展都给我们提出了一个新的重大时代课题：新时代坚持和发展什么样的中国特色社会主义、怎样坚持和发展中国特色社会主义。以习近平同志为核心的党中央正在带领全党全国人民为解决这一重大时代课题而奋斗。只要始终坚持和加强党的全面领导，我们党必定能在解决新的重大时代课题中完成新的历史使命。

习近平新时代中国特色社会主义思想，明确坚持和发展中国特色社会主义，总任务是实现社会主义现代化和中华民族伟大复兴，在全面建成小康社会的基础上，分两步走在本世纪中叶建成富强民主文明和谐美丽的社会主义现代化强国。这是系统回答新的重大时代课题得出的根本结论。从全面建成小康社会到基本实现现代化，再到全面建成社会主义现代化强国，是新时代中国特色社会主义发展的战略安排，是从历史使命、主要任务、发展战略等方面对新的重大时代课题的回答。历史已经证明，我们党能够带领人民在解决重大时代课题中站起来、富起来；历史正在证明，我们党能够带领

人民在解决新的重大时代课题中强起来。

解决新的重大时代课题，需要深刻认识新时代坚持和发展中国特色社会主义与全面建设社会主义现代化国家是一体化的过程。新时代坚持和发展中国特色社会主义，就是要全面建设社会主义现代化国家；全面建设社会主义现代化国家，就是新时代坚持和发展中国特色社会主义的主要内涵。统筹推进"五位一体"总体布局、协调推进"四个全面"战略布局，既是新时代坚持和发展中国特色社会主义的基本内容，也是全面建设社会主义现代化国家的重大任务。党的十八大以来，着眼于解决新的重大时代课题的伟大实践不断向前推进。

解决新的重大时代课题的过程，也是我们党推进自我革命的过程。党的十八大以来，党的自我革命使党在革命性锻造中更加坚强，有效应对各种考验、防范各种风险、战胜各种困难，在解决新的重大时代课题中开拓进取、奋发有为、焕发生机。只要始终发扬勇于自我革命精神，我们党就能在解决新的重大时代课题中变得更加强大、更有能力、更加卓越，进一步诠释"中国共产党为什么能"。

百年大党的历史担当

○ 李忠杰

原中共中央党史研究室副主任

◎ 中国共产党的初心使命是什么？

◎ 中国共产党怎样顺应潮流，引领时代？

◎ 中国共产党为什么能应对挑战，砥砺前行？

3. 开启全面建设社会主义现代化国家新征程，必须准确把握新发展阶段。

2."行百里者半九十。"越是接近目标，任务就越艰巨。

1. 历史车轮滚滚向前。中国共产党的初心和使命是为中国人民谋幸福、为中华民族谋复兴。

一、使命在肩，永不止步

3. 敏锐把握历史发展趋势，深刻洞悉表象背后的深层次规律，制定正确发展战略，作出科学决策，更好坚持和发展中国特色社会主义。

2. 当今世界正经历百年未有之大变局，中华民族伟大复兴正处于关键时期。

1. 只有顺应时代潮流，准确识变、科学应变、主动求变，才能与时代同行。

二、顺应潮流，引领时代

百年大党的历史担当

三、应对挑战，砥砺前行

1. 进入新发展阶段，我们面对的是严峻复杂的国际形势、艰巨繁重的国内改革发展稳定任务。

2. 中国的改革发展稳定，离不开良好的外部环境。

3. 在百年征程中，我们党成功应对了各种风险挑战，并一再要求广大党员干部要经受住"四大考验"、克服"四种危险"。

四、自我革命，永葆初心

1. 从这个角度说，勇于自我革命也是一种历史担当，是党的历史担当的重要体现。

2. 庆祝党的百年华诞，思考党的历史担当，给我们许多深刻启示。

百年风雨，百年辉煌。从"小小红船"到"巍巍巨轮"，我们党创造了非凡业绩。站在新的历史起点上，中国共产党以深沉的使命责任意识和强烈的历史担当精神，带领中国人民开启全面建设社会主义现代化国家新征程，为实现中华民族伟大复兴不懈奋斗。

一、使命在肩，永不止步

在中国共产党成立后的 100 年中，世界风云变幻，中国更是发生了翻天覆地的变化。我们党勇担历史重任，在探索中奋斗、在开拓中前进，取得了举世瞩目的成就，交出了一份十分优异的答卷。

历史车轮滚滚向前。在 100 年中，我们党书写了中华民族发展进程中光辉灿烂的篇章。面向未来，还有更长的路要走。中国共产党的初心和使命是为中国人民谋幸福、为中华民族谋复兴。秉持这一初心和使命，我们党团结带领人民完成新民主主义革命，建立起人民当家作主的新中国；完成社会主义革命，确立社会主义基本制度，推进社会主义建设，完成了中华民族有史以来最为广泛而深刻的社会变革；进行改革开放新的伟大革命，开辟了中国特色社会主义道路，使中国大踏步赶上时代。党的十八大以来，在以习近平同志为核心的党中央坚强领导下，党和国家事业取得历史性成就、发生历史性变革，我们比历史上任何时期都更接近实现中华民族伟大复兴的目标。

"行百里者半九十。"越是接近目标，任务就越艰巨。不负历史使命，勇担时代重托，我们党高瞻远瞩、审时度势，擘画了全面建设社会主义现代化国家的宏伟蓝图，展现了中华民族伟大复兴的光明前景。现在，"十三五"规划目标任务已经完成，全面建成小康社会取得伟大历史性成就，中华民族伟大复兴向前迈出了新的一大步，社会主义中国以更加雄伟的身姿屹立于世界东方。这是以习近平同志为核心的党中央带领全党全国人民取得的伟大胜利。在全面建成小康社会的基础上，我们将按照两步走的战略安排，到 2035 年基本实现社会主义现代化；到本世纪中叶全面建成富强民主文明和谐美丽的社会主义现代化强国。

开启全面建设社会主义现代化国家新征程，必须准确把握新发展阶段。党的十九届五中全会提出，全面建成小康社会、实现第一个百年奋斗目标之后，我们要乘势而上开启全面建设社会主义现代化国家新征程、向第二个百年奋斗目标进军，这标志着我国进入了一个新发展阶段。习近平总书记指出，新发展阶段是社会主义初级阶段中的一个阶段，同时是其中经过几十年积累、站到了新的起点上的一个阶段。新发展阶段是我们党带领人民迎来从站起来、富起来到强起来历史性跨越的新阶段。

我们党致力于中华民族千秋伟业，征程在前、使命在肩。一个走过百年光辉历程的大党，今天的历史担当，就是肩负起全面建设社会主义现代化国家的使命，不断创造新的伟业、铸就新的辉煌。

二、顺应潮流，引领时代

人类历史如同汹涌奔腾的江河，时代潮流是人类社会在一定时期形成的历史发展特点和发展趋势。时代潮流奔涌向前、浩浩荡荡，展现世界发展大势，折射人类文明波光。我们党在顺应时代潮流中诞生，在历史发展中不断成长壮大，始终与时代同频共振。我们党要更好担负历史使命，就要不断适应时代、顺应潮流、与时俱进，这样才能引领历史航船乘风破浪、昂然前行。

习近平总书记指出，我们党作出实行改革开放的历史性决策，是基于对党和国家前途命运的深刻把握，是基于对社会主义革命和建设实践的深刻总结，是基于对时代潮流的深刻洞察，是基于对人民群众期盼和需要的深刻体悟。只有顺应时代潮流，准确识变、科学应变、主动求变，才能与时代同行。这是我们从改革开放中得出的一条宝贵经验。

当今世界正经历百年未有之大变局，中华民族伟大复兴正处于关键时期。习近平总书记指出，我们现在所处的，是一个船到中流浪更急、人到半山路更陡的时候，是一个愈进愈难、愈进愈险而又不进则退、非进不可的时候。因此，百年大党的担当，不仅体现在走过的百年，更体现在未来的征程；不仅体现在以往的赶上时代、与时代同频共振，更体现在更加科学地认识当今时代、把握未来潮流，并发挥引领时代、推动潮流的积极作用。这是百年大党的历史担当。

这样的历史担当，要求我们敏锐把握历史发展趋势，深刻洞悉表象背后的深层次规律，制定正确发展战略，作出科学决策，更好坚持和发展中国特色社会主义。这样的历史担当，要求我们以海纳百川的胸怀与气度，珍视和弘扬中华民族创造的灿烂文明，同时善于汲取世界文明的有益成果。这样的历史担当，要求我们始终保持创新精神，把创新摆在国家发展全局的核心位置，坚定实施创新驱动发展战略，不断推进理论、制度、文化和其他各方面的创新，引领中华民族更好走向未来。

三、应对挑战，砥砺前行

前进的道路上，有风平浪静，也有波涛汹涌。百年大党的自信与担当，不仅体现在风平浪静时的一往无前，更在于风险挑战来临时的镇定自若、科学决策，引领历史的航船驶向胜利的远方。

进入新发展阶段，我们面对的是严峻复杂的国际形势、艰巨繁重的国内改革发展稳定任务。当前和今后一个时期是我国各类矛盾和风险易发期，各种可以预见和难以预见的风险因素明显增多。这就要求我们增强忧患意识、坚持底线思维，随时准备应对更加复杂困难的局面。党的十九届五中全会对应对经济、金融、网络、粮食、能源、生态、核、生物、海外利益等安全问题作出全面部署。我们要加强战略性、系统性、前瞻性研究谋划，深入思考今后一个时期我国经济社会发展存在哪些重大风险，深入思考防范化解重大风险的思路举措。

中国的改革发展稳定，离不开良好的外部环境。然而，这个外部环境并不完全取决于中国，还受制于许多外部因素。当前，世界百年未有之大变局加速演变，全球新冠肺炎疫情扩散蔓延态势还在持续，保护主义、单边主义上升，世界经济增长低迷态势仍在延续，不稳定性不确定性明显增加。如何有效应对这些复杂问题，是对我们党的重大考验。

在百年征程中，我们党成功应对了各种风险挑战，并一再要求广大党员干部要经受住"四大考验"、克服"四种危险"。习近平总书记强调，面对波谲云诡的国际形势、复杂敏感的周边环境、艰巨繁重的改革发展稳定任务，我们必须始终保持高度警惕，既要高度警惕"黑天鹅"事件，也要防范"灰犀牛"事件；既要有防范风险的先手，也要有应对和化解风险挑战的高招；既要打好防范和抵御风险的有准备之战，也要打好化险为夷、转危为机的战略主动战。

应对挑战，要求我们进一步完善中国特色社会主义制度和国家治理体系，运用制度威力应对风险挑战的冲击；深刻洞悉历史发展规律，在挑战面前科学研判、精准施策，把握正确方向，始终砥砺前行。

四、 自我革命，永葆初心

办好中国的事情，关键在党。在长期执政条件下，能不能始终保持党的先进性和纯洁性，做到对人民负责、对历史负责，是对我们这个百年大党的一大考验。

2018 年 1 月，习近平总书记在学习贯彻党的十九大精神研讨班开班式上指出："以史为鉴可以知兴替。功成名就时做到居安思危、保持创业初期那种励精图治的精神状态不容易，执掌政权后做到节俭内敛、敬终如始不容易，承平时期严以治吏、防腐戒奢不容易，重大变革关头顺乎潮流、顺应民心不容易。我们党要始终成为时代先锋、民族脊梁，始终成为马克思主义执政党，自身必须始终过硬。"只有在进行坚持和发展中国特色社会主义这场伟大社会革命的同时，坚持党要管党、从严治党，坚定不移推进党的自我革命，使党不断自我净化、自我完善、自我革新、自我提高，才能不断增强党的政治领导力、思想引领力、群众组织力、社会号召力，确保我们党始终成为中国特色社会主义事业的坚强领导核心。

从这个角度说，勇于自我革命也是一种历史担当，是党的历史担当的重要体现。在新征程上，我们党要继续以刀刃向内的自我革命来引领伟大社会革命，把党建设成为始终走在时代前列、人民衷心拥护、勇于自我革命、经得起各种风浪考验、朝气蓬勃的马克思主义执政党。这既是我们党领导人民进行伟大社会革命的客观要求，也是我们党作为马克思主义执政党加强自身建设的内在要求。

庆祝党的百年华诞，思考党的历史担当，给我们许多深刻启示。我们必须始终牢记党的初心和使命，始终牢记百年大党的历史担当，不断提高党的领导水平和执政水平，在全面建设社会主义现代化国家新征程上实现新的跨越。

21世纪的马克思主义与中国共产党

○ 彭国华

人民日报理论部副主任、高级编辑

◎ 中国共产党总结了什么样的国际国内经验教训？

◎ 中国共产党如何实现合作共赢？

◎ 中华民族如何更好地实现伟大复兴？

21世纪的马克思主义与中国共产党

一、独立自主：21世纪马克思主义发展的立足点

1. 处于追赶进程中的发展中国家如何选择自己的工业化、现代化道路？不同国家给出了不同答案。

2. 发展中国家的不发达和资本主义国家的发达，都是国际资本主义扩张的结果：是资本主义造成了不发达，依附造成了不发达。

3. 中国共产党人深刻总结国际国内的经验教训，得出了这样的科学认识：历史条件的多样性，决定了各国选择发展道路的多样性。

4. 独立自主的探索和实践精神，坚持走自己的路的坚定信心和决心，支撑着中国共产党人走符合中国实际的革命和建设道路。

二、合作共赢：21世纪马克思主义发展的增长点

1. 2014年9月，弗朗西斯·福山出版了《政治秩序与政治衰败》。在反省和批评"美式民主"的同时，他把赞许和肯定的目光投向了中国。

2. 在100年发展征程中，马克思主义革命党、执政党始终没有动摇自己的信仰和信念。

3. "三个没有变"和"西强我弱"的总体形势表明：社会主义制度优越性的充分发挥和体现，依然任重道远。

4. 马克思主义的真理性、社会主义制度的优越性，都需要建立在综合国力与国际竞争力基础上，都需要经历时间的洗礼和检验。

三、始终坚持中国共产党是最高政治领导力量不动摇

1. 马克思主义就是怎样实现人类共同梦想的理论和学说。

2. 中国梦以实现国家富强、民族振兴、人民幸福为核心追求，以走中国道路为现实路径，以弘扬中国精神、凝聚中国力量为动力源泉。

3. 中国梦虽然立足于中国、指向中华民族伟大复兴，但不是独善其身的梦想，更不是称霸世界的梦想。

进入 21 世纪第二个十年，世界格局和力量对比继续发生深刻变化：西方世界整体没有走出国际金融危机阴影，在失落和反思的氛围中，马克思的《资本论》成为畅销书；与此同时，中国经济逆市上扬，成长为世界第二大经济体，高效运转 30 多年的"中国引擎"，动力依然强劲。

面对这两大"世界历史性事件"，西方和东方都在思考：应如何认识和定位 21 世纪的马克思主义？如何认识和定位中国，尤其是以马克思主义为指导思想的中国执政党——中国共产党？

一、独立自主：21 世纪马克思主义发展的立足点

站在 21 世纪的地平线上，呈现在我们面前的是一幅时空交错的世界图景：一方面，经济全球化和社会信息化迅速推进，时空距离被高度压缩，地球演变为"地球村"；另一方面，东西差距、南北差距仍然没有根本改变，西方发达资本主义国家同包括中国在内的发展中国家之间，依然间隔着不同发展阶段的时空进程，工业化、现代化依然是后者的发展主题，也是 21 世纪马克思主义

所要解决的重大时代课题。

处于追赶进程中的发展中国家如何选择自己的工业化、现代化道路？不同国家给出了不同答案。肇始于拉美学者的依附理论认为，大多数发展中国家尤其是拉美国家采用的，是模仿和依附西方发达资本主义国家的发展模式。依附性的事实存在，使发达资本主义国家与发展中国家之间形成了"中心—边缘"的不对称关系与等级结构。资本的本性和资本主义自身难以解决的经济矛盾，促使处于中心的发达资本主义国家不断向处于边缘的发展中国家进行资本扩张。同时，由于自身消费不足和利润率降低等原因，发达资本主义国家必然控制和剥削发展中国家。

从历史上看，发达资本主义国家通过剥削和榨取发展中国家的人力资源和原料等，使后者处于从属地位；从现实来看，发达资本主义国家的政府和跨国公司则通过推行新自由主义经济政策，以及行贿和资本运作等方式，实现对发展中国家的有效控制。因此，发展中国家的不发达和资本主义国家的发达，都是国际资本主义扩张的结果：是资本主义造成了不发达，依附造成了不发达。

中国共产党人深刻总结国际国内的经验教训，得出了这样的科学认识：历史条件的多样性，决定了各国选择发展道路的多样性。人类历史上，没有一个民族、没有一个国家可以通过依赖外部力量、跟在他人后面亦步亦趋实现强大和振兴。那样做的结果，不是必然遭遇失败，就是必然成为他人的附庸。因此，不论过去、现在和将来，中国都将坚持独立自主，把国家和民族发展放在自己力量的基点上，坚持民族自尊心和自信心，坚定不移走自己的路。这是中国共产党全部理论和实践的立足点。

独立自主的探索和实践精神，坚持走自己的路的坚定信心和决心，支撑着中国共产党人走符合中国实际的革命和建设道路，支撑着中国共产党人开辟中国特色社会主义道路、形成中国特色社会主义理论体系、建构中国特色社会主义制度，支撑着中国共产党人带领人民创造改革开放以来的"中国奇迹"。独立自主、走自己的路，高度契合马克思主义经典作家关于马克思主义基本原理的运用随时随地要以当时的历史条件为转移的科学论断，是21世纪马克思主义发展的立足点和指针。以此为基点的中国道路与中国精神，即使在西方也获得了客观肯定。例如，美国马丁·哈特等人在《解读中国模式》一文中评价说："中国将成为后发国家进行现代化建设的模范，因为中国快速的经济发展表明，在现存的资本主义世界体制内，中国提供了另外一种可行性的发展路向。"

二、合作共赢：21世纪马克思主义发展的增长点

2014年9月，弗朗西斯·福山出版了自己的新著《政治秩序与政治衰败》。此时，对这位因鼓吹"历史终结论"而暴得大名的美籍日裔学者来说，当年对西方自由民主制度的万丈雄心已经转化为深切的忧思。在反省和批评"美式民主"的同时，他把赞许和肯定的目光投向了中国。福山写道：我们现在所看到的发生在中国的事情，正是这种传统在经历了一个世纪衰落后的复兴。中国共产党正在回到历史中去证明自己，即便是没有西方的民主和法制的传统的益处，他们也能创建一个有能力的政府。

也许福山并不情愿从根本上放弃"历史终结论"，但他对中华

民族复兴和中国共产党执政能力的体认，代表了当前西方众多有识之士的一个共识：轻言"历史终结"没有现实依据，西方和东方、资本主义和社会主义作为两种文化传统、两种意识形态和社会制度，将在相对和平的状态中共同度过一个相当长的历史时段。

中国共产党人远比福山有先见之明。在90余年发展征程中，这个马克思主义革命党、执政党始终没有动摇自己的信仰和信念。当国内革命遭受重大挫折、党的队伍被严重削弱的时候，它仍然坚信"星星之火，可以燎原"；当苏东剧变、世界社会主义陷入低潮的时候，它仍然坚信"这个世界上相信社会主义的人一定会多起来"。而当中国用短短30余年时间，从国民经济处于崩溃边缘成长为世界第二大经济体时，它更加坚信自己"走在正确的道路上"，更加坚定了道路自信、理论自信、制度自信。

这种自信绝非坐井观天、盲目自大。在带领人民创造举世公认的"中国奇迹"后，中国共产党人仍然清醒地认识到：中国仍处于并将长期处于社会主义初级阶段的基本国情没有变，人民日益增长的物质文化需要同落后的社会生产之间的矛盾这一社会主要矛盾没有变，中国是世界最大发展中国家的国际地位没有变；中国仍将长期面临西方发达国家在经济、科技、军事上占优势的压力，面临话语体系和舆论上"西强我弱"的现实格局。

"三个没有变"和"西强我弱"的总体形势表明：社会主义制度优越性的充分发挥和体现，依然任重道远。21世纪的马克思主义要进一步发展，中国特色社会主义要进一步繁荣，中国共产党人要进一步证明自己，就必须在继续开发"内脑"的同时充分借助"外脑"，加强同世界各国的交流与合作，包括同西方资本主义国家的竞争与合作、交锋与交流。

基于这种识见，中国共产党人强化人类命运共同体意识，推动建立以合作共赢为核心的新型国际关系：摒弃冷战思维和零和博弈，坚持不冲突不对抗，相互尊重，合作共赢，构建新型大国关系；坚持与邻为善、以邻为伴，坚持睦邻、安邻、富邻，突出体现亲、诚、惠、容的理念，全面发展同周边国家关系；坚持正确义利观，义利并举、义重于利，深入挖掘与发展中国家开展互利合作的新机遇、新途径，帮助它们实现自主发展和可持续发展。这种务实灵活的外交战略，不但使中国赢得了和平发展的国际环境，而且促进了世界和平发展与合作共赢；不但赢得发展中国家和社会主义阵营的赞赏和支持，而且赢得了西方发达国家与资本主义阵营的认可和合作。

风物长宜放眼量。马克思主义的真理性、社会主义制度的优越性，都需要建立在综合国力与国际竞争力基础上，都需要经历时间的洗礼和检验。对此，中国共产党人有足够的历史智慧和耐心。

三、同心圆梦：21世纪马克思主义发展的交汇点

一定意义上说，马克思主义就是怎样实现人类共同梦想的理论和学说。马克思、恩格斯等经典作家关于共产主义社会蓝图的构想，核心就是使人类摆脱"人的依赖关系"与"物的依赖关系"，在生产力高度发达、社会物质财富极大丰富的基础上实现"各尽所能、按需分配"，建立"自由人联合体"。这无疑是一个能够拨动所有人心弦的美好梦想。

中国梦以实现国家富强、民族振兴、人民幸福为核心追求，

以走中国道路为现实路径，以弘扬中国精神、凝聚中国力量为动力源泉。这一伟大梦想立足现实、着眼长远，贯穿于中华人民共和国和中国共产党为实现现代化不懈努力的"两个一百年"历史进程；这一伟大梦想目标明确、主题鲜明，坚定指向社会生产力的不断解放和发展，指向经济发达、政治昌明、文化繁荣、社会和谐、生态良好的社会主义现代化强国；这一伟大梦想坚持马克思主义基本原理同中国实际和时代特征的有机结合，为新时期中国经济社会全面进步和人的自由全面发展指明了方向、明确了路径。中国是世界上最大的发展中国家，有着占世界总数近五分之一的人口；中国共产党是世界上最大的马克思主义执政党，拥有9100多万党员。中国梦的实现，必将为人类实现"自由人联合体"的美好梦想确立良好范本、注入强劲动力。

中国梦虽然立足于中国、指向中华民族伟大复兴，但不是独善其身的梦想，更不是称霸世界的梦想。以邻为壑的旧思维，为中国梦不齿不容；国强必霸的旧逻辑，与中国梦格格不入。中国共产党人秉持"计利当计天下利"的理念，强调中国梦是和平、发展、合作、共赢的梦，与包括美国梦在内的世界各国人民的美好梦想息息相通。在实现中国梦的征程中，中国将始终不渝走和平发展道路，始终不渝奉行互利共赢的开放战略，不仅致力于中国自身发展，也强调对世界的责任和贡献；不仅造福中国人民，而且造福世界人民。可以想见，在追逐美好梦想的共同心愿与实践中，世界各国人民将紧密团结、相互支持、真诚合作，21世纪的马克思主义将得到进一步丰富发展，"自由人联合体"将呈现更加清晰光明的前景。

"我们的幸福将属于千万人，我们的事业并不会显赫一时，但将永远存在。"马克思的这段名言经历过近两个世纪的风雨洗礼，今天依然让人热血澎湃。在开辟和拓展中国道路、追寻中国梦、推动建设和谐世界的伟大实践中，中国共产党人已为这段名言作出了生动的时代注解。21世纪的马克思主义将因这一实践而不断焕发生机活力，赢得更多的认同，更大地造福中国、更多地造福世界。

第五篇

坚持和加强
中国共产党的全面领导

坚持党的领导是方向性问题，必须旗帜鲜明、立场坚定，决不能羞羞答答、语焉不详，决不能遮遮掩掩、搞自我麻痹。历史和现实充分表明，坚持和加强党的全面领导，关系党和国家前途命运，我们的全部事业都建立在这个基础之上，在这个问题上决不能犯颠覆性错误。"六合同风，九州共贯。"国家治理体系是由众多子系统构成的复杂系统，这个系统的核心是中国共产党，党是领导一切的，意味着党的领导必须是全面的、系统的、整体的。

中国共产党的领导是历史和人民作出的正确选择

○ 江金权

中共中央政策研究室主任

◎ 中国共产党的领导地位是如何形成的？

◎ 为什么说中国共产党的领导具有历史必然性？

◎ 为什么说中国共产党的领导是"定海神针"？

中国共产党的领导是历史
和人民作出的正确选择

一、中国共产党的领导地位是历史形成的

1. 中华民族五千多年文明史从未中断，经济社会发展曾长期处于世界前列。

2. "自从有了中国共产党，中国革命的面目就焕然一新了。"

3. 成功建立和巩固了社会主义基本制度，建立了独立的比较完整的工业体系和国民经济体系，为人民幸福、民族复兴奠定了根本制度基础和物质基础。

4. 党的十一届三中全会以后，我们党果断纠正"文化大革命"的错误，坚持以经济建设为中心、坚持四项基本原则、坚持改革开放，成功开创中国特色社会主义道路，极大提高了国家经济实力、科技实力、综合国力和人民生活水平。

二、坚持中国共产党的领导具有历史必然性

1. 始终坚持以科学理论为指导。

2. 始终坚持以人民为中心的根本政治立场。

3. 始终为实现初心使命而不懈奋斗。

4. 始终保持坚强又严密的组织体系。

5. 始终坚定不移推进自我革命。

三、中国共产党的领导是实现民族复兴的"定海神针"

1. 坚持和完善党的领导，是党和国家的根本所在、命脉所在，是全国各族人民的利益所在、幸福所在，是实现民族复兴的根本保证。

2. 坚持党的领导，就必须坚定维护以习近平同志为核心的党中央权威和集中统一领导，保证全党令行禁止。

3. 坚持党的领导，必须坚持和完善党的领导制度体系。

275

习近平总书记指出："历史和人民选择中国共产党领导中华民族伟大复兴的事业是正确的，必须长期坚持、永不动摇。"这一重大论断，具有充分的历史依据、理论依据、现实依据，具有深刻的历史逻辑、理论逻辑、实践逻辑。

一、中国共产党的领导地位是历史形成的

习近平总书记指出："实现中华民族伟大复兴，是中华民族近代以来最伟大的梦想。"中华民族五千多年文明史从未中断，经济社会发展曾长期处于世界前列。1840 年鸦片战争以后，由于封建统治者固步自封、腐朽无能，加之资本主义列强的侵略，中国逐步沦为半殖民地半封建社会，受尽欺凌，到了亡国灭种的边缘。从此，救亡图存成为中华儿女共同心愿的"最大公约数"。无数仁人志士为此进行了不懈探索，从戊戌变法到辛亥革命，从清末的"君主立宪"到孙中山的中华民国，各种方案都失败了，都没能根本改变中华民族受压迫、受剥削的悲惨境地。

"自从有了中国共产党，中国革命的面目就焕然一新了。"1921

年，中国共产党一成立，就把为中国人民谋幸福、为中华民族谋复兴作为自己的初心和使命，确立了新民主主义革命的正确道路，让灾难深重的中国人民看到了新的希望、有了新的依靠。我们党"唤起工农千百万"，团结带领人民经过艰苦卓绝的土地革命战争、抗日战争、解放战争，推翻了压在中国人民头上的帝国主义、封建主义、官僚资本主义"三座大山"，建立了人民当家作主的中华人民共和国，彻底结束了近代以来中国内忧外患、积贫积弱的悲惨命运，开启了中华民族发展进步的新纪元。站起来的中国人民和各民主党派共同选择中国共产党作为领导中华民族伟大复兴事业的执政党。

新中国成立后，面对一穷二白、百废待兴的局面，面对人口众多、人均资源不足、经济基础薄弱的基本国情，面对帝国主义的敌视和封锁，我们党在通过抗美援朝战争稳固周边环境的同时，迅速医治战争创伤，并从新民主主义社会迅速过渡到社会主义社会，实行生产资料公有制，发挥社会主义集中力量办大事的优势，多快好省地建设"四个现代化"。尽管探索之路艰辛坎坷，但我们成功建立和巩固了社会主义基本制度，建立了独立的比较完整的工业体系和国民经济体系，为人民幸福、民族复兴奠定了根本制度基础和物质基础。

党的十一届三中全会以后，我们党果断纠正"文化大革命"的错误，坚持以经济建设为中心、坚持四项基本原则、坚持改革开放，成功开创中国特色社会主义道路，极大提高了国家经济实力、科技实力、综合国力和人民生活水平。到2010年，我国国内生产总值跃升为世界第二位，先后成为世界第一制造大国、第一贸易大国。中国人民基本过上小康生活，"富起来"的目标正在实现。全国各族人民从实践中认识到中国特色社会主义是发展中国的唯一正确道路，更加拥护中国共产党的领导。

党的十八大以来，中国特色社会主义进入新时代。面对世界复杂多变的形势和国内繁重艰巨的改革发展任务，面对各种重大风险考验和党内存在的突出问题，以习近平同志为核心的党中央举旗亮剑、锐意进取，统筹推进"五位一体"总体布局，协调推进"四个全面"战略布局，以深化改革增添发展动力，以高压反腐净化政治生态，以扶贫攻坚解决突出民生问题，解决了许多长期想解决而没有解决的难题，办成了许多过去想办而没有办成的大事，党和国家事业取得历史性成就、发生历史性变革，谱写了新时代中国特色社会主义新篇章。

党的十九大擘画了实现中华民族伟大复兴的宏伟蓝图，提出到本世纪中叶把我国建成富强民主文明和谐美丽的社会主义现代化强国的宏伟目标。党的十九大以来，在以习近平同志为核心的党中央正确领导下，全党全国人民众志成城，战胜了前进道路上的种种艰难险阻，特别是在遭遇战中取得了抗击新冠肺炎疫情的重大战略成果，充分彰显了习近平新时代中国特色社会主义思想的实践伟力、中国特色社会主义制度的巨大优势、中国共产党的强大执政能力。

近百年来，我们党团结带领全国各族人民实现了民族独立、人民解放，找到了实现中华民族伟大复兴的正确道路，创造了世所罕见的经济快速发展、社会长期稳定"两大奇迹"，中华民族迎来了从站起来、富起来到强起来的伟大飞跃，中国特色社会主义迎来了从创立、发展到完善的伟大飞跃，中国人民迎来了从温饱不足到小康富裕的伟大飞跃，创造了中华民族发展史上、世界社会主义发展史上、人类社会发展史上的"中国奇迹"。美国知名公关公司日前发布信任度调查显示，中国民众对本国政府信任度达95%，在受访国家中排名第一。

事实表明，坚持中国共产党的领导，是近代以来中国历史发展的必然，是中国人民的理性选择。实践已经并将继续证明，中国人民的历史性选择是完全正确的。

二、坚持中国共产党的领导具有历史必然性

那么，我们党为什么能够领导人民创造中华民族发展史上的奇迹？历史和人民为什么选择了我们党的领导？这个答案要从我们党的基因密码中去寻找。

始终坚持以科学理论为指导。马克思主义科学揭示了人类社会发展客观规律，为人类社会发展指明了唯一的正确道路。我们党就是在马克思列宁主义指导下建立起来的，并把马克思列宁主义基本原理同中国革命、建设、改革的实践紧密结合起来，不断推进马克思主义中国化、时代化，先后创立了毛泽东思想、邓小平理论、"三个代表"重要思想、科学发展观、习近平新时代中国特色社会主义思想，实现了党的指导思想的与时俱进。在科学理论指导下，我们党能够及时洞察和把握社会发展大趋势，始终"站在历史正确的一边"，坚持战略思维、历史思维、辩证思维、创新思维、法治思维、底线思维，不断增强决策的战略性、前瞻性、科学性，特别是找到了新民主主义革命—社会主义革命和建设—

中国特色社会主义道路这一民族复兴的正确路线。同时，马克思主义及其中国化、时代化的理论成果，为中国人民认识和改造世界提供了强大思想武器，使中国人民精神上由被动变为主动。

始终坚持以人民为中心的根本政治立场。中国共产党是中国工人阶级的先锋队，同时是中国人民和中华民族的先锋队，党的根本宗旨是全心全意为人民服务，始终为着国家和人民的根本利益，没有自己的特殊的利益。习近平总书记指出："人民对美好生活的向往，就是我们的奋斗目标。"我们党坚持历史唯物主义，视人民为历史进步的根本动力，把党作为人民实现其根本利益的工具，把群众路线作为党的根本工作路线，始终与人民同呼吸、共命运、心连心。我们党始终把保障人民的国家主人地位、实现人民根本利益作为制定方针政策的出发点和落脚点，不断增强人民的获得感、幸福感、安全感。党与人民同心同德、水乳交融，党和人民的血肉联系是任何敌对势力都无法离间的。

始终为实现初心使命而不懈奋斗。我们党自成立以来，矢志不渝地践行为中国人民谋幸福、为中华民族谋复兴的初心和使命。在革命、建设、改革的奋斗历程中，可谓荆棘遍布，遇到的艰难险阻是中外历史上少有的，但我们党事不避难敢担当，永葆斗争精神，审时度势、科学决策，以"踏平坎坷成大道，斗罢艰险又出发"的顽强意志，以"狭路相逢勇者胜"的大无畏革命精神去战胜前进道路上的各种困难，作出了巨大牺牲，上百万共产党人甚至献出了宝贵生命，谱写了一曲曲惊天地泣鬼神的奋斗赞歌。为了民族和人民的利益，我们党胜不骄败不馁，不断追求新的更大目标，领导全国人民夺取了全国政权却只视为"万里长征迈出的第一步"，基本实现小康目标后又提出全面建成小康社会的新目标，党的十九大把原定基本实现社会主义现代化的时间提前15年，马不停蹄、只争朝夕地朝着中华民族伟大复兴的目标不懈奋进，走完了发达国家用上百年甚至几百年才走完的路。我们党这种不畏艰险、不怕牺牲、永不懈怠的奋斗精神深深地感染了全国各族人民，全国各族人民由衷地把我们党当作自己的"主心骨"。

始终保持坚强又严密的组织体系。我们党按照民主集中制原则，建立了由党的中央组织、地方组织、基层组织共同构成的严密组织体系。党中央是大脑和中枢，负责制定党的大政方针，具有定于一尊、一锤定音的权威；党的地方组织确保党中央的决策部署在本地区的贯彻落实，并把基层和党员的意见建议报送到党中央；党的基层组织负责把党中央和上级党委的决策部署贯彻落实到基层，并负责收集、反映党员和群众的意见建议。现在，我们党有468万多个组织分布在全国各个单位、组织中，有9100多万名党员工作、生活在各个基层组织中。这种广泛的、严密的、坚强的组织体系，既可以让党中央"如身使臂，如臂使指"，使党的大政方针和党中央决策部署及时地、不折不扣地贯彻落实到基层，又可以使党的组织和党员深深植根人民、扎根人民。这是世界上其他任何政党都不具有的强大优势。

始终坚定不移推进自我革命。"打铁必须自身硬。"我们党在推进民族复兴伟大社会革命的实践中，不断推进党的伟大自我革命，坚定不移全面从严治党，始终保持党的先进性和纯洁性。我们党"坚持真理，修正错误"，不断检视、纠正与党的性质宗旨不一致、与人民根本利益不相符的思想和行为；按照好干部标准培养选拔执政骨干，加强理论学习，不断提高长期执政能力；坚决整治形式主义、官僚主义、享乐主义和奢靡之风等不正之风，树立清正廉洁、求真务实等优良作风，不断加强作风建设，始终保持同人民群众的血肉联系；坚持不懈开展反腐败斗争，割除党的肌体上的毒瘤；等等。所有这些，使我们党成为不负人民重托的执政党。

我们党的这些优秀品格是其他任何政党所不具备的，这就是中国历史和中国人民选择我们党作为民族复兴伟业领导者的原因所在。

三、中国共产党的领导是实现民族复兴的"定海神针"

现在，我们比历史上任何时候都更加接近实现中华民族伟大复兴的目标。但是，前进道路不会是一片坦途。从外部环境看，世界正经历百年未有之大变局，新冠肺炎疫情使各种不稳定、不确定因素明显增加，风险挑战无处不在；从内部形势看，我国发展处于爬坡过坎的关键时期，解决发展不平衡不充分问题、实现高质量发展任务艰巨，还有许多短板、弱项。我们要完成建设社会主义现代化强国的历史任务，绝不是轻轻松松、敲锣打鼓就能实现的。越是任务艰巨，越是风险挑战增大，越要坚持中国共产党领导这个最大优势。

万山磅礴，必有主峰。习近平总书记指出："中国特色社会主义最本质的特征是中国共产党领导，中国特色社会主义制度的最大优势是中国共产党领导，党是最高政治领导力量。"坚持和完善党的领导，是党和国家的根本所在、命脉所在，是全国各族人民的利益所在、幸福所在，是实现民族复兴的根本保证。邓小平同志曾指出："在中国这样的大国，要把几亿人口的思想和力量统一起来建设社会主义，没有一个由具有高度觉悟性、纪律性和自我牺牲精神的党员组成的能够真正代表和团结人民群众的党，没有这样一个党的统一领导，是不可能设想的，那就只会四分五裂，一事无成。"无数事实证明，这一重要论述是无比正确的。在坚持党的领导这个决定党和国家前途命运的重大原则问题上，全党全国人民必须保持高度的思想自觉、政治自觉、行动自觉，丝毫不能动摇。

坚持党的领导，就必须坚定维护以习近平同志为核心的党中央权威和集中统一领导，保证全党令行禁止。马克思指出："一个单独的提琴手是自己指挥自己，一个乐队就需要一个乐队指挥。"恩格斯指出："没有权威，就不可能有任何的一致行动。"列宁指出："在历史上，任何一个阶级，如果不推举出自己的善于组织运动和领导运动的政治领袖和先进代表，就不可能取得统治地位。"毛泽东同志强调："全党服从中央。"邓小平同志指出："中央要有权威。"如果没有党中央权威和集中统一领导，各方面各说各话、各自为政，那就什么事情都干不成。全党同志必须增强"四个意识"、坚定"四个自信"、做到"两个维护"，自觉做到党中央提倡的坚决响应、党中央决定的坚决执行、党中央禁止的坚决不做，执行党中央决策部署不讲条件、不打折扣、不搞变通。

坚持党的领导，必须坚持和完善党的领导制度体系。要围绕落实党总揽全局、协调各方的领导核心作用，建立不忘初心、牢记使命的制度，完善坚定维护党中央权威和集中统一领导的各项制度，健全党的全面领导制度，健全为人民执政、靠人民执政各项制度，健全提高党的执政能力和领导水平的制度，完善全面从严治党制度。进一步把我们党建设成为始终走在时代前列、人民衷心拥护、勇于自我革命、经得起各种风浪考验、朝气蓬勃的马克思主义执政党，提高党把方向、谋大局、定政策、促改革的能力和水平，确保党更好担当起领导民族复兴伟业的历史重任。

中国共产党为什么"能"

○ 谢春涛

中共中央党校（国家行政学院）副校（院）长

◎ 中国共产党的领导地位是如何树立自身的？

◎ 中国共产党有哪些科学理论的引领？

◎ 中国共产党选贤任能的机制是怎样的？

一、有远大理想追求

1. 中国共产党追求为中国最广大人民谋利益。

2. 在中国共产党成立之前,中国落后挨打、积贫积弱。

3. 改革开放以来,中国共产党带领中国人民取得国家建设和发展的重大成就。

4. 党的十八大以来,中国特色社会主义进入新时代。

5. 始终坚持远大理想追求,为国家、民族、人民作出了巨大贡献。

中国共产党为什么"能"

二、有科学理论引领

1. "全盘西化"和"中学为体,西学为用"无法解决中国的问题。

2. 马克思主义

3. 毛泽东思想

4. 邓小平理论

5. "三个代表"重要思想

6. 科学发展观

7. 习近平新时代中国特色社会主义思想

三、有选贤任能机制

1. 中国共产党从诞生之日起就一直强调党的先锋队性质,对发展党员有着严格要求。

2. 在干部队伍建设方面,提出五湖四海、德才兼备、任人唯贤等要求,坚决反对山头主义、任人唯亲。

四、有严明纪律规矩

1. 中国共产党很早就重视党的纪律建设。

2. 党的十八大以来,习近平同志强调思想建党和制度治党紧密结合,强调加强纪律建设是全面从严治党的根本之策。

五、有自我革命精神

1. 在新民主主义革命时期,延安整风运动纠正了教条主义错误,使实事求是的思想路线深入人心。

2. 中国共产党有能力战胜对手,也有能力解决自身存在的问题。

六、有强大领导能力

1. 中国实行中国共产党领导的多党合作和政治协商制度。

2. 中国共产党的强大领导能力体现在各个方面。

中国共产党成立后，中华民族迎来了从站起来、富起来到强起来的伟大飞跃，创造了让世界惊叹的"中国奇迹"。中国共产党能带领中国人民取得如此巨大的成功绝非偶然。中国共产党为什么"能"？深入研究、科学解答这一重大课题，对于始终坚持中国共产党领导、实现中华民族伟大复兴的中国梦具有十分重要的意义。

一、有远大理想追求

每个政党都有追求，但不同政党的追求很不相同，不少政党是为小集团争权夺利，而中国共产党是为中国最广大人民谋利益。习近平同志在党的十九大报告中明确指出："中国共产党人的初心和使命，就是为中国人民谋幸福，为中华民族谋复兴。这个初心和使命是激励中国共产党人不断前进的根本动力。"

在中国共产党成立之前，中国落后挨打、积贫积弱。为了改变这个状况，许多志士仁人进行了不懈探索，但都没有成功。中国共产党一成立，就肩负起挽救中华民族危亡、实现中华民族伟大复兴的历史使命。我们党领导人民经过长达 28 年的浴血奋斗，推翻了帝国主义、封建主义、官僚资本主义的反动统治，建立了中华人民共和国，使中国人民站立起来。之后，又确立社会主义基本制度，实现了中国历史上最深刻最伟大的社会变革。

改革开放以来，中国共产党带领中国人民取得国家建设和发展的重大成就。目前，中国经济总量稳居世界第二位，中国人民富起来了，人民生活总体上达到小康水平，民主法治建设等也取得长足进步。中国用几十年时间走完了发达国家几百年走过的工业化历程，创造了人类发展史上的奇迹。

党的十八大以来，中国特色社会主义进入新时代。中国共产党带领人民解决了许多长期想解决而没有解决的难题，办成了许多过去想办而没有办成的大事，推动党和国家事业发生历史性变革，取得历史性成就。今天，中华民族伟大复兴展现出前所未有的光明前景。

历史最有说服力。100 年来，中国共产党始终坚持远大理想追求，为国家、民族、人民作出了巨大贡献。中国人民为什么选择和跟随中国共产党，原因清清楚楚。不管环境如何变化、挑战多么严峻，中国共产党始终不忘初心、牢记使命。

二、有科学理论引领

对一个政党而言，思想理论建设非常重要。对党内，要通过思想理论建设告诉党员该怎么干、为什么这样干；对人民，要通过思想理论建设让人民群众跟着党走，凝聚起磅礴力量。中国共产党高度重视理论创新，坚持用党的创新理论武装党员干部头脑、团结凝聚人民。

中国共产党从成立之日起，就把马克思主义作为指导思想。这是因为，中国共产党人深刻认识到，"全盘西化"和"中学为体，西学为用"等主张都解决不了中国的问题。只有以马克思主义为指导，走社会主义道路，中国才有希望和出路。

以毛泽东同志为主要代表的中国共产党人把马克思列宁主义基本原理同中国革命具体实践结合起来，创立了毛泽东思想，完成了新民主主义革命，建立了中华人民共和国，确立了社会主义基本制度，发展了社会主义的经济、政治和文化。党的十一届三中全会以后，以邓小平同志为主要代表的中国共产党人创立了邓小平理论，科学回答了建设中国特色社会主义的一系列基本问题，成功开创了中国特色社会主义。

党的十三届四中全会以后，以江泽民同志为主要代表的中国共产党人形成了"三个代表"重要思想，成功把中国特色社会主义推向 21 世纪。党的十六大以后，以胡锦涛同志为主要代表的中国共产党人形成了科学发展观，成功在新的历史起点上坚持和发展了中国特色社会主义。党的十八大以来，以习近平同志为主要代表的中国共产党人，从理论和实践结合上系统回答了新时代坚持和发展什么样的中国特色社会主义、怎样坚持和发展中国特色社会主义这个重大时代课题，形成了习近平新时代中国特色社会主义思想，推动中国特色社会主义进入新时代。

反观原苏东国家的共产党，之所以相继垮台，一个重要原因就是长期思想僵化，理论没能跟上时代发展，不仅不能指导新的实践，甚至连现实都解释不了。

三、有选贤任能机制

一个政党怎样选人、选什么人极端重要，直接决定其能否保持先进性和纯洁性，有无凝聚力和生机活力。中国共产党历来重视党的组织建设尤其是干部队伍建设，培养选拔了一批又一批高素质领导干部。

中国共产党从诞生之日起就一直强调党的先锋队性质，对发展党员有着严格要求。近年来，我们党在发展党员工作中要求控制总量、优化结构、提高质量、发挥作用，进一步加强了对申请入党者的教育、考察等工作，确保党员质量。

在干部队伍建设方面，我们党在革命时期就提出五湖四海、德才兼备、任人唯贤等要求，坚决反对山头主义、任人唯亲。我们党的干部路线保证了党的团结统一、兴旺发达。改革开放以来特别是党的十八大以来，我们党在培养选拔使用干部方面不断探索，相关制度日益完善。习近平同志提出"信念坚定、为民服务、勤政务实、敢于担当、清正廉洁"的好干部标准，特别强调干部要忠诚干净担当。他强调，要建立源头培养、跟踪培养、全程培养的素质培养体系，日常考核、分类考核、近距离考核的知事识人体系，以德为先、任人唯贤、人事相宜的选拔任用体系，管思想、管工作、管作风、管纪律的从严管理体系，崇尚实干、带动担当、加油鼓劲的正向激励体系。近年来，干部队伍建设取得很大进展，好干部标准发挥了重要导向作用。

我们党在干部培养、选拔、使用、管理等方面已经树立一系列科学理念、形成一整套制度机制。德才兼备、以德为先，五湖四海、任人唯贤，人岗相适、人事相宜，重视台阶、政绩、多岗位锻炼，坚持干部进党校学习等等，这样一系列理念、原则、制度在干部队伍建设中发挥着越来越大的作用，也得到其他政党越来越多的认可。

四、有严明纪律规矩

政党作为政治组织，一般都有章程，都有纪律规矩，但像中国共产党这样有着严明纪律规矩的政党，世所罕见。我们党一贯重视纪律规矩，不仅有着健全的纪律规矩，还能严格执行纪律规矩。

中国共产党很早就重视党的纪律建设。1927 年，党的五大决定成立党的中央监察委员会，专门负责党的纪律监察工作。土地革命时期，我们党把支部建在连上，加强党对军队的领导，制定"三大纪律八项注意"。从延安时期开始，我们党的纪律规矩逐步丰富成熟，党中央制定和实行了一系列纪律规矩。

党的十八大以来，习近平同志针对一个时期党的纪律失之于宽、失之于松、失之于软的问题，强调思想建党和制度治党紧密结合，强调加强纪律建设是全面从严治党的根本之策。以习近平同志为核心的党中央特别重视严明党的政治纪律和政治规矩，全面净化党内政治生态。在党的十九大报告中，习近平同志提出党的政治建设是党的根本性建设，要求把党的政治建设摆在首位。不久前，《中共中央关于加强党的政治建设的意见》印发，为加强党的政治建设、严明政治纪律和政治规矩提供了根本遵循。

党的十八大以来，党中央修订和制定一系列重要党内法规。这些党内法规都蕴含着严明的纪律规矩，为确保我们党始终成为中国特色社会主义事业的坚强领导核心提供了制度保障。

五、有自我革命精神

中国共产党不仅善于领导社会革命，还勇于进行自我革命。勇于自我革命使我们党形成了自我净化、自我完善、自我革新、自我提高的能力和机制，确保党自身出了问题能坚决主动予以纠正。

在新民主主义革命时期，以毛泽东同志为主要代表的中国共产党人就成功纠正过党内的各种错误倾向，特别是通过延安整风运动彻底纠正了教条主义错误，使实事求是的思想路线深入人心，让我们党日益成熟。在革命时期，我们党还形成了批评和自我批评的优良作风。勇于自我革命也使我们党能够坚决纠正"文化大革命"的错误，领导全党全国人民成功开创中国特色社会主义。对待党内出现的腐败问题，中国共产党人决不手软，这是党的自我革命精神的重要体现。在土地革命时期和抗日战争时期，我们党都严惩党内腐败分子。新中国成立初期枪决刘青山、张子善的故事，更是广为人知。这些都说明，中国共产党同腐败是水火不相容的。

党的十八大以来，以习近平同志为核心的党中央深刻认识党内存在的问题，强调"打铁必须自身硬"，以踏石留印、抓铁有痕的劲头抓作风，以"老虎""苍蝇"一起打的决心反腐败。习近平同志还对党的自我革命作出许多重要论述。他强调，"勇于自我革命，从严管党治党，是我们党最鲜明的品格"。党的十八大以来全面从严治党的实践证明，中国共产党已经走出成功治党新路。中国共产党有能力战胜对手，也有能力解决自身存在的问题。

六、有强大领导能力

中国特色社会主义最本质的特征是中国共产党领导，中国特色社会主义制度的最大优势是中国共产党领导，党是最高政治领导力量。在领导中国人民实现中华民族伟大复兴的历史进程中，中国共产党的强大领导能力得到了充分彰显。

中国实行中国共产党领导的多党合作和政治协商制度。中国共产党是执政党，各民主党派是中国特色社会主义参政党，为了国家发展、人民福祉共同协商。中国共产党坚持党总揽全局、协调各方，推动人大、政府、政协、监察机关、审判机关、检察机关、人民团体、企事业单位、社会组织等在党的领导下协调行动、增强合力。这一领导体制具有明显优势，能够保证党的集中统一领导，保持政治稳定和政策连续性，决策作出之后具有很强的执行力。

根据党的十九大提出的坚持和加强党的全面领导的要求，党的十九届三中全会通过《中共中央关于深化党和国家机构改革的决定》，进一步完善保证党的全面领导的制度安排，改进党的领导方式和执政方式。通过建立健全党对重大工作的领导体制机制，强化党的组织在同级组织中的领导地位，更好发挥党的职能部门作用，统筹设置党政机构，推进党的纪律检查体制和国家监察体制改革等，党的全面领导的体制机制优势得到更加充分的发挥。

中国共产党的强大领导能力体现在各个方面。改革开放以来，在党的领导下，我们有力应变局、战洪水、抗地震、化危机等，充分体现了社会主义制度的优越性，也充分体现了我们党的强大领导能力。

深刻理解坚持和加强党的全面领导

○ 姚　桓

全国党建研究会特约研究员

◎ 为什么要加强中国共产党的全面领导？

◎ 如何认识党的建设新格局？

◎ 中国共产党的全面领导如何加强？

深刻理解坚持和加强党的全面领导

一、新时代建设伟大工程就要坚持和加强党的全面领导

1. 改革开放之初,我们党就对党的领导和党的建设的关系进行了探索。

2. 中国特色社会主义进入新时代,机遇与挑战、美好前景与艰难险阻都前所未有地摆在中国共产党和中国人民面前。

3. 只有坚持和加强党的全面领导,才能凝聚起同心共筑中国梦的磅礴力量。

4. 党的建设总要求是指南针、定盘星,是把关定向的。

二、坚持和加强党的全面领导与全面从严治党新要求、党的建设新格局是高度一致的

1. 坚持和加强党的全面领导,要以全面从严治党为保证。

2. 全面从严治党的力度、效果与党的领导能力、执政能力提升之间具有明显的正相关性。

3. 全面从严治党,要靠党的建设新格局来落实。

4. 要把制度建设贯穿于各项建设之中。

三、牢牢把握坚持和加强党的全面领导的核心和灵魂

1. 坚持和加强党的全面领导,核心是全面领导。

2. 坚持和加强党的全面领导,要求党在同级各种组织中发挥领导核心作用。

3. 坚持和加强党的全面领导,灵魂是用习近平新时代中国特色社会主义思想武装全党。

党的十九大报告在总结历史和现实经验基础上旗帜鲜明地提出了新时代党的建设总要求，其中坚持和加强党的全面领导是重中之重。坚持和加强党的全面领导，阐明了党的建设的根本目的和根本原则，对新时代坚定不移推进全面从严治党具有提纲挈领作用，对实现"两个一百年"奋斗目标和中华民族伟大复兴的中国梦具有根本保证作用。

一、新时代建设伟大工程就要坚持和加强党的全面领导

党的十九大报告确定的新时代党的建设总要求，反映了我们党对自身建设规律认识的深化，是党的建设理论逻辑、历史逻辑和实践逻辑的有机统一。总要求提出的坚持和加强党的全面领导，是三个逻辑相统一的落脚点。历史和实践都表明，中国共产党从来不是为了自身建设而进行自身建设，党的建设归根结底是为了提高党的创造力、凝聚力、战斗力，提高党领导革命、建设和改革的能力，最终完成党所肩负的伟大历史使命。

早在改革开放之初，我们党就对党的领导和党的建设的关系进

行了探索。1979 年，邓小平同志在党的理论务虚会上明确提出四项基本原则。坚持四项基本原则的核心，就是坚持党的领导。党的十二大要求把党建设成为领导社会主义现代化事业的坚强核心，这提出了社会主义现代化建设时期党的建设目标，明确了党的建设基本方向。此后，我们党在探索现代化建设时期党的建设一系列重大理论和实践问题时，总是把党的建设与党的领导密切联系在一起。正是因为我们党在领导社会主义现代化事业进程中，一以贯之地把坚持党的领导作为社会主义现代化建设和党自身建设的方向性、根本性问题抓紧抓实，才使我们党成为坚强领导核心，带领全国人民克服了一个个困难、战胜了一个个挑战。同时，党自身也在领导伟大事业的实践中锻造得更加坚强有力。

中国特色社会主义进入新时代，机遇与挑战、美好前景与艰难险阻都前所未有地摆在中国共产党和中国人民面前。如何完成第一个百年奋斗目标并向第二个百年奋斗目标进军？关键中的关键、重中之重是加强党的领导。加强党的领导的极端重要性，要求我们对党的领导有新定位，对党的领导和党自身建设关系的认识有新提升。正是在这个大背景下，党的十九大报告审时度势，提出坚持和加强党的全面领导。从强调"坚持党的领导"到进一步提出"坚持和加强党的全面领导"，看起来只是几个字词的变化，实则意味深长、意义重大。显然，只有坚持和加强党的全面领导并以此作为党的建设总目标，我们党才能不断增强创造力、凝聚力、战斗力，不断增强政治领导力、思想引领力、群众组织力、社会号召力；才能协调推进全面建成小康社会、全面深化改革、全面依法治国、全面从严治党，为改革发展提供强大动力和可靠保障；

才能落实以人民为中心的发展思想，建设现代化经济体系，健全人民当家作主的制度体系，推动社会主义文化繁荣兴盛，保障和改善民生，加强和创新社会治理，加快生态文明体制改革，正确认识和应对复杂的国际局势。总之，只有坚持和加强党的全面领导，才能凝聚起同心共筑中国梦的磅礴力量。

党的建设总要求是指南针、定盘星，是把关定向的。现在，党的建设还面临许多问题，表现在政治建设、思想建设、组织建设、作风建设、纪律建设以及制度建设和反腐败斗争各方面。这些问题当然都要一一解决，但不谋全局者不足以谋一域。这些问题的解决离不开一个根本的方向性问题：党的建设出发点是什么？归宿是什么？检验标准是什么？很明显，那就是坚持和加强党的全面领导。明确了这个问题，党的建设才能在纷繁复杂的形势面前认清方向、完成任务。换言之，党的建设只有落实到坚持和加强党的全面领导这个目标上，才抓住了根本，才会取得实实在在的成效。

二、坚持和加强党的全面领导与全面从严治党新要求、党的建设新格局是高度一致的

党的十九大报告把坚持和加强党的全面领导与全面从严治党新要求、党的建设新格局紧密联系在一起，其内在根据在于三者是高度一致的。

坚持和加强党的全面领导，要以全面从严治党为保证。邓小平同志指出："共产党有没有资格领导，这决定于我们党自己。"历史和实践是最好的老师。党的十八大以来的 5 年，为什么我们党的

领导能力大大增强，解决了许多长期想解决而没有解决的难题，办成了许多过去想办而没有办成的大事，使党和国家事业发生历史性变革？就是因为以习近平同志为核心的党中央坚决改变管党治党宽松软状况，以对党对人民高度负责的担当精神、政治远见和顽强意志推进全面从严治党，进一步实现了全党思想上的高度统一、组织上的坚强团结和行动上的高度一致，极大增强了党的政治领导力、思想引领力、群众组织力、社会号召力。

所以，全面从严治党的力度、效果与党的领导能力、执政能力提升之间具有明显的正相关性。权力与责任是联系在一起的。坚持和加强党的全面领导赋予各级党组织更多职权，也带来更大责任，要求更好地管党治党。更应看到，党面临的"四大考验"是长期的、复杂的，面临的"四种危险"是尖锐的、严峻的。党内存在的思想不纯、组织不纯、作风不纯等突出问题尚未得到根本解决，商品交换原则对党内生活的侵蚀、党内形成利益集团的危险尤须高度警惕。所有这些，都要求推动全面从严治党向纵深发展，以此提高党自我净化、自我完善、自我革新、自我提高的能力，从而更好坚持和加强党的全面领导。

全面从严治党，要靠党的建设新格局来落实。党的十九大报告提出，全面推进党的政治建设、思想建设、组织建设、作风建设、纪律建设，把制度建设贯穿其中，深入推进反腐败斗争。这个"五加二"的党建新格局继承和发展了党的十八大的相关表述。政党是政治组织，必须强调政治。马克思主义政党更是必须把政治建设放在首位，解决好政治立场、政治方向、政治原则、政治道路问题。以政治建设为统领，纲举目张，各方面建设才能明确方向。思想建设要解决的是理想信念和宗旨问题，强调的是共产党人的初心和使命，成为党的建设不可缺少的根基。组织能使力量倍增。

共产党是工人阶级有组织、有纪律的部队，加强组织建设和纪律建设，党在政治上、思想上的高度统一才能得到保证。作风建设要解决的是党和人民群众的关系问题，是要增强"党离不开人民，人民离不开党"的血肉联系，巩固党的执政基础。制度问题带有根本性、全局性、稳定性和长期性，党的政治建设、思想建设、组织建设、作风建设、纪律建设都要以制度建设来落实和保证，因此要把制度建设贯穿于各项建设之中。腐败是党面临的最大威胁，把反腐败斗争纳入党的建设总体格局，表明反腐败斗争永远在路上，也是党回应人民关切、确保党和国家长治久安的战略举措。这一党的建设新格局涵盖党的建设方方面面，把严的标准、严的措施贯穿于管党治党全过程和各方面，使全面从严治党进一步系统化，使党的各项建设紧密结合、相互促进，必将有力提高党的建设水平和质量，锻造"自身硬"的坚强领导核心。

总之，用党的建设新格局落实全面从严治党新要求，进而实现新时代党的建设总目标，是马克思主义辩证法和战略思维的创造性运用，是党的十九大的重要理论和实践创新。

三、牢牢把握坚持和加强党的全面领导的核心和灵魂

落实党的十九大提出的新时代党的建设总要求，必须牢牢把握其核心和灵魂。

坚持和加强党的全面领导，核心是全面领导。这就是说，"党政军民学，东西南北中，党是领导一切的"。作为最高政治领导力量，

党的领导必须是整体的、全面的，体现在经济建设、政治建设、文化建设、社会建设、生态文明建设各个领域，体现在党和国家工作的各个方面、各个环节；无论哪个领域、哪个方面、哪个环节弱化了，都会出现短板效应，削弱党的领导。

坚持和加强党的全面领导，最重要的是维护以习近平同志为核心的党中央权威和集中统一领导。要牢固树立政治意识、大局意识、核心意识、看齐意识，自觉在思想上政治上行动上同党中央保持高度一致。这是党的全面领导最集中的体现，也是坚持和加强党的全面领导最重要的要求。首先，坚持和加强党的全面领导，要求党在同级各种组织中发挥领导核心作用。党组织既要坚定地总揽全局，把方向、谋大局、定政策；又要善于协调各方，调动方方面面的积极性。其次，坚持和加强党的全面领导，要求把领导作用贯穿于工作全过程。既要实行民主的科学的决策，制定和执行正确的路线方针政策，又要做好党的组织工作和宣传教育工作，发挥党员的先锋模范作用，保证党的路线方针政策全面落实。再次，坚持和加强党的全面领导，还要处理好"加强"与"改善"的关系，以"加强"为目的，以"改善"为途径，以"改善"达到"加强"。要探索党的领导规律，适应形势的发展和情况的变化，不断完善领导体制和工作机制，改进领导方式，以科学的体制、机制和方式保证党的全面领导。

坚持和加强党的全面领导，灵魂是用习近平新时代中国特色社会主义思想武装全党。中国共产党是高度重视理论武装的党，党的先进性首先来源于理论指导的先进性。党的十九大将习近平新时代中国特色社会主义思想确立为我们党的行动指南。这一科学思想从理论和实践结合上系统回答了新时代坚持和发展什么样的中国特色社会主义、怎样坚持和发展中国特色社会主义这个重大时代课题，回答了新时代中国特色社会主义的总目标、总任务、总体布局、战略布局和发展方向、发展方式、发展动力、战略步骤、外部条件、政治保证等基本问题，是逻辑严密、系统完整、相互贯通的思想体系。

这一科学思想既有深厚的理论渊源，又经过实践的充分检验，是全党全国人民为实现中华民族伟大复兴而奋斗的行动指南，也必然是坚持和加强党的全面领导的灵魂。用习近平新时代中国特色社会主义思想武装全党，要坚持理论联系实际，深入把握其鲜明的继承性、创新性、时代性、指导性，始终坚信其科学性、真理性，努力提高贯彻执行的自觉性、坚定性。只要全党坚持用这一科学思想武装头脑、指导实践、推动工作，就一定能实现坚持和加强党的全面领导的目标。

以永不懈怠的精神状态
开创事业新局面

○ 韩　震
北京市习近平新时代中国特色社会主义思想研究中心特约研究员

◎ 为什么说开创伟大事业需要伟大精神支撑？

◎ 精神懈怠的危险有哪些？

◎ 如何克服精神懈怠的危险？

从历史看，伟大的事业需要伟大的精神支撑

一

1. 实现中华民族伟大复兴，是中华民族近代以来最伟大的梦想。

2. 实践是人们能动地探索和改造世界的社会性活动，这里的"能动"在很大程度上表现为精神状态。

3. 实践证明，开创伟大事业需要伟大精神支撑。

以永不懈怠的精神状态开创事业新局面

二

三

从现实看，推进新时代中国特色社会主义事业必须克服精神懈怠危险

1. 克服精神懈怠危险才能保持清醒头脑和高昂斗志，成功应对"四大考验""四种危险"，把新时代中国特色社会主义不断推向前进。

2. 克服精神懈怠危险才能全面增强我们党的执政本领，让党始终成为中国特色社会主义事业的坚强领导核心。

以永不懈怠的精神状态和一往无前的奋斗姿态扎实苦干

1. 以永不懈怠的精神状态和一往无前的奋斗姿态进行伟大斗争。

2. 以永不懈怠的精神状态和一往无前的奋斗姿态建设伟大工程。

3. 以永不懈怠的精神状态和一往无前的奋斗姿态推进伟大事业。

习近平同志在党的十九大报告中指出："不忘初心，方得始终。中国共产党人的初心和使命，就是为中国人民谋幸福，为中华民族谋复兴。这个初心和使命是激励中国共产党人不断前进的根本动力。"正是在这一根本动力的推动下，中国共产党人在长期革命、建设、改革中以永不懈怠的精神状态和一往无前的奋斗姿态，取得了一系列彪炳史册的伟大胜利，开辟了中国特色社会主义道路，把贫穷落后的中国带入全面建设社会主义现代化强国的新征程。当前，中国特色社会主义进入了新时代，使命光荣，任务繁重。只有克服精神懈怠危险，以永不懈怠的精神状态和一往无前的奋斗姿态开创党和国家事业新局面，才能顺利实现"两个一百年"奋斗目标，实现中华民族伟大复兴的中国梦。

一、从历史看，伟大的事业需要伟大的精神支撑

实现中华民族伟大复兴，是中华民族近代以来最伟大的梦想。无数仁人志士前仆后继，进行了可歌可泣的斗争。但是，洋务运动没有成功，戊戌变法没有走通，辛亥革命半路夭折……直到

1921 年中国共产党诞生，中国人民谋求民族独立、人民解放和国家富强、人民幸福的斗争才有了主心骨，中国人民从精神上由被动转为主动，进而完成了新民主主义革命，建立了新中国，实现了中国从几千年封建专制政治向人民民主的伟大飞跃。为什么之前的种种努力都归于失败，而中国共产党能够带领人民取得成功？这是因为中国共产党人有着崇高而坚定的理想信念，始终牢记自己的初心和使命。正是这种理想信念激发了中国共产党人坚忍不拔的奋斗精神，通过百折不挠的奋斗，带领中国人民迎来了从站起来、富起来到强起来的伟大飞跃。

实践是人们能动地探索和改造世界的社会性活动，这里的"能动"在很大程度上表现为精神状态。在一定历史阶段，不同民族有不同的发展状态，往往是因为其精神状态和思想觉醒程度不同。在不同历史时期，同一民族取得的历史成就迥异，也往往是因为其在不同历史时期的精神状态存在差异。我们党以马克思主义理论为指导，以全心全意为人民服务为根本宗旨，坚持共产主义崇高理想，怀着为中国人民谋幸福、为中华民族谋复兴的初心和使命，坚持辩证唯物主义和历史唯物主义的世界观和方法论，不仅能够科学认识社会发展规律、正确把握社会发展方向，而且具有强大精神力量，能够保持永不懈怠、奋发有为的精神状态。

实践证明，开创伟大事业需要伟大精神支撑。没有伟大精神支撑，井冈山的星星之火就无法燃起燎原之势；没有伟大精神支撑，红军长征便无法摆脱强敌围堵、克服艰难险阻，一步步走向胜利。因此，毛泽东同志说，人是要有一点精神的。正是因为有革命理想高于天的精神，无数革命先烈为民族独立、人民解放抛头颅、洒热血，为建立新中国奉献自己的生命；也正是因为有这种精神，我们才能建立社会主义制度、推进社会主义建设，冲破教条主义的束缚，毅然决然推进改革开放，开辟中国特色社会主义道路。

二、从现实看，推进新时代中国特色社会主义事业必须克服精神懈怠危险

当前，国内外形势正在发生深刻复杂变化，我国正处于一个大有可为的历史机遇期。我们具备过去难以想象的良好发展条件，但也面临着许多前所未有的困难和挑战。历史反复证明，一个民族、一个政党、一个国家，有了永不懈怠的精神状态和一往无前的奋斗姿态，就可以抓住历史机遇乘势而上；如果精神懈怠、斗志减弱，就会错失机遇、陷入被动。必须清醒认识到，我们党面临的执政环境是复杂的，影响党的先进性、弱化党的纯洁性的因素也是复杂的，党内存在的思想不纯、组织不纯、作风不纯等突出问题尚未得到根本解决。面对世情、国情、党情的深刻变化，精神懈怠危险更加尖锐地摆在全党面前。要把新时代中国特色社会主义事业推向前进，必须大力克服精神懈怠危险。

克服精神懈怠危险才能保持清醒头脑和高昂斗志，成功应对"四大考验""四种危险"，把新时代中国特色社会主义不断推向前进。"四大考验""四种危险"是推进新时代中国特色社会主义事业的"拦路虎"。习近平同志指出，新的历史条件下，国际国内形势发生了很大变化，我们党面临的执政环境和执政条件发生了很大变化，党面临的"四大考验""四种危险"是长期的、复杂的、严峻的。应该认识到，精神懈怠会麻痹思想、削弱主观

能动性，导致主观世界跟不上客观世界的发展变化，进而引发能力不足；导致故步自封、脱离群众，甚至在安逸享乐中滑向消极腐败的深渊。因而，精神懈怠是导致信念不坚、本领不高、能力不足、脱离群众等问题的主要思想根源。只有克服精神懈怠危险，才能成功应对"四大考验""四种危险"，避免温水煮青蛙的悲剧；才能在不断学习中提高能力，在密切联系群众中提高党性修养，在人民的监督下保持清正廉洁的人民公仆本色。

克服精神懈怠危险才能全面增强我们党的执政本领，让党始终成为中国特色社会主义事业的坚强领导核心。有了永不懈怠的精神状态和一往无前的奋斗姿态，才能在全党营造善于学习、勇于实践的浓厚氛围，增强学习本领；才能科学制定和坚决执行党的路线方针政策，把党总揽全局、协调各方落到实处，增强政治领导本领；才能保持锐意进取的精神风貌，增强改革创新本领；才能善于贯彻新发展理念，不断开创发展新局面，增强科学发展本领；才能头脑清醒，做尊法学法守法用法的模范，增强依法执政本领；才能密切联系群众，创新群众工作体制机制和方式方法，增强群众工作本领；才能以钉钉子精神做实做细做好各项工作，增强狠抓落实本领；才能妥善处理各种复杂矛盾，勇于战胜前进道路上的各种艰难险阻，牢牢把握工作主动权，增强驾驭风险本领。一个政治过硬、本领高强的马克思主义执政党，一定能够在世界形势深刻变化的历史进程中始终走在时代前列，在应对国内外各种风险和考验的历史进程中始终成为全国人民的主心骨，在坚持和发展中国特色社会主义的历史进程中始终成为坚强领导核心。

三、以永不懈怠的精神状态和一往无前的奋斗姿态扎实苦干

习近平同志在党的十九大报告中提醒全党："中华民族伟大复兴，绝不是轻轻松松、敲锣打鼓就能实现的。全党必须准备付出更为艰巨、更为艰苦的努力。"事业都是干出来的，幸福都是奋斗出来的，历史只会眷顾坚定者、奋进者、搏击者，而不会等待犹豫者、懈怠者、畏难者。只有以永不懈怠的精神状态和一往无前的奋斗姿态进行伟大斗争、建设伟大工程、推进伟大事业，才能决胜全面建成小康社会，夺取新时代中国特色社会主义伟大胜利，实现民族复兴的伟大梦想。

以永不懈怠的精神状态和一往无前的奋斗姿态进行伟大斗争。习近平同志指出："社会是在矛盾运动中前进的，有矛盾就会有斗争。我们党要团结带领人民有效应对重大挑战、抵御重大风险、克服重大阻力、解决重大矛盾，必须进行具有许多新的历史特点的伟大斗争，任何贪图享受、消极懈怠、回避矛盾的思想和行为都是错误的。"我们要更加自觉地保持永不懈怠的精神状态和一往无前的奋斗姿态，充满自信地坚持党的领导和我国社会主义制度，坚决与一切削弱、歪曲、否定党的领导和我国社会主义制度的言行作斗争；更加自觉地维护人民利益，坚决与一切损害人民利益、脱离群众的行为作斗争；义无反顾地投身改革创新时代潮流，坚决破除一切顽瘴痼疾；以坚如磐石的意志维护我国主权、安全、发展利益，坚决与一切分裂祖国、破坏民族团结和社会和谐稳定的行为作斗争；以清醒的头脑和高昂的斗志防范各种风险，坚决战胜一切在政治、经济、文化、社会等领域和自然界出现的困难

和挑战。

以永不懈怠的精神状态和一往无前的奋斗姿态建设伟大工程。习近平同志指出："我们党要始终成为时代先锋、民族脊梁，始终成为马克思主义执政党，自身必须始终过硬。"要做到自身过硬，就必须做到精神上永不懈怠、行动上斗志不减。精神懈怠了、斗志衰弱了，就会放松警党，在安逸享乐中丧失免疫力。我们必须以永不懈怠的精神状态和斗志，更加自觉地坚定党性原则，勇于直面问题、刮骨疗毒，消除一切损害党的先进性和纯洁性的因素，清除一切侵蚀党的健康肌体的病毒，确保我们党永葆旺盛生命力和强大战斗力。要看到，一次治病，并不能终身免疫。从严治党也不是一劳永逸的，全面从严治党永远在路上。因此，要以永不懈怠的精神状态和一往无前的奋斗姿态，坚持问题导向，保持战略定力，推动全面从严治党向纵深发展；密切党同人民群众的血肉联系，加强作风建设，不断增强群众观念和群众感情，巩固党执政的群众基础，确保党始终走在时代前列、始终成为全国人民的主心骨、始终成为坚强领导核心。

以永不懈怠的精神状态和一往无前的奋斗姿态推进伟大事业。习近平同志指出，新时代中国特色社会主义是我们党领导人民进行伟大社会革命的成果，也是我们党领导人民进行伟大社会革命的继续，必须一以贯之进行下去。建设中国特色社会主义是需要几代人、十几代人、几十代人持续奋斗的伟大事业，会碰到许多艰难险阻，需要强大的精神力量持续激励全党全国各族人民奋勇前进。我们要不负人民重托、无愧历史选择，高举中国特色社会主义伟大旗帜，以永不懈怠的精神状态和一往无前的奋斗姿态推动新时代中国特色社会主义伟大实践，增强道路自信、理论自信、制度自信、文化自信，既不走封闭僵化的老路，也不走改旗易帜的邪路，保持政治定力；锐意进取、埋头苦干，始终坚持和发展中国特色社会主义；坚持党对一切工作的领导，以党的坚强领导凝聚起全体中华儿女投身中国特色社会主义建设、同心共筑中国梦的磅礴力量。

将新时代党的伟大自我革命进行到底

○ 姜　辉

中国社会科学院党组成员、当代中国研究所所长

◎ 如何推进不忘初心、牢记使命？

◎ 自我革命的精神主要体现在哪里？

◎ 当前党自身存在哪些突出的问题？

1. 牢记初心使命，推进自我
革命，两者是紧密联系、
相互作用、相辅相成的。

2. 牢记和践行初心使命，
必须以正视问题的勇气和
刀刃向内的自觉不断推进
自我革命。

一、以不断深化自我革命持续推进不忘初心、牢记使命

将新时代党的伟大自我革命进行到底

二、越是长期执政，越不能丧失自我革命精神

1. 这是着眼于百年大党面
临的最直接、最突出、最迫
切的问题而提出的谆谆告
诫和明确要求。

2. 实现长期执政，关
键是通过自我革命成功
跳出历史周期率。

3. 实现长期执政，
持续推进自我革命，
对于百年大党来说越来
越具有严峻性、艰巨性
和迫切性。

1. 关键在于我们党自身始终过
硬。

2. 必须发扬斗争精神和革命
精神。

三、坚持以伟大自我革命引领伟大社会革命

四、着力解决党自身存在的突出问题，不断把自我革命推向深入

1. 深入学习习近平新时代
中国特色社会主义思想，
加强思想建党和理
论强党。

2. 坚持以党的
政治建设为统领，
坚决维护党中央权
威和集中统一领导。

3. 大力加强党的作
风建设，紧扣保持党同
人民群众血肉联系这
个关键。

4. 持续巩固反腐
败斗争压倒性胜利，
驰而不息抓好正风肃
纪反腐。

5. 完善和发展
党内制度，形成全面
从严治党的长效机制。

近期出版的《习近平谈治国理政》第三卷，以一系列具有原创性、时代性、指导性的重大思想观点，进一步丰富和发展了党的理论创新成果，是一部闪耀着马克思主义真理光芒的纲领性文献。这部著作贯穿弘扬马克思主义政党自我革命精神，创造性回答了在新时代"什么是自我革命、怎样进行自我革命"的重大课题，全面深入阐述了持续推进和不断深化党的自我革命的重大意义、指导原则、时代内涵、基本方略、主要问题、重要途径和科学方法，进一步深化了对共产党执政规律的认识，丰富发展了马克思主义政党建设理论，是广大党员、干部不忘初心、牢记使命，坚持不懈把党的自我革命推向深入的根本遵循。

一、以不断深化自我革命持续推进不忘初心、牢记使命

牢记初心使命，推进自我革命，两者是紧密联系、相互作用、相辅相成的。崇高理想、光荣使命是推进党的自我革命的前进方向和不懈动力；勇于和善于自我革命，是我们党不断走向成熟的重要标志，也是共产党员做到不忘初心、牢记使命的内在力量和

自觉行动。习近平总书记指出："我们党作为百年大党，要始终得到人民拥护和支持，书写中华民族千秋伟业，必须始终牢记初心和使命。"面对新的世情国情党情，面对前所未有的考验和挑战，做到不忘初心、牢记使命，并不是一件容易的事情，必须具有强烈的自我革命精神。

牢记和践行初心使命，需要通过不断推进自我革命来保持党的先进性和纯洁性。这是我们党近百年来加强自身建设的一条基本经验。毛泽东同志在革命时期曾讲过，以中国最广大人民的最大利益为出发点的中国共产党人，随时准备拿出自己的生命去殉我们的事业，"难道还有什么不适合人民需要的思想、观点、意见、办法，舍不得丢掉的吗？难道我们还欢迎任何政治的灰尘、政治的微生物来玷污我们的清洁的面貌和侵蚀我们的健全的肌体吗？"近百年来，从石库门到天安门，从兴业路到复兴路，党的初心使命始终坚守不移，党的自我革命持续推进。强大的政党是在自我革命中锻造出来的。习近平总书记指出："回顾党的历史，我们党总是在推动社会革命的同时，勇于推动自我革命，始终坚持真理、修正错误，敢于正视问题、克服缺点，勇于刮骨疗毒、去腐生肌。正因为我们党始终坚持这样做，才能够在危难之际绝处逢生、失误之后拨乱反正，成为永远打不倒、压不垮的马克思主义政党。"

牢记和践行初心使命，必须以正视问题的勇气和刀刃向内的自觉不断推进自我革命。由其阶级性、人民性所决定，马克思主义政党"没有任何同整个无产阶级的利益不同的利益"，它领导的运动"是绝大多数人的，为绝大多数人谋利益的独立的运动"。

中国共产党除了国家、民族、人民的利益，没有任何自己的特殊利益。唯有这样的党，才能克服其他政党不能克服的阶级局限和利益局限，而具有无可比拟的先进性；才能直面自己的缺点错误、毫不留情批评自己、绝不容忍内部腐败分子，而具有无可比拟的纯洁性。习近平总书记指出："中国共产党的伟大不在于不犯错误，而在于从不讳疾忌医，敢于直面问题，勇于自我革命，具有极强的自我修复能力。"新时代党的自我革命任重而道远，必须以刀刀向内、刮骨疗毒的自觉和勇气强化"四个自我"，既要施药动刀，又要固本培元，不断纯洁党的队伍，坚决保证党的肌体健康。

二、越是长期执政，越不能丧失自我革命精神

习近平总书记指出："越是长期执政，越不能丢掉马克思主义政党的本色，越不能忘记党的初心使命，越不能丧失自我革命精神。"这是着眼于百年大党面临的最直接、最突出、最迫切的问题而提出的谆谆告诫和明确要求。党的执政地位不是与生俱来的，是历史的选择、人民的选择。党的执政地位也不是一劳永逸、一成不变的。"我们党作为百年大党，如何永葆先进性和纯洁性、永葆青春活力，如何永远得到人民拥护和支持，如何实现长期执政，是我们必须回答好、解决好的一个根本性问题。"习近平总书记深刻总结我们党的建设的历史经验，指出我们党"始终保持了自我革命精神，保持了承认并改正错误的勇气，一次次拿起手术刀来革除自身的病症，一次次靠自己解决了自身问题"。这种能力既是我们党区别于世界上其他政党的显著标志，也是我们党长盛不衰的重要原因。

实现长期执政，关键是通过自我革命成功跳出历史周期率。新民主主义革命时期，毛泽东同志回答如何跳出历史周期率、提出"民主新路"，思考的是革命胜利以后将在全国执政的中国共产党如何不变质、如何依靠人民监督来实现长期执政的问题。这条"民主新路"，贯穿于此后革命、建设、改革的整个过程，随着党所处历史方位的转变，其内容和形式不断丰富。从实现全国执政到巩固执政地位，再到确保长期执政，如何跳出历史周期率的问题越来越突出和迫切。

党的十八大以来，以习近平同志为核心的党中央以自我革命的精神推进全面从严治党，不断提高党的执政能力和领导水平，不断增强党自我净化、自我完善、自我革新、自我提高的能力，探索出一条长期执政条件下解决自身问题、跳出历史周期率的成功道路。从延安时期的"民主新路"，到社会主义建设和改革时期持续加强党的先进性建设和执政能力建设，再到新时代全面从严治党的伟大自我革命，这一历程凝聚了几代中国共产党人的不懈奋斗和孜孜求索。我们党要跳出历史周期率，关键是不能丧失自我革命精神，要不断把党的自我革命推向深入，这样才能在不断解决问题中实现自我超越，永葆我们党的先进性和纯洁性。

实现长期执政，持续推进自我革命，对于百年大党来说越来越具有严峻性、艰巨性和迫切性。新时代，形势环境变化之快、改革发展稳定任务之重、矛盾风险挑战之多、对我们党治国理政考验之大前所未有。在这种情况下，"有没有强烈的自我革命精神，有没有自我净化的过硬特质，能不能坚持不懈同自身存在的问题和错误作斗争，就成为决定党兴衰成败的关键因素"。民族复兴梦想越接近实现，改革发展稳定任务越繁重，越要加强党的建设，在新时代把党的自我革命不断推向深入。

三、坚持以伟大自我革命引领伟大社会革命

习近平总书记在十九届中央政治局常委同中外记者见面时指出："实践充分证明，中国共产党能够带领人民进行伟大的社会革命，也能够进行伟大的自我革命。"习近平总书记指出："我们党总是在推动社会革命的同时，勇于推动自我革命。"在党的十九届中央纪委四次全会上，习近平总书记深刻总结新时代全面从严治党的历史性成就，高度概括了党的十八大以来"坚持以伟大自我革命引领伟大社会革命"的重要经验。新时代"两个伟大革命"相互促进、相辅相成，有机统一于实现中华民族伟大复兴的实践中。我们党开新局于伟大的社会革命，强体魄于伟大的自我革命，坚持以伟大自我革命引领伟大社会革命。

坚持以伟大自我革命引领伟大社会革命，关键在于我们党自身始终过硬。新时代，我们党要把坚持和发展中国特色社会主义、建成社会主义现代化强国这场伟大社会革命进行好，必须勇于进行自我革命。我们党作为世界第一大党，处在执政地位、掌控执政资源，很容易在执政业绩光环的照耀下，陷入"革别人命容易，革自己命难"的境地。习近平总书记强调："没有什么外力能够打倒我们，能够打倒我们的只有我们自己。"必须以自我革命的决心和意志打造和锤炼自己，始终保持党的先进性和纯洁性，保持永不自满、永不懈怠的品格，不断实现自我净化、自我完善、

自我革新、自我提高，在革故鼎新、守正出新中实现自身跨越。

坚持以伟大自我革命引领伟大社会革命，必须发扬斗争精神和革命精神。习近平总书记指出，对于长期执政的马克思主义政党来说，"如何始终保持革命精神是一个十分重大而又必须解决好的课题"。在新时代，我们党领导人民进行伟大社会革命，涵盖领域的广泛性、触及利益格局调整的深刻性、涉及矛盾和问题的尖锐性、突破体制机制障碍的艰巨性、进行伟大斗争形势的复杂性，都是前所未有的。越是接近民族复兴越不会一帆风顺，越充满挑战乃至惊涛骇浪。必须安不忘危、存不忘亡、乐不忘忧，时刻保持警惕，不断振奋精神，勇于进行具有许多新的历史特点的伟大斗争。习近平总书记明确要求："我们必须增强忧患意识、责任意识，把党的伟大自我革命进行到底。"

四、着力解决党自身存在的突出问题，不断把自我革命推向深入

党的十八大以来，我们党推动全面从严治党取得显著成效，自我革命不断深化，党的建设更加坚强有力。与此同时，党面临的"四大考验""四种危险"是长期的、尖锐的，影响党的先进性、弱化党的纯洁性的因素也是复杂的，党内存在的思想不纯、政治不纯、组织不纯、作风不纯等突出问题尚未得到根本解决，一些老问题反弹回潮的因素依然存在，实践中还出现了一些新情况新问题。习近平总书记指出："严重的问题不是存在问题，而是不愿不敢直面问题、不想不去解决问题。"习近平总书记明确要求："全党要以自我革命的政治勇气，着力解决党自身存在的突出问

题。"

深入学习习近平新时代中国特色社会主义思想，加强思想建党和理论强党。马克思主义政党的先进性，首先体现为思想理论上的先进性。从延安整风运动以来，我们党开展历次集中教育活动，都是以思想教育打头。习近平新时代中国特色社会主义思想是当代中国马克思主义、21世纪马克思主义，是新时代推进党的自我革命的强大思想武器。只有学深悟透、融会贯通、自觉践行，才能真正把握推进党的自我革命的根本性质、深刻内涵、现实意义和实践要求，才能增强贯彻落实的自觉性和坚定性。要着力解决学习不深入、思想不统一、行动跟不上的问题，通过学习，坚定理想信念，掌握贯穿其中的马克思主义立场观点方法，用党的创新理论成果统一思想、统一意志、统一行动。

坚持以党的政治建设为统领，坚决维护党中央权威和集中统一领导。旗帜鲜明讲政治是马克思主义政党的显著特征。党内存在的各种问题，从根本上讲，都与政治建设软弱乏力、政治建设不严肃不健康有关。加强政治建设，必须把维护党中央权威和集中统一领导作为首要任务，不折不扣贯彻落实党中央决策部署，始终在政治立场、政治方向、政治原则、政治道路上同以习近平同志为核心的党中央保持高度一致。要严肃政治纪律和政治规矩，用严明的党纪管全党治全党，不断净化党内政治生态，不断增强"四个意识"、坚定"四个自信"、做到"两个维护"。

大力加强党的作风建设，紧扣保持党同人民群众血肉联系这个关键。坚持不懈整治"四风"，抓紧解决人民群众反映强烈的形式主义和官僚主义、干部不担当不作为、侵害群众利益等突出问题，既注重维护最广大人民根本利益和长远利益，又切实解决群众最关心最直接最现实的利益问题。锲而不舍落实中央八项规定精神，保持定力、寸步不让，防止老问题复燃、新问题萌发、小问题坐大。引导广大党员、干部坚守人民立场，坚持以人民为中心的发展思想，增进同人民群众的感情，自觉同人民想在一起、干在一起，着力解决群众的操心事、烦心事，以为民谋利、为民尽责的实际成效取信于民。

持续巩固反腐败斗争压倒性胜利，驰而不息抓好正风肃纪反腐。清醒认识腐蚀和反腐蚀斗争的严峻性、复杂性，认识反腐败斗争的长期性、艰巨性，切实增强防范风险意识，提高治理腐败效能。严肃查处和严加整治那些党的十八大以来不收敛不收手，严重阻碍党的理论和路线方针政策贯彻执行、严重损害党的执政根基的腐败问题。深刻把握党风廉政建设规律，持续贯彻一体推进不敢腐、不能腐、不想腐这个新时代全面从严治党的重要方略。以严格的执纪执法增强制度刚性，充分运用"四种形态"，通过有效处置化解存量、强化监督遏制增量，实现政治效果、纪法效果、社会效果有机统一。

完善和发展党内制度，形成全面从严治党的长效机制。坚持制度治党、依规治党，完善全面从严治党制度。健全党的领导制度体系，把党的领导落实到各领域各方面各环节。建立不忘初心、牢记使命的制度，使广大党员、干部始终做到初心如磐、使命在肩。贯彻新时代党的组织路线，健全党的组织体系，不断增强各级党组织的创造力、凝聚力、战斗力。构建一套行之有效的权力监督制度和执纪执法体系。继续健全制度、完善体系，使监督体系契合党的领导体制，融入国家治理体系。用严明的纪律维护制度，增强纪律约束力和制度执行力，维护制度权威，保障制度运行。

总之，构建系统完备、科学规范、运行有效的制度体系，把全面从严治党提升到一个新水平。

立足两个大局　心怀"国之大者"

○ 李　毅

中共中央党校（国家行政学院）副校（院）长

◎如何树立正确的历史观、大局观、角色观？

◎如何准确识变应变？

◎如何全力办好自己的事？

1.当前及今后一个时期,我国发展仍处于重要战略机遇期,但机遇和挑战都有新的发展变化,机遇和挑战之大都前所未有,总体上机遇大于挑战。

2.我们的内外政策都要服从和服务于实现"两个一百年"奋斗目标,既集中精力把自己的事情办好,又处理好同外部世界的关系。

3.习近平总书记强调,把握国际形势要树立正确的历史观、大局观、角色观。

1.在世界百年未有之大变局中,变是绝对的,不变是相对的。

2.统筹两个大局,必须辩证认识和准确把握国内外大势。

3.习近平总书记指出,时与势在我们一边,这是我们定力和底气所在,也是我们的决心和信心所在。

1.胸怀两个大局,必须立足于办好自己的事。

2.办好自己的事,必须加强党对社会主义现代化建设的全面领导。

3.当前,全面建成小康社会奋斗目标即将实现,全面建设社会主义现代化国家新征程己经开启。

4.在新发展格局下,中国开放的大门将进一步敞开,同世界各国共享发展机遇,同世界各国实现互利共赢,为推动世界共同发展贡献力量。

一、在大变局中树立正确的历史观、大局观、角色观

二、准确识变应变,增强战胜各种风险考验的底气、能力、智慧

三、保持战略定力,全力办好自己的事

立足两个大局
心怀"国之大者"

当前，我国处于近代以来最好的发展时期，世界正经历百年未有之大变局，两者同步交织、相互激荡。习近平总书记在省部级主要领导干部学习贯彻党的十九届五中全会精神专题研讨班开班式上强调："各级领导干部特别是高级干部必须立足中华民族伟大复兴战略全局和世界百年未有之大变局，心怀'国之大者'，不断提高政治判断力、政治领悟力、政治执行力，不断提高把握新发展阶段、贯彻新发展理念、构建新发展格局的政治能力、战略眼光、专业水平，敢于担当、善于作为，把党中央决策部署贯彻落实好。"我们要深刻把握世界之变、时代之变、历史之变，胸怀两个大局，着眼全局谋划，在危机中育先机、于变局中开新局，推动实现更高质量、更有效率、更加公平、更可持续、更为安全的发展，向着中华民族伟大复兴的宏伟目标奋勇前进。

一、在大变局中树立正确的历史观、大局观、角色观

习近平总书记指出："领导干部要胸怀两个大局，一个是中华民族伟大复兴的战略全局，一个是世界百年未有之大变局，这

是我们谋划工作的基本出发点。"这为我们正确把握国际国内形势发展变化，准确认识两个大局相互制约、相互促进的互动关系，科学预见历史发展趋势和世界格局演变走向，谋划和做好新时代各项工作提供了战略指引。

当前和今后一个时期，我国发展仍处于重要战略机遇期，但机遇和挑战都有新的发展变化，机遇和挑战之大都前所未有，总体上机遇大于挑战。当今世界正经历百年未有之大变局，和平与发展仍然是时代主题。实现中华民族伟大复兴是中华民族近代以来最伟大的梦想。中华民族伟大复兴战略全局与世界百年未有之大变局历史性交汇。我们要准确把握两个大局的规律性、互动性，增强胸怀两个大局的自觉性、主动性。纵观人类历史，世界发展从来都是各种矛盾相互交织、相互作用的综合结果。我们既要抓住和用好各种于我有利的因素，又要清醒认识国际国内各种不利因素的长期性、复杂性，妥善做好应对各种困难局面的准备，统筹研究部署，做到谋定而后动、厚积而薄发。

我们正处于实现"两个一百年"奋斗目标的历史交汇期，这在中华民族伟大复兴历史进程中具有特殊重要意义。我们的内外政策都要服从和服务于实现"两个一百年"奋斗目标，既集中精力把自己的事情办好，又处理好同外部世界的关系。

习近平总书记强调，把握国际形势要树立正确的历史观、大局观、角色观。树立正确历史观，就是不仅要看现在国际形势什么样，而且要端起历史望远镜回顾过去、总结历史规律，展望未来、把握历史前进大势。树立正确大局观，就是不仅要看到现象和细节怎么样，而且要把握本质和全局，抓住主要矛盾和矛盾的主要方面，避免在林林总总、纷纭多变的国际乱象中迷失方向、舍本逐末。树立正确角色观，就是不仅要冷静分析各种国际现象，而且要把自己摆进去，在我国同世界的关系中看问题，弄清楚在世界格局演变中我国的地位和作用，科学制定我国对外方针政策。这为我们统筹两个大局、把握中国与世界的关系提供了重要遵循。我们要深刻认识和准确把握历史发展趋势，奋发有为、积极进取，以更加顽强拼搏的精神向着"两个一百年"奋斗目标前进。

二、准确识变应变，增强战胜各种风险考验的底气、能力、智慧

在世界百年未有之大变局中，变是绝对的，不变是相对的。国内外环境的深刻变化既带来一系列新机遇，也带来一系列新挑战，是危机并存、危中有机、危可转机。我们要在危机中育先机、于变局中开新局，就要用全面、辩证、长远的眼光看待形势变化，认清规律、识变应变，既增强机遇意识，又增强忧患意识，更好应对各种风险挑战，推动我国经济社会持续健康发展。

统筹两个大局，必须辩证认识和准确把握国内外大势。从国内来看，我国已进入新发展阶段。新发展阶段是社会主义初级阶段中的一个阶段，同时是其中经过几十年积累、站到了新的起点上的一个阶段。新发展阶段是我们党带领人民迎来中华民族从站起来、富起来到强起来历史性跨越的新阶段。经过新中国成立以来特别是改革开放 40 多年的不懈奋斗，我们已经拥有开启新征程、实现新的更高目标的雄厚物质基础。同时，我国发展不平衡不充分问题仍然突出，重点领域关键环节改革任务仍然艰巨。从国际

上看，新一轮科技革命和产业变革深入发展，国际力量对比深刻调整，和平与发展仍然是时代主题，人类命运共同体理念深入人心。同时，国际环境日趋复杂，不稳定性不确定性明显增加，新冠肺炎疫情影响广泛深远，经济全球化遭遇逆流，世界进入动荡变革期，单边主义、保护主义、霸权主义对世界和平与发展构成威胁。

习近平总书记指出，时与势在我们一边，这是我们定力和底气所在，也是我们的决心和信心所在。尽管国际国内形势发生了深刻复杂变化，我国发展具有的多方面优势和条件没有变，我们有坚强决心、坚定意志、坚实国力应对挑战，有足够的底气、能力、智慧战胜各种风险考验，任何国家任何人都不能阻挡中华民族实现伟大复兴的历史步伐。我们必须以越是艰险越向前的精神奋勇搏击、迎难而上，不断破解发展难题、增强发展动力、厚植发展优势，加快构建新发展格局，推动实现高质量发展。同时，面对我国社会主要矛盾变化和国际力量对比深刻调整，必须增强忧患意识、坚持底线思维，随时准备应对更加复杂困难的局面。凡事从最坏处着眼、向最好处努力，打有准备、有把握之仗，防范系统性风险，牢牢把握工作主动权，坚决维护国家主权、安全、发展利益，维护好发展全局。

三、保持战略定力，全力办好自己的事

胸怀两个大局，必须立足于办好自己的事。新中国成立以来特别是改革开放以来，我们之所以能够创造经济快速发展和社会长期稳定"两大奇迹"，一个重要原因就是始终保持战略定力，不为任何风险所惧、不被任何干扰所惑，坚定不移走好自己的路。

习近平总书记强调："全党必须继续谦虚谨慎、艰苦奋斗，调动一切可以调动的积极因素，团结一切可以团结的力量，全力办好自己的事，锲而不舍实现我们的既定目标。"

办好自己的事，必须加强党对社会主义现代化建设的全面领导。伟大的抗疫斗争证明，风雨来袭时，中国共产党是中国人民最可靠的主心骨。坚持党中央权威和集中统一领导，是我们最大的政治优势、组织优势、制度优势。在国内外环境发生深刻复杂变化的情况下，要战胜前进道路上的各种艰难险阻，推动全面建设社会主义现代化国家开好局、起好步，必须坚持以习近平同志为核心的党中央集中统一领导，健全总揽全局、协调各方的党的领导制度体系，把"两个维护"体现在各项制度规定中，贯彻到党和国家工作的全过程各方面，落实到各级党组织和广大党员的行动上。

当前，全面建成小康社会奋斗目标即将实现，全面建设社会主义现代化国家新征程已经开启。在新征程上，要准确把握新发展阶段，深入贯彻新发展理念，加快构建新发展格局，推动"十四五"时期高质量发展，确保全面建设社会主义现代化国家开好局、起好步。新发展理念是我国发展思路、发展方向、发展着力点的集中体现，为把握新发展阶段、构建新发展格局提供了行动指南。开启全面建设社会主义现代化国家新征程，必须完整、准确、全面理解和贯彻新发展理念，把新发展理念贯穿发展全过程和各领域，充分发挥新发展理念的科学引领作用。我们要加快构建以国内大循环为主体、国内国际双循环相互促进的新发展格局。这是立足中国自身发展阶段和发展条件，充分考虑经济全球化和外部环境变化所作出的战略抉择。只有立足自身，把国内大循环畅通起来，才能任由国际风云变幻，始终充满朝气生存和发展下去。构建新发展格局最本质的特征是实现高水平的自立自强。要在各种可以预见和难以预见的狂风暴雨、惊涛骇浪中，增强我们的生存力、竞争力、发展力、持续力。坚持深化供给侧结构性改革这条主线，继续完成"三去一降一补"的重要任务，全面优化升级产业结构，提升创新能力、竞争力和综合实力，增强供给体系的韧性，形成更高效率和更高质量的投入产出关系，实现经济在高水平上的动态平衡。

在新发展格局下，中国开放的大门将进一步敞开，同世界各国共享发展机遇，同世界各国实现互利共赢，为推动世界共同发展贡献力量。立足两个大局，办好自己的事，必须推动构建人类命运共同体，夯实走和平发展道路的基础。我们要顺应人民呼声和期盼，继续在和平与发展的道路上奋勇前进。世界的繁荣稳定为中国带来机遇，中国的发展进步也是世界的机遇。中国梦汇聚了中国人民对美好生活向往的最大公约数，人类命运共同体汇聚着世界各国人民对和平、发展、繁荣向往的最大公约数。和平发展道路是时代前进潮流，更是各国人民共同利益所在。我们要保持战略定力和坚定信念，坚定站在历史正确的一边，顺应世界和平发展潮流，以更加积极主动的姿态推动构建人类命运共同体，在全面建设社会主义现代化国家新征程上创造新的更大奇迹。

后 记

2021年2月20日，党史学习教育动员大会在北京召开。中共中央总书记、国家主席、中央军委主席习近平出席会议并发表重要讲话。他强调，在全党开展党史学习教育，是党中央立足党的百年历史新起点、统筹中华民族伟大复兴战略全局和世界百年未有之大变局、为动员全党全国满怀信心投身全面建设社会主义现代化国家而作出的重大决策。全党同志要做到学史明理、学史增信、学史崇德、学史力行，学党史、悟思想、办实事、开新局，以昂扬姿态奋力开启全面建设社会主义现代化国家新征程，以优异成绩迎接建党一百周年。

在全党集中开展党史学习教育，正当其时，十分必要。中国共产党的历史是一部丰富生动的教科书，是中国近现代以来历史最为可歌可泣的篇章。中国共产党领导是中国特色社会主义最本质的特征，只有加深对中国共产党的认识，才能更好坚持和发展新时代中国特色社会主义。应广大党员干部学习党史的要求，我们组织力量精选了一些有代表性的文章汇编成《本质》一书，全方位展示坚持和加强中国共产党领导的历史必然性、重大现实意义和基本要求。本书收入文章基本依原貌，有些因内容重复交叉做了些技术处理。感谢专家学者对我们工作的支持，感谢审稿专家的辛勤付出！

本书编辑组

2021 年 6 月 30 日

图书在版编目（CIP）数据

本质／人民日报理论部主编. —长沙：湖南人民出版社，2021.7

ISBN 978-7-5561-2708-5

I. ①本⋯ Ⅱ.①人⋯ Ⅲ.①中国特色社会主义－学习参考资料 Ⅳ.①D616

中国版本图书馆CIP数据核字（2021）第125728号

BENZHI

本质

主　　编	人民日报理论部
出版统筹	黎晓慧　陈　实
特约编辑	易雅迪
产品经理	傅钦伟　潘　凯
营销经理	毛泳洁
责任编辑	傅钦伟
责任校对	丁　雯　唐水兰
封面设计	刘　哲
版式设计	谢俊平　许婷怡
图解设计	速溶综合研究所·唐茂芸

出版发行	湖南人民出版社［http://www.hnppp.com］
地　　址	长沙市营盘东路3号
电　　话	0731-82683313

印　　刷	湖南天闻新华印务有限公司
版　　次	2021年7月第1版
	2021年7月第1次印刷
开　　本	710 mm × 1000 mm　　1/16
印　　张	23.75
字　　数	200千字
书　　号	ISBN 978-7-5561-2708-5
定　　价	79.80元

营销电话：0731-82683348　　　（如发现印装质量问题请与出版社调换）